Günther Baumann
Das Münchner Waisenhaus

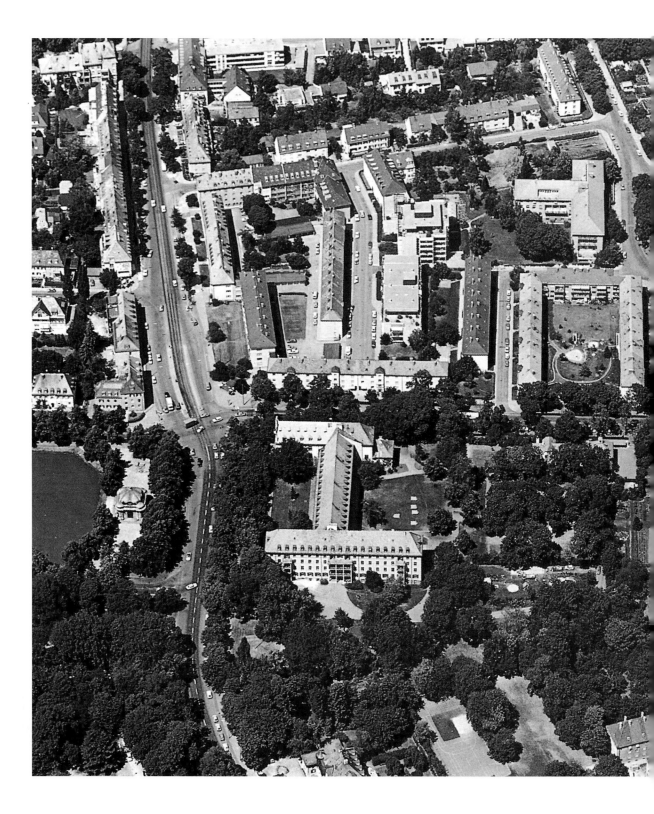

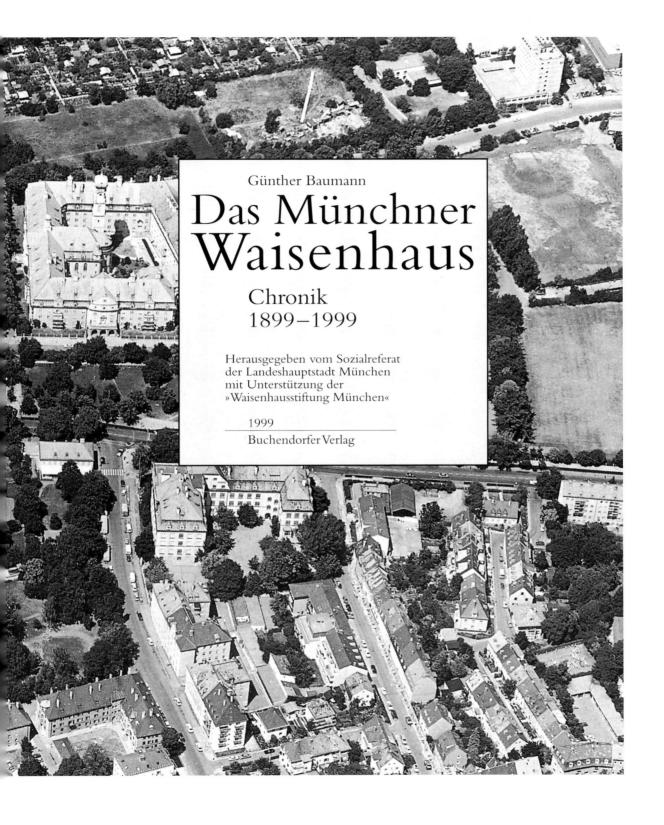

Günther Baumann

Das Münchner Waisenhaus

Chronik
1899–1999

Herausgegeben vom Sozialreferat
der Landeshauptstadt München
mit Unterstützung der
»Waisenhausstiftung München«

1999

Buchendorfer Verlag

Abbildung Seite 2/3: Ensemble Dom-Pedro-Platz, links das Münchner Waisenhaus, mit freundlicher Genehmigung des Bayerischen Landesamtes für Denkmalpflege

Die Deutsche Bibliothek – CIP-Einheitsaufnahme
Baumann, Günther:
Das Münchner Waisenhaus : Chronik 1899 – 1999 / Günther Baumann. Hrsg. vom Sozialreferat der Landeshauptstadt München. – München : Buchendorfer Verl., 1999
ISBN 3-934036-04-X

© Buchendorfer Verlag, München 1999
Alle Rechte vorbehalten

Satz und Reproduktion: dtp, Ismaning
Druck und Bindung: Spiegel Buch, Ulm
Printed in Germany

ISBN 3-934036-04-X

Inhalt

Grußwort des Münchner Oberbürgermeisters 7
Vorwort 9
I. Zur Vorgeschichte der Waisenhäuser in München 11
    Das bürgerliche Stadtwaisenhaus (1625-1808) 11
    Das Hofwaisenhaus (1627-1803) 12
    Das Waisenhaus ob der Au (1742-1808) 14
    Das Waisenhaus an der Findlingstraße (1819-1899) 18
    Zur Geschichte der Englischen Fräulein und
    deren Rolle in der Waisenerziehung 25
    Von Stiftern und Stiftungen im 19. Jahrhundert 28
    Historischer Exkurs zum Thema »Waisenhausstiftung« 31
II. Das Münchner Waisenhaus zu Anfang des 20. Jahrhunderts .. 38
    Die Planungsgeschichte des Neubaus 38
    Zur Bau- und Architekturgeschichte 38
    Der Waisenhausbetrieb zur Prinzregentenzeit 49
    Die Heimsituation während des Ersten Weltkrieges 69
    Die Anstalt vom Ende der Monarchie zum Anfang der NS-Zeit . 81
III. Die Anstalt unterm Hakenkreuz 109
    Erziehung im Nationalsozialismus 109
    Die Hitler-Jugend im Waisenhaus 127
    Der Weg in die Katastrophe - die Zerstörung des Waisenhauses
    im Zweiten Weltkrieg 137
    Das Waisenhaus am Tegernsee - Kinderlandverschickung als Rettung . 151
IV. Neubeginn und Wiederaufbau des Waisenhauses nach dem Zweiten Weltkrieg . 167
    Der schwierige Neuanfang in Bad Wiessee 167
    Eine Übergangslösung - das Bäckerwaldheim in Gräfelfing . 170
    Eine Spende aus der Schweiz - die Baracken an der St. Galler Straße . 180
    Der Einzug des sogenannten »Familienprinzips« in den Neubau . 183
    Der Verein »Freunde der Waisenkinder e.V.« 202
    Ein kritischer Exkurs - Dr. Andreas Mehringer und
    der Janusz-Korczak-Preis 205
V. Das Waisenhaus - ein Heim mit heilpädagogischen Ansätzen (1969-1993) 209
VI. Das Waisenhaus als Kinder- und Jugendhilfeverbund -
    neue Konzepte für das nächste Jahrhundert 215
Chronik 223
Literaturverzeichnis 224

Besuchet uns alle. Unser Haus ist ein offenes Haus.
Was wir immer tun, das tun wir vor den Augen eines Jeden.
Auch wenn wir fehlen, fehlen wir vor den Augen aller Welt –
und wollen es nicht anders.

Spruch des Schweizer Pädagogen Johann Heinrich Pestalozzi (1746–1827), zitiert im Gästebuch des Waisenhauses für die Besucher von 1951–1969, angelegt von Dr. Andreas Mehringer.

Grußwort
des Münchner Oberbürgermeisters

»100 Jahre Münchner Waisenhaus« werden heuer gefeiert – was aber nicht heißt, dass die Geschichte des städtischen Waisenhauses erst im Jahr 1899 begann. Die Anfänge dieser Geschichte, die historischen Wurzeln des Münchner Waisenhauses – so ist es auch in dieser Chronik dokumentiert – reichen sehr viel weiter zurück. So wurde das erste »bürgerliche Stadtwaisenhaus« bereits im Jahr 1625 eingerichtet, es folgten 1627 das kurfürstliche »Hofwaisenhaus«, 1742 das »Waisenhaus ob der Au« und 1819 schließlich das Waisenhaus an der Findlingstraße, der heutigen Pettenkoferstraße, von wo aus am 7. Oktober 1899 der Umzug nach Neuhausen in jenes Haus erfolgte, das als »Münchner Waisenhaus« nun seinen 100. Geburtstag feiern kann.

Es ist ein Haus – so wurde allenthalben gelobt – mit dem sein Erbauer, Stadtbaurat Hans Grässel, einen durch und durch gelungenen architektonischen Akzent am östlichen Ende des Nymphenburger Schlosskanals gesetzt hat. Dennoch fällt die Vorstellung nicht schwer, dass ein Münchner Waisenhaus, das heute geplant und gebaut würde – von den ausgedehnten Grün- und Freiflächen abgesehen – vermutlich anders aussähe: weniger monumental, weniger ehrfurchtgebietend, weniger bewehrt mit hohen Mauern, dafür spricht deutlich noch der Zeitgeist, der die Erziehungsideale vor 100 Jahren (und auch lange danach) geprägt hat, als das Haus noch »Anstalt« und die Kinder und Jugendlichen noch »Zöglinge« hießen. Viele Vorurteile und Missverständnisse, die sich mit dem Begriff »Waisenhaus« leider nach wie vor assoziieren, rühren aus dieser Zeit. Einen Grund zur Resignation gibt die Langlebigkeit solch falscher Vorstellungen allerdings nicht, ganz im Gegenteil. Sie unterstreicht vielmehr die Notwendigkeit, die freundliche, wohnliche und familiäre Atmosphäre, die das Innenleben des Münchner Waisenhauses auszeichnet, und von der ich mich bei meinem Besuch zur »Eröffnungs-Vernissage« des neugestalteten Treppenhauses vor zwei Jahren persönlich überzeugen konnte, noch wirksamer als bisher auch nach außen darzustellen.

Schon deshalb begrüße ich die Chronik ebenso wie die Ausstellung, die Videos und die neue Informationsbroschüre, die zum Jubiläum präsentiert werden, ausdrücklich. Denn das alles zeigt es auch dem Außenstehenden auf eine sehr anschauliche und plastische Weise: Nach 100 Jahren Münchner Waisenhaus, nach 100 Jahren Erfahrung in der Arbeit mit Kindern, Jugendlichen und Familien, erinnert hier nichts mehr an die autoritären Erziehungsstile und Erziehungsziele vergangener Zeiten.

Wie engagiert überdies auch an der Weiterentwicklung der Strukturen dieses Hauses gearbeitet wird, zeigt schließlich das vom Münchner Stadtrat vor kurzem erst beschlossene neue Gesamtkonzept. Das Münchner Waisenhaus, das schon längst nicht mehr nur elternlosen »Waisen« im landläufigen Sinne, sondern überwiegend psychisch und sozial verwaisten Kindern und Jugendlichen ein Zuhause und eine Anlaufstation bietet, versteht sich heute als moderne, stadtteilorientierte Dienstleistungseinrichtung, als Verbundsystem mit einem sehr differenzierten und vielfältigen Beratungs- und Hilfsangebot.

Damit bringt das Münchner Waisenhaus sicher denkbar gute Voraussetzungen mit, um den Anforderungen auch im kommenden Jahrhundert gerecht werden zu können. Und dafür sage ich allen, die dazu ihren Beitrag geleistet haben und leisten, meinen herzlichen Dank. Danken möchte ich bei dieser Gelegenheit aber auch allen, die dem Münchner Waisenhaus das finanzielle Überleben gesichert haben. Von Anfang an hatte das Münchner Waisenhaus immer wieder mit wirtschaftlichen Problemen zu kämpfen, und von Anfang an haben Stiftungen und Spenden, die von Unternehmen und von Bürgerinnen und Bürgern aufgebracht wurden, geholfen, diese Probleme zu meistern. Mit dem Dank dafür gratuliere ich dem Münchner Waisenhaus und allen, die sein 100-jähriges Jubiläum feiern, sehr herzlich und verbinde damit zugleich auch meine besten Wünsche für die Zukunft.

Christian Ude

Vorwort

»Das Münchner Waisenhaus« in der Waisenhausstraße am östlichen Ende des Nymphenburger Kanals spiegelt wie kaum eine andere Institution in der Landeshauptstadt München die Geschichte des 20. Jahrhunderts wider. Am 7. Oktober 1899 zogen die Waisenkinder mit ihren Erzieherinnen, den Ordensschwestern der Englischen Fräulein, von der Findlingstraße (der heutigen Pettenkoferstraße) nach Neuhausen/Nymphenburg in einen prunkvollen Neubau ein. Diese Chronik des Münchner Waisenhauses soll vor allem die ereignisreiche Entwicklung und Wandlung einer »Anstalt für Zöglinge« über die »Heimfamilien« zum »Heim als Kinder- und Jugendhilfeverbund« nachzeichnen.

Ausgehend von der Vorgeschichte der Waisenhäuser in München wird der Bogen von der Prinzregentenzeit über den Ersten Weltkrieg, der Weimarer Republik, der NS-Zeit, der Nachkriegszeit bis hin zur Schwelle ins neue Jahrtausend gespannt. Das im Juli 1944 durch einen Bombenangriff fast völlig zerstörte Waisenhaus konnte mit Hilfe von großzügigen Spendern, Stiftungsgeldern und großem Engagement der Stadt München in den 50er Jahren wieder aufgebaut werden. »Die Chance der Ruine« wurde genutzt, auch neue pädagogische Konzepte zu entwickeln: weg von der »Zöglingsanstalt«, einer Mischung von Kaserne, Kloster und Arbeitshaus, hin zu einem wirklichen »Heim« für Kinder und Jugendliche unterschiedlichster Herkunft, in der Regel mit leiblichen Eltern, aber aus zerrütteten Familien.

Drei »weltliche« Personen leiteten das Münchner Waisenhaus in den letzten 50 Jahren und prägten es, der jeweiligen Zeit entsprechend, mit neuen pädagogischen Ideen und Umstrukturierungen: Andreas Mehringer (ab 1945), Horst Bahr (ab 1969) und Ursula Köpnick-Luber (seit 1994). Neben der Heimleitung waren natürlich im Laufe der Jahre unzählige ErzieherInnen, SozialpädagogInnen, PsychologInnen, HauswirtschafterInnen, Hausmeister, Küchenpersonal, Verwaltungskräfte, PraktikantInnen und seit einigen Jahren auch Zivildienstleistende im »Zweckbetrieb Waisenhaus« beschäftigt und für das Wohl der Kinder zuständig. Über jede(n) einzelne(n) ließe sich eine interessante Lebensgeschichte in Bezug auf den »Arbeitsplatz Waisenhaus« erzählen. Ähnlich verhält es sich mit der Vielzahl von Kindern und Jugendlichen, die im Heim unter den unterschiedlichsten Voraussetzungen und Bedingungen lebten und aufwuchsen.

So interessant und aufschlußreich sich die einzelnen Lebenslinien der Kinder und die Biographien der ErzieherInnen auch darstellen lassen würden, kann innerhalb dieser Chronik leider nur ansatzweise über Einzelschicksale berichtet werden – es würde ansonsten den Rahmen dieser Arbeit über die »100jährige Geschichte der Institution Waisenhaus« sprengen. Auch die Fülle von pädagogischen, soziologischen und psychologischen Fragen bezüglich der »Geschichte der Heimerziehung« kann nur angeschnitten und nicht in wissenschaftlicher Ausführlichkeit behandelt werden. Der Wandel im Berufsbild der HeimerzieherInnen, die Rolle der Religion in der Erziehung, der Umgang mit der Sexualität der Kinder und Jugendlichen und ähnliche pädagogische Themen werden, besonders für den ersten Teil des 20. Jahrhunderts, mit einer etwas umfangreicheren Quellenedition dargestellt.

Überraschender Weise waren, trotz der totalen Zerstörung des Waisenhauses im Kriege, noch viele Unterlagen, Dokumente, Protokolle, Jahresberichte, Fotos usw. aus der Zeit vor 1945 in einem etwas verstaubten Kellerarchiv des Gebäudes vorhanden. Viele Berichte und Interviews mit ehemaligen »Zöglingen« und Angestellten des Waisenhausbetriebes vervollständigten das Bild über das »Leben hinter den Mauern«. Immer noch hält sich in den Köpfen eines großen Teils der Bevölkerung das klassische »Waisenkinder-Klischee« von »bedauernswerten Almosenempfängern, die dankbar für ihre Unterbringung in großen Schlafsälen sein müssen«. Der nicht mehr ganz zeitgemäße Name »Waisenhaus« trägt zu solchen Vorstellungen sicherlich einiges bei und ist insofern auch paradox, als in diesem Münchner Heim kaum mehr »Waisen« im herkömmlichen Sinne untergebracht sind, einmal abgesehen von einigen Flüchtlingskindern, deren Eltern tatsächlich umgebracht wurden oder verschollen sind.

Das Thema »Geld«, d.h. die notwendige »Wirtschaftlichkeit des Heimes« schwebt schon seit Gründung der Waisenhausstiftung im letzten Jahrhundert wie ein Damoklesschwert über dem »Zweckbetrieb«. Eine Abnahme von Spendengeldern würde sich auch heute negativ auf eine geeignete Betreuung der Kinder auswirken. Ebenso sind Spendengelder und Stiftungsmittel für die Fortsetzung des Modernisierungsprozesses erforderlich. Deshalb schon hier, am Ende der Einleitung zur Chronik des Münchner Waisenhauses, die herzliche Bitte: sollten Sie übriges Geld und Vermögen haben, spenden, schenken, vererben oder stiften Sie dem »Münchner Waisenhaus« – es wäre für die Zukunft aller Kinder gut angelegt.

Fast alle Fotos, Dokumente und Hintergrundinformationen für diese Chronik des Münchner Waisenhauses stammen von Zeitzeugen, d. h. von ehemaligen »Zöglingen«, ErzieherInnen und dem Leitungs- und Verwaltungspersonal. Zudem war die Möglichkeit des freien Zugangs zum umfangreichen, Heim eigenen Archiv Voraussetzung für eine möglichst objektive Erforschung der Geschichte dieser altehrwürdigen Münchner Institution.

Da vor allem bei den vielen Fotos die einzelnen Urheberrechte nicht mehr genau rekonstruierbar waren, liegen vorerst alle Rechte für die Bilder und Dokumente, wenn nicht anders angegeben, beim Autor bzw. der Geschichtswerkstatt Neuhausen. Anstelle eines Bild- und Dokumentennachweises soll hier all jenen gedankt werden, die durch zahlreiche Leihgaben, Hinweise und wohlwollende Unterstützung zur Realisierung dieser Chronik produktiv beigetragen haben.

Besonderer Dank geht an:

Horst Bahr, Helmut Fichtel, Inge Geiger, Anna Hausner, Wolfgang Hofmeier, Irmgard Käsbauer, Herbert und Rosa Käufl, Elisabeth Köhler, Ursula Köpnick-Luber, Sascha Meirich, Siegfried Mettl, Joseph Orelli, Walter Schmalix, Walburga Schnöll, Josef Sommer-Opitz, Otto Speck, Alois Turnbauer, Hans Weidinger, Günther Wolf, Walter Zettler, sowie die Geschichtswerkstatt Neuhausen und das Sozialreferat der Landeshauptstadt München.

I. Zur Vorgeschichte der Waisenhäuser in München

Anfang des 17. Jahrhunderts, zur Zeit des Dreißigjährigen Krieges (1618–1648), entstanden in München die ersten Waisenhäuser.

Das Mittelalter kannte solche Institutionen noch nicht. Wie in jeder größeren Stadt, so auch in München, gab es in jenen Zeiten sogenannte Zentralanstalten, in denen alle Hilfsbedürftigen, vom Findelkind an bis zum Greis, in gesonderten Räumen notdürftig Unterschlupf fanden. In Schwabing und am Gasteig befanden sich Häuser, in denen arme Kinder sogar mit Leprakranken unter einem Dach hausten. Aus einer Urkunde vom Jahre 1449 geht zum Beispiel hervor, daß zwei Münchner Bürger, Jakob Klaube und Konrad Bercher, als Pfleger armer Kinder und Leprakranker in ein Haus bei Schwabing vom Münchner Magistrat aufgestellt wurden.

Erst im Jahre 1625 wurde dann das sogenannte »bürgerliche Stadtwaisenhaus«, im Jahre 1627 das »Hofwaisenhaus« und noch einmal mehr als hundert Jahre später, 1742, das »Waisenhaus ob der Au« gegründet.

Die Münchner Waisenhausstiftung hat sich dann aus der im Jahre 1809 erfolgten Vereinigung der genannten drei, anfänglich völlig voneinander unabhängigen Anstalten entwickelt. Obwohl man Anfang des 19. Jahrhunderts, vor allem aus Kostengründen, bemüht war, sämtliche Waisenkinder bei Familien in der Stadt und auf dem Lande unterzubringen, gab es doch etliche Kinder, die vor allem wegen verschiedener körperlicher Gebrechen keine oder nicht sofort Pflegeeltern fanden. So war die Stadtverwaltung gezwungen, das »Waisenhaus ob der Au« zum sogenannten »Depotwaisenhaus« oder »Einlieferungswaisenhaus« zu bestimmen. Im Jahre 1819 verlegte der Magistrat der Stadt München das »Depotwaisenhaus« in das zum Teil unbenutzte Anwesen eines »Kinderhauses« an der Findlingstraße. Dort verblieb das städtische Waisenhaus bis zum 7. Oktober 1899, wo es schließlich in ein neues Gebäude nach Neuhausen/Nymphenburg, am Ostende des Nymphenburger Kanals, verlegt wurde.

Diese interessanten Anfänge und Entwicklungen der Münchner Waisenhaus-Geschichte sollen im Folgenden grob nachgezeichnet werden, bevor die eigentliche »Chronik des Münchner Waisenhauses« an der Waisenhausstraße dargestellt und kommentiert wird.

Das bürgerliche Stadtwaisenhaus (1625–1808)

Im Jahre 1605 veranstaltete der Bürger und Handelsmann Hans Hackl Geldsammlungen, um mit deren Ertrag armen Waisenkindern zu helfen, so daß bereits zu jener Zeit etwa 60 Kinder beiderlei Geschlechts unter einem »Waisenvater« und einer »Waisenmutter« zumindest ausreichend Verpflegung bekamen. Hans Hackl schuf dadurch auch den ersten Waisenhausfond. Diese privaten Bemühungen veranlaßten schließlich den Münchner Magistrat, einen dauerhaften Zufluchtsort für verwaiste Münchner Bürgerkinder zu schaffen. Zu diesem Zwecke wurde in der damaligen Milchgasse am Unteren Anger im Jahre 1625 ein Haus mit Garten gekauft. Fortgesetzte Sammlungen, einige Geschenke und Vermächtnisse verhalfen diesem Waisenhaus, über 15 Jahre hinweg, etwa durchschnittlich 60 Kinder zu betreuen. Eine günstige Gelegenheit zur Verlegung dieses ersten städtischen Waisenhauses bot sich im Jahre 1774, als das Haus des Freisinger Domherrn Baron von Alt- und Neufrauenhofen neben der St. Johannes Nepomuk-Kirche in der Sendlingerstraße mit großem Garten und Rückgebäude zum Verkauf anstand. Der Magistrat erwarb das Gebäude, und bis zum Jahre 1808 wurden Waisenkinder dort untergebracht. Im sogenannten »Münchener Intelligenzblatt« aus dem Jahre 1779 wird über das Haus u.a. folgendermaßen euphorisch berichtet:

»Man sieht in dem bürgerlichen Waisenhaus hier neben der Kirche des Heiligen Johannes von Nepomuk eine so wunderschöne Ordnung, Regularität und Reinlichkeit in Speisen, Geschirren, Kleidern, Wäsche und Schlafzimmern, daß jeder Staatsmann, jeder Reisende vom Range und Einsicht dieses Hauses und die guten Anstalten dessen Verwalter und Vorsteher des Herrn Bürgermeister und Landschaftsverordneten von Delling und Herrn Franz Anton Dusch, des Raths und Handelsmann, rühmen wird. Die Knaben zeichnen, lesen, schreiben, und wenn ihrer 30 in einer Reihen spinnen und dabei das Lob Gottes deutsch singen, so wird Freude durchs Herz strömen.«

Angeblich waren die stetig steigenden Lebensmittelpreise und Löhne schuld daran, daß das bürgerliche Stadtwaisenhaus in finanzielle Schwierigkeiten geriet. Im Jahre 1808 wurde die Anstalt aus der Verwaltung des Magistrates an eine königliche Administration übertragen. Diese erließ eine Aufforderung an die Einwohnerschaft, die Waisenkinder gegen einen einmaligen Geldbetrag aufzunehmen. Tatsächlich wurden 30 Kinder untergebracht, die übrigen 19 in fremde Pflege gegeben, »weil man auf diese Weise der mißlichen Finanzlage abzuhelfen glaubte.«

Somit war das Ende des bürgerlichen Stadtwaisenhauses besiegelt; die Stiftungsfonds dienten weiterhin zur Bezahlung der in fremde Pflege gebrachten Waisenkinder.

Das Hofwaisenhaus (1627–1803)

Das Hofwaisenhaus verdankte seine Entstehung dem Kurfürsten Maximilian I., der im Jahre 1615 das St. Josephsspital neu erbauen ließ und das bisherige Josephshaus, ein Gebäude an der Stadtmauer beim Sendlingertor, einer Stiftung, dem späteren Hofwaisenhaus, überwies. Es war allerdings von Anfang an vorgesehen, daß die Waisenkinder sowohl für ihren eigenen Lebensunterhalt, als auch für den des Verwalters und des Dienstpersonals, durch »redliche Arbeit« (wie z.B. Wollarbeit) zu sorgen hatten. So hieß diese Anstalt anfänglich nicht »Hofwaisenhaus«, sondern etwa bis zum Jahre 1717, seinem Zwecke angemessener, »Kurfürstliches Zuchthaus«.

Erst als durch den Dreißigjährigen Krieg und die im ganzen Lande wütende Pest das soziale Elend in der Bevölkerung unübersehbar wurde, zahlte das Hofzollamt einen jährlichen Betrag von 400 Gulden an das Waisenhaus. Ursprünglich sollten in das »Kurfürstliche Zuchthaus« arme und hilflose Waisen aller Stände aufgenommen werden, »ohne Unterschied ob Kinder von Hofbediensteten oder von Angehörigen der Bürgergemeinde«, wie es in einem Bericht aus dem Jahre 1883 beschrieben wird. Da jedoch die Stadt München mit dem »bürgerlichen Stadtwaisenhaus« im Jahr 1625 eine eigene Unterkunft für Waisenkinder geschaffen hatte, bestimmte der Kurfürst ausdrücklich, »daß die von ihm zugesicherten jährlichen Unterstützungsbeiträge nur den Angehörigen des kurfürstlichen Waisenhauses zugute kommen und fortan nur Waisen von Hofbediensteten und Hofhandwerkern in dasselbe aufgenommen werden sollen«. Dieser »exklusive Charakter« der Anstalt machte es dann erklärlich, daß das kurfürstliche Waisenhaus, zum ersten Mal in einer Rechnung aus dem Jahre 1717, als »Hofwaisenhaus« bezeichnet wurde.

Doch obwohl im Jahre 1738 die verstorbene Gemahlin des General-Feldzeugmeisters Minuzzi, verwitwete Freifrau von Simeoni, testamentarisch die Hofmark Odelzhausen bei Dachau als Waisenhausstiftung bestimmte und ihr Gemahl Graf von Minuzzi die Hofmark um den Betrag von 44 123 Gulden zugunsten der Stiftung auslöste, herrschte im Waisenhaus meistens Mangel am Notwendigsten. 30 Kinder kamen von nun an »zu ewig Zeiten Gedächtnis der gottseligen Stifterin« aus der Hofmark Odelzhausen, d.h. sie mußten in der selben geboren sein; die anderen Waisenkinder, auch etwas 30 an der Zahl, behielt sich Kurfürst Albrecht vor, für die Anstalt auszuwählen.

Besonders an den Folgen des 1740 ausgebrochenen österreichisch-bayrischen Erbfolgekrieges hatten die etwa 60 Waisenkinder sehr zu leiden. So schilderte der damalige Waisenhausinspektor Mathias Prändl in einem Schreiben an die österreichische Regierung folgende trostlosen Zustände:

»… es kam öfters so weit, daß gleichsam kein Brotsamen oder Stäubel Mehl vorhanden gewesen, folglich den Kindern die bloße Suppe mit Kraut vorgesetzt werden mußte, zu geschweigen, daß vielen nicht einmal die nöthigen Schuhe und Strümpfe beigeschafft werden mögen, wo es denn kein Wunder wäre, wenn die zarten Waisen bei dermaliger strengster Kälte (Ende Januar 1744) erfrieren würden.«

Um in der Anstalt die von der Stiftung vorgesehene Anzahl von 80 Kindern verpflegen zu können und sie »nicht vor Hunger krepieren« zu lassen, forderte der Waisenhausinspektor vor allem die richtige Lieferung der bewilligten Gelder und Naturalien durch die Hofämter. Anstatt angemessen versorgt zu werden, wurden die Kinder, besonders die aus Odelzhausen, angehalten, »für die Freifrau von Simeoni als Stifterin und den Grafen von Minuzzi als den ersten Wohltäter täglich zu beten«.

Zur Verwaltung des Waisenhauses, zur Rechnungsführung, ferner zu Handhabung der Disziplin war ein »Waisenvater« bestellt, dem seine Frau als »Waisenhausmutter« zur Seite stand. Neben freier Kost, Wohnung, Heizung und Licht bekam er ein Jahresgehalt von anfänglichen 200, später 300 Gulden. Ohne Vorwissen des Inspektors und ohne vorausgegangene Genehmigung der kurfürstlichen Hofkammer durfte er keine wichtigen Maßnahmen treffen.

Äußerst aufschlußreich über das Verhältnis der »wohltätigen Hoheiten« zu ihren Untertanen, zu den ärmsten der Gesellschaft, ist die kurfürstliche Waisenhausordnung von 1763. Dort wurde u.a. folgendes festgesetzt:

Längstens mit dem Glockenschlag 8 Uhr in der Früh mußten sämtliche Waisen zur Arbeit, resp. zum Unterricht bereit sein, auch bereits ihr Morgengebet verrichtet haben. Während die größeren Kinder nun sofort zu Arbeit gewiesen wurden, erhielten die kleineren zunächst von 8 bis 10 Uhr Schulunterricht, worauf sie dann bis 11 Uhr gleichfalls mit Stricken, Anfertigen von feineren Wollgespinnsten, die Mädchen auch mit Nähen beschäftigt wurden. Nach eingenommenem Mittagessen wurde um ½ 1 Uhr die unterbrochene Arbeit wieder aufgenommen, den kleineren Kindern aber vorher erst von ½ 1 Uhr bis ½ 3 Uhr Schule gehalten. Diejenigen Mädchen, welche zum Erlernen des feinen Spitzenklöppelns angehalten wurden, waren von 8 bis ¾ 11 und von ½ 1 bis ¾ 6 ausschließlich damit beschäftigt. In keinem Theile des Tages durften die Waisen ohne Aufsicht bleiben. Eine Unterbrechung der regelmäßigen Beschäftigung war nur gestattet durch das Beten des heiligen Rosenkranzes auf dem St. Peter Gottesacker und zwar nur auf die Dauer von einer ½ Stunde. Hierbei sollten ebenso wie auch im Gottesdienste, bei den sonst noch üblichen Andachtsübungen und bei Begräbnissen nicht mehr wie bisher die Kinder insgesamt, sondern nur etwa zur Hälfte erscheinen, die übrigen aber mittlerweile der Lehr und Arbeit abwarten und Pflegen, so das mit einer guten Meinung Gott ebenso wohlgefällig als manches angewöhnte Gebet ist. Für die verstorbenen Wohltäter der Anstalt hatten die Waisen täglich einen Rosenkranz zu beten, auch einer großen Anzahl für dieselben gestifteter Messen und Jahrtage in den Pfarrkirchen, Klöstern und Gottesäckern beizuwohnen, wofür ihnen manchen derartigen Stiftungen zufolge aus den anfallenden Interessen jährlich ein kleiner Imbiß verabreicht wurde oder ein kleiner Geldbetrag, der als sogenanntes »Schachterlgeld« für jedes Kind mit dem, was es sonst an Geld geschenkt erhalten hatte, besonders aufzubewahren und bei Austritte aus dem Waisenhaus zur freien Disposition auszuhändigen war …

Eine weitere Pflicht der Waisen war es, bei Todesfällen den Leichenzügen und dem darauf folgenden Gottesdienst beizuwohnen, ursprünglich hatten sie auch vor der Beerdigung bei den Leichen selbst Gebete zu verrichten. Dieser für die Gesundheit wenig zuträgliche Gebrauch wurde jedoch durch mehrere Verordnungen immer mehr eingeschränkt und schließlich bestimmt, daß immer nur die zwei ältesten Mädchen und Knaben bei den Leichenzügen und den nachherigen Gottesdiensten zuzuziehen seien (Verordnung vom 24. Nov. 1807).

Im Jahr 1792 wurde durch höchste Entschließung angeordnet, daß in den Waisenhäusern alljährlich planmäßig Schlußprüfungen abgehalten und dabei die Verzeichnisse über die verfertigten Arbeiten vorgelegt werden sollten; wegen evtl. Abordnung eines Kommissärs sei 14 Tage vorher der kurfürstlichen Hofkammer jeweils davon Anzeige zu machen. Mit der Erreichung des 16., längstens des 18. Jahres, wurden bei hinreichender körperlicher Entwicklung die Mädchen zu einer freundlichen Dienstherrschaft in den Dienst, die Knaben aber zu einem anerkannt tüchtigen Meister zum Erlernen eines von ihnen selbst gewählten Handwerks in die Lehre gegeben. Das Lehr-, Ausgeh-, und Freisprechgeld für die Knaben wurde hierbei vom Waisenhaus bestritten, auch für entsprechende Kleidung derselben während der Lehrzeit gesorgt; nur die Wäsche und kleinere Flickarbeit hatte der Meister zu übernehmen.

Traten später die Mädchen aus dem Dienste, die Knaben aus der Lehre, so wurden sie zum Schlusse noch auf Kosten der Stiftung mit einer vollständigen Kleidung versehen.«

Diese hier etwas ausführlicher dargestellte Waisenhausordnung aus dem Jahre 1763, in den Worten und Formulierungen eines Berichts von 1883 wiedergegeben, zeigen die erbärmlichen und wenig kinderfreundlichen Zustände in der Residenzstadt München. In dem Bericht ist kein Wort der Kritik oder des Bedauerns bezüglich der miserablen Situation, in der die Waisenhauskinder sich befanden, zu lesen. Selbst in einer Studie über das Waisenhaus aus dem Jahre 1906 schreibt der Verfasser Lothar Meilinger, ein ehemaliger Schulleiter (1903–1919) der Volksschule an der Südlichen Auffahrtsallee in Nymphenburg, »daß nach den Kriegswirren auf Grund der kurfürstlichen Neuregelungen im Jahre 1763 wieder geordnete Verhältnisse eingetreten seien«.

Doch trotz sog. »geordneter Verhältnisse« ging diese »kurfürstliche Zuchtanstalt« ihrem Ende entgegen. Im Jahre 1792 ließ der Kurfürst ein Gutachten vom Waisenhausinspektor mit der Frage einholen, »ob es nicht zwecksprechend wäre, Findel- und Waisenkinder anstatt in einer eigenen Anstalt zu verpflegen, auf das Land in Kost zu geben und zur Bauernarbeit anzuhalten«. Auch wenn das Gutachten, hauptsächlich mit Rücksicht auf die oft sehr schlechte Gesundheit der Waisenkinder, eher negativ ausfiel, ließ die Auflösung der Anstalt nicht mehr lange auf sich warten. Durch Beschluß der kurfürstlichen Landesdirektion vom 25. Juli 1803 wurde angeordnet, »da von nun an die Waisenkinder nicht mehr in einer eigenen Anstalt erzogen, sondern auf Kosten des Waisenhausfonds ordentlichen Leuten auf dem Lande oder in der Stadt zu Pflege und Erziehung übergeben werden sollten.«

Das Gebäude wurde noch im gleichen Jahr an das kurfürstliche Schul- und Studiendirektorium verkauft und die noch vorhandenen 31 Zöglinge in private Pflege gegeben. Für gewissenhafte Pflegeeltern sollten Verdienstmedaillen mit der Aufschrift »Lohn der Erziehung verwaister Jugend«, für die Waisenkinder selbst, die sich durch »gute Sitten, Fleiß und Ordnungsliebe besonders hervorgetan«, kleinere Anerkennungsmedaillen geprägt und feierlich verteilt werden. Eine Verteilung der Medaillen an Pflegeeltern fand in der Tat im Jahre 1811 statt. Das »Hofwaisenhaus« hat aber somit aufgehört zu existieren; die Fonds wurden für die sich in privater Pflege befindenden Waisenkinder weiterhin verwaltet, das Gebäude selbst bis zum Abbruch im Jahre 1878 als Feiertagsschule genutzt.

Das »Waisenhaus ob der Au« (1742–1808)

Ein Vorläufer des 1742 von Michael Pöppel gegründeten »Waisenhaus ob der Au« war das sog. »Militärwaisenhaus«. Dieses von Kurfürst Max Emanuel im Jahre 1683 in Bogenhausen errichtete Gebäude nahm etwa 40 Kriegswaisen zur

Pflege auf. Knapp hundert Jahre später, im Jahre 1775, wurde das »Militärwaisenhaus« allerdings aufgelöst und die Kinder auf das »Stadtwaisenhaus« und auf das »Waisenhaus ob der Au« verteilt.

Der Gründer des »Waisenhauses ob der Au«, Michael Pöppel, war zuerst Student, dann Lehrgehilfe in Waisenhäusern von Erding und Freising, nebenbei Faßbindergeselle und außerdem Franziskanerbruder. Nach seinem Austritt aus dem Orden erwarb er sich seinen Unterhalt durch Unterricht von Kindern. Bei dieser Tätigkeit wurde ihm die hilflose Lage der in Folge der vorausgegangenen Kriege zahlreich in der Au vorhandenen Waisenkinder bekannt. Von deren Elend ergriffen, wollte er es sich zur Lebensaufgabe machen, den Kindern soweit wie möglich, durch Errichtung einer Anstalt, das Vaterhaus zu ersetzen.

In einem Bericht aus dem Jahre 1906 von Lothar Meilinger über die Anfänge der Münchner Waisenhäuser wird folgendes über die Gründung und die Geschichte des »Waisenhauses ob der Au« beschrieben:

»Pöppel wohnte bei dem Gerichtsdiener Nußbaum, dem Großvater des berühmten Chirurgen Prof. Dr. Nußbaum, in Miete. Der Gerichtsdiener erwirkte bei seinem Gerichtsherrn Freiherr von Wiedemann für Pöppel die Erlaubnis, eine Waisenanstalt in der Au zu errichten und überließ bis auf weiteres zu dem Zwecke ein großes Zimmer seiner eigenen Wohnung. Für sich selber bedürfnislos bis zum äußersten, zog nun Pöppel durch die Stadt von Haus zu Haus um milde Gaben für die armen Waisenkinder bettelnd und war endlich in den Stand gesetzt, seinen Plan zu verwirklichen. Am 30. Nov. 1742 erfolgte nach einem Gottesdienst in der Mariahilfkirche in der Au die feierliche Überführung von 30 Waisen in die neugegründete Waisenstube.

Heldenmütig hielt Pöppel sieben Jahre seine Stellung. Unentwegt und unentmutigt durch die beschränkten Raumverhältnisse warb er täglich aufs neue und gewann schließlich soviel, daß sein Unternehmen gesichert war. Aus der bei den Akten des Münchener Magistrates liegenden Beschreibung seines Lebensganges geht hervor, daß er sich durch die größten persönlichen Widerwärtigkeiten nicht in der Sorge für seine Pfleglinge beirren ließ. Nicht selten mußte er wegen Betteln gerichtliche Strafen, ja sogar körperliche Züchtigung über sich ergehen lassen und einmal von einem sonst eifrigen Wohltäter bei einer dringenden Bittvorstellung mit Schlägen bedacht, quittierte er mit den Worten: »Vergelts Gott für die armen Waisen!«

Das Jahr 1749 brachte Besserung; ein Teil einer Kirchenkollekte wurde Pöppel zugewiesen, die persönlichen Sammlungen hatten Ertrag gebracht und den Waisenvater in den Stand gesetzt, an die Erwerbung eines Eigenheimes zu gehen. Im sogenannten Sämerviertel (heute Sammtstraße) wurde ein Haus günstig erworben und in dreijähriger Bauzeit dem Anstaltszwecke angepaßt. Über die Tür des neuen Waisenhauses ließ Pöppel folgende Inschrift setzen:

Gott vertraut
Hat mich erbaut
Durch Almosen und milde Gab
Mein Anfang ich genommen hab.
Bin erhebt in Grund heraus
Zu einem armen Waisenhaus.

Nachdem nun eine gesicherte Grundlage für das Unternehmen gebildet war, fand Pöppel bei Behörden und Bürgerschaft gebührende Würdigung durch die Genehmigung öffentlicher Sammlungen, Gewinnung ständiger Wohltäter aus den Kreisen des Adels und der Bürgerschaft und durch Überweisung von Kindern, für deren Unterkunft bezahlt wurde. Beeinflußt durch die finanziellen Verhältnisse erweiterte sich der Kreis der Aufzunehmenden auch auf Kinder armer, aber noch lebender Eltern, auf Kostkinder und von der Polizei überwiesene uneheliche Kinder. Durch allerhöchste Entschließung des Kurfürsten Karl Theodor von 1780 wurde verfügt, »daß alle die vorhandenen und auf ewige Zeit nachkommenden Kinder der Anstalt sogleich bei Aufnahme in das Waisenhaus in der Au von allen Geburtsmakeln gereinigt und den ehelich und ehrlich geborenen gleich gehalten sein sollen.«

Nach dem Tode Pöppels, 1763, hatte sich aber trotz der vielen Bemühungen des Waisenvaters die Lage der Anstalt verschlimmert, so daß die Kinder, die nur schlecht und ungenügende Nahrung und Kleidung erhielten, stets kränklich waren. Laut einem Bericht aus dem Jahre 1883 sah »das Waisenhaus mehr einem Zucht- oder Siechenhaus, als einem Erziehungshause ähnlich, da sich in demselben gegen 17 Individuen befanden, die zwergartig oder einäugig oder mit offenen Schäden behaftet oder kurzsichtig, stammelnd oder blödsinnig waren, ja sogar einige, die mit Krücken einhergingen«.

Der um eine Reform des Erziehungswesens bemüht Pädagoge Christian Gotthilf Salzmann (1744–1811) schrieb über die Waisenhäuser seiner Zeit: »Man nennt sie Waisenhäuser, wo arme, elternlose Kinder auf Kosten des Staates erzogen werden sollen; – aber mein Gott, welche Häuser, welche Erziehung! Eher wollte ich den Knaben der nächsten Zigeunerhorde anvertrauen: denn da würde vielleicht sein Körper stark und dauerhaft, statt daß in jenen Pesthäusern die Verderbnis des Körpers und der Seele seiner wartet. Wenn ich sie sehe, diese armen verlassenen Waisen, wie sie alle Jahre einmal an die Sonne getrieben werden, von einem barbarischen Kerl begleitet, den der Staat aus einem untauglichen Livrée-Bediensteten zum Vater dieser Kinder gemacht hat; wenn ich sie sehe, diese kalkweißen, ausgezehrten Gerippe, einer Herde Negersklaven ähnlich, die einem europäischen Menschenmakler zugeschleppt ward –, o, so blutet mir das Herz, und alle Lobpreisungen auf unsere Aufklärung kommen mir wie giftige Satiren vor.«

Auch wenn Salzmann kein Münchner war, so entsprach seine damalige Beschreibung sicherlich auch den Zuständen in München. Im Laufe des 19. Jahrhunderts änderte sich an dem kinderfeindlichen Erziehungsstil und Milieu in den Waisenhäusern nur sehr wenig.

Ähnliches Schicksal wie das Hof- und Stadtwaisenhaus ereilte das »Waisenhaus ob der Au«: es wurde aufgelöst und die Fonds im Jahre 1808 der königlichen Administration unterstellt. Da man jedoch nicht alle Kinder in Privatpflege unterbringen konnte, wurde das Waisenhaus in der Au im Jahre 1809 als sogenanntes »Depotwaisenhaus« bis zur endgültigen Neuregelung im Jahre 1819 beibehalten.

Dem Begründer des »Waisenhaus ob der Au«, Michael Pöppel, zu Ehren widmete die Stadt seit 1878 einen Straßenname im heutigen Münchner Stadtteil »Au« – die Pöppelstraße.

Im sogenannten »Lernböcherhaus« in der Sammtstraße war das »Waisenhaus ob der Au« untergebracht. Foto um 1900

Wandgemälde des Bayerischen Nationalmuseums von Karl von Piloty (1826–1886); das Bild von Michael Pöppel und seinem ersten Helfer, dem Hausherrn Christoph Nußbaum, hing bis zu seiner Zerstörung im Zweiten Weltkrieg im Neuen Rathaus.

Das Hofwaisenhaus 17

Das Waisenhaus an der Findlingstraße (1819–1899)

Als das »Waisenhaus ob der Au«, im Jahre 1808 aufgelöst und die Kinder in Privatpflege gegeben wurden, war in München in diesem Jahr keine Waisenhausanstalt mehr in Betrieb. Da jedoch etliche Kinder, vor allem wegen körperlicher Gebrechen, keine Pflegeeltern fanden und irgendwo untergebracht werden mußten, wurde im Jahre 1809 das »Waisenhaus ob der Au« als sogenanntes »Depotwaisenhaus« für alle drei bisher existierenden Anstalten bestimmt. Die am Anfang des 19. Jahrhunderts nach französischem Vorbild eingeführte Verwaltung beschränkte die Gemeinde in ihren Rechten, in ihrer Selbstbestimmung und stellte unter anderem auch sämtliche örtlichen Stiftungen unter staatlicher »Administration«. Dies hatte zur Folge, daß die Stiftungsgelder häufig zu anderen als durch die Stifter bestimmten Zwecken verwendet wurden. Erst ein Gemeindeedikt vom 17. Mai 1818 schuf hierin Wandel und gab den Gemeinden ihre relative Autonomie wieder zurück. Unter anderem wurde in München wieder eine Gemeindevertretung gebildet. Eine der ersten Maßnahmen des neuen Magistrats war die mit 15. Januar 1819 beschlossene Aufhebung des »Depotwaisenhauses in der Au« und die Überführung der vorhandenen 54 Kinder in das damalige städtische »Kinderhaus« an der Findlingstraße, der heutigen Pettenkoferstraße.

Durch allerhöchsten Erlaß vom 9. Oktober 1809 waren die drei bisher bestehenden Waisenhausfonds zu einer Stiftung vereinigt worden. Im Jahre 1819 übergab die kgl. Verwaltung dann endgültig dem Münchner Stadtmagistrat das vorhandene Stiftungsvermögen zur Betreuung. Dieser hatte bereits in den Jahren 1780–1783 vor dem Sendlingertor an der damaligen Findlingstraße 5 zwei große Grundstücke erworben und dort das städtische Findel- oder Kinderhaus erbaut.

Nach dem Einzug der Waisenkinder diente das Gebäude an der Findlingstraße zwar nicht ausschließlich Waisenzwecken – so befand sich in einem Teil der Gebäudes die vom Anger dorthin verlegte Armenschule – doch wird allgemein das Jahr 1819 als das Gründungsjahr des städtischen Waisenhauses angesehen.

Auch Zweck und Verfassung des Waisenhauses wurde mit Beschluß vom 15. Januar 1819 durch den Magistrat der Stadt München neu geregelt. Folgendes wurde dabei, laut Lothar Meilinger, damals festgesetzt:

»Die neue Waisenanstalt solle den verlassenen, physisch und moralisch verwaisten Kindern eine Zufluchtstätte und Erziehungsanstalt sein, in welcher sie zu christlich gesinnten Menschen, zu fleißigen und geschickten Arbeitern, Handwerkern, Dienstboten und rechtschaffenen Untertanen heranzubilden seien. Aufzunehmen sind Einfach- oder Doppelwaisen ehelicher Geburt und dahier beheimatet, nicht vor dem 6. Lebensjahr. Die Entlassung der Zöglinge erfolgt mit zurückgelegtem 13. Lebensjahr, die Knaben werden in eine Handwerkslehre gegeben, wofür die Anstalt das Lehrgeld, den Kleiderunterhalt und nach Beendigung der Lehre das Freisprechgeld sowie ein Wandergeld von 10–20 Gulden übernimmt; die Mädchen werden als Dienstboten untergebracht und bleiben bis zum 18. Jahre unter Oberaufsicht des Waisenhauses.«

In einem anderen Bericht aus dem Jahre 1899 heißt es:

»Die Obsorge für die häusliche und körperliche Pflege der Zöglinge, der ökonomische Betrieb der Anstalt wurde einem Waisenpfleger und dessen Ehefrau übertragen, welche genaue Verrechnung über den jeweiligen Aufwand zuführen hatten. Ein in der Anstalt wohnender Lehrer, sowie eine Lehrerin übten die Aufsicht und unbeträchtliche Nachhilfe bei den Zöglingen, während dieselben den elementaren Schulunterricht in der im Hause befindlichen Armenschule und im letzten Schuljahre an einer der zunächst liegenden Volksschule genossen. Die pädagogische Leitung der Anstalt oblag einem geistlichen Inspektor, welcher nebstbei den Religionsunterricht erteilte und die für die Hauskapelle gestifteten Messen zu applizieren hatte.«

Was sich die katholische Kirche unter der Erziehung der Kinder zu jener Zeit vorstellte, geht aus einem Rechenschaftsbericht des »katholischen Vereins in München für Erziehung der verwahrlosten Jugend« aus dem Jahre 1854 hervor. Dort steht u.a. geschrieben:

»... Kinder, welche der Eltern beraubt oder von ihnen verlassen, oder was noch schmerzlicher ist, von ihnen verdorben wurden, welche also das köstliche Gut der elterlichen Liebe und Erziehung entbehren sollen in diesem Hause aufgenommen werden und das finden, was sie bisher nicht hatten, – ein wahres, christliches Vaterhaus. Wenn sie nun in denselben freundlich aufgenommen, innen und außen von Schmutz und Unsauberkeit gereinigt, ermuthigt, erfreut, bald mit freundlichem, bald mit ernstem Worte, zur rechten Zeit auch mit der biblischen Rute (!), immer aber schonend und liebreich behandelt werden, so müssen sich die unglücklichen Kinder schon oft nach den ersten Tagen der Aufnahme in das Haus heimisch und wohl versorgt finden, – und die Empfänglichkeit für das Gute und Rechte hervorbrechen. Hierzu tritt dann die Hausordnung, die an Gebet und Arbeitsamkeit, an Sittsamkeit und Mäßigkeit, Liebe und Verträglichkeit gewöhnt, – und so an die Stelle der bösen Gewohnheiten gute pflanzt; ist ja alle Tugend eine Gewohnheit des Guten!«

Erst 1858 wurde die Armenschule aus der Anstalt entfernt und dem Raummangel im Gebäude abgeholfen. Noch im gleichen Jahr wurde auf Grund eines ärztlichen Gutachtens eine neue Kostordnung erlassen. Zugleich faßte man damals eine Neuorganisation des Waisenhauses ins Auge. Am 21. November 1859 ging das Anwesen des »Kinderhauses an der Findlingstraße« durch Kauf (10000 Gulden) endgültig in das Eigentum der Waisenhausstiftung über. Zwei Jahre später, 1861, übergab der Magistrat die Leitung des Anstaltsbetriebs dem Orden der Englischen Fräulein (Institut Beatae Mariae Virginis) in Nymphenburg. Der Tod des langjährigen Waisenhausinspektors Sax im Jahre 1856 und des Waisenpflegers Weinzierl im Jahre 1860 macht u.a. diese Veränderungen in der Organisation des Waisenhauses notwendig. Am 17. März 1861 regelte ein schriftliches Übereinkommen zwischen der Generaloberin des Instituts und dem Magistrat die gegenseitigen Verpflichtungen.

»Der Orden übernimmt den gesamten Ökonomischen Betrieb unter Beachtung der aufgestellten Kostordnung usw. gegen festgesetzte Vergütungsbezüge, sowie die Erziehung der Knaben ein nicht in der Anstalt wohnender Volksschullehrer besorgt.«

Am 5. Mai 1861, einem Sonntag, fand nach vorausgegangenem Gottesdienst die förmliche und feierliche Einführung der Ordensmitglieder in ihrem neuen Wirkungskreis statt. Die Zahl der in der Anstalt jeweils untergebrachten Zöglinge – einfache oder Doppelwaisen, ehelicher Geburt, in München beheimatet, nicht unter sechs Jahre alt – war eine je nach Verfügbarkeit der Mittel und Räume wechselnde. Vom Gründungsjahr 1819 bis 1866 betrug die durchschnittliche Anzahl der Kinder 67; mit dem Jahr 1867 wurde die Aufnahmezahl auf 100 festgesetzt und allmählich waren bis zu 140 Zöglinge in der Anstalt untergebracht. Fünf Ordensschwestern betreuten die Kinder rund um die Uhr. 1868 wurde die Anstalt an der Findlingstraße noch mit einem eigenen Ökonomiegebäude vergrößert und mit einer Mauer umgeben. Die Gesamtfläche des Grundstückes betrug immerhin stattliche 11 650 m². Das Hauptgebäude war mit einer überbauten Fläche von 796 m² ein freistehendes, in Mittelkreuzform gebautes Haus mit drei Stockwerken und einer ausgebauten Mansarde.

So günstig die Lage (Stadtnähe und doch Mitten im Grünen) war, so ungenügend stellte sich im Laufe der Jahre die Situation für die Bewohner des Waisenhauses dar. Feuchte, kleine und niedrige Räume konnten den Anforderungen für Wohl und Gesundheit der Zöglinge nicht mehr gerecht werden. Eine Sanierung des alten Gebäudes wäre nur mit viel Aufwand möglich gewesen. So kristallisierte sich schon bald als Lösung eine Verlegung der Anstalt in einen an anderer Stelle zu schaffenden Neubau heraus. Nachdem mehrere Grundstücke in die engere Wahl gekommen waren, fiel die Ent-

Das Städtische Waisenhaus an der Findlingstraße, Rückseite mit Garten; Foto um 1895

scheidung zugunsten eines 1893/95 von der Stadt erworbenen Bauplatzes am östlichen Ende des Nymphenburger Kanals. Zwei Faktoren spielten dabei eine sicherlich nicht unwichtige Rolle. Auf beide soll im Rahmen der Vorgeschichte des Münchner Waisenhauses in den zwei folgenden Kapiteln etwas näher eingegangen werden.

	Kostordnung vom Jahre 1838	Kostordnung vom Jahre 1858	Jetzt geltende Kostordnung vom 12./17. Oktober 1877.
		Abends:	
Ordentliche Kost.	Während des Winters: Alle Sonn- und Feiertage gesottene Erdäpfel und 1 Quart Bier für den Kopf und an den übrigen Tagen aufgeschmalzene Brodsuppe, am Montag aber eine aufgeschmalzene geriebene Gersten- und am Mittwoch und Samstag eine Griessuppe. Im Sommer: Alle Sonn- oder Feiertage Salat oder Rettige und 1 Quart Bier, an den übrigen Tagen aber wie in den Wintermonaten und täglich ein Stück Brod.	Am Sonntag: Keine Suppe, sondern im Winter Kartoffel in der Schale mit Salz, im Sommer aber Salat oder Rettige, dann 1 Quart Bier. Am Montag: Kräuter-, Endivien oder aufgeriebene und aufgeschmalzene Gersten-, Gries- oder Linsensuppe. Am Dienstag: Geschmalzene Brodsuppe. Am Mittwoch: Wie am Sonntag. Am Donnerstag: Kartoffelsuppe Am Freitag: Gries- oder Reismus oder Zwurl in der Milch. Am Samstag: Kartoffelschnitz oder Erbsensuppe oder abwechslungsweise aufgeschmalzene geriebene Gerstensuppe. Zu jeder Abendmahlzeit ein Stück Hausbrod.	Am Sonntag: Juni bis Oktober: Rettige mit Butter oder Kartoffel in der Schale mit Butter oder Käse bis zu 50 gr., ¼ Liter Bier Oktober bis Juni: Kartoffelschnitze oder verkochte Brodsuppe, ¼ Liter Bier. Am Montag: Griesbrei oder Nudeln in der Milch. Am Dienstag: Reis-, Erbsen-, Linsen- oder Brennsuppe. Oktober bis Juni: Kuttelflecke. Am Mittwoch: Juni bis Oktober: Rettige und Butter oder Wurst oder Käse bis zu 50 gr, ¼ Liter Bier. Oktober bis Juni: einmal Kartoffelsuppe, einmal Wurst. Am Donnerstag: Juni bis Oktober: Geröstete Kartoffel oder Kartoffel in Schale mit Butter. Oktober bis Juni: Verkochte Brod- oder Habersuppe. Am Freitag: Juni bis Oktober: Einlaufsuppe und ¼ Liter Bier. Oktober bis Juni: Mehl- oder Hirsenmus. Am Samstag: Juni bis Oktober: Reisbrei oder Nudel in der Milch. Oktober bis Juni: Brennsuppe. Zu jeder Abendmahlzeit ein Stück gutes Hausbrod zu 85 gr.
Weitere Bestimmungen.	Für jedes Kind dürfen an den bestimmten Fleischtagen ½ Pfd. Rindfleisch in rohem Zustande verrechnet werden. An Kalbfleisch wird für jedes Kind an den bestimmten Festtagen ⅜ Pfd. im rohen Zustande gerechnet.	1. Aus den Zinsen des Maria Kaiser'schen Stiftungskapitals zu 300 Gulden ist alljährlich am Allerseelentage jedem Waisenzögling 1 Seelenweckel zu verabreichen; da jedoch mit einem Male diese Mittel nicht verbraucht werden können, so soll die Verabreichung solcher Seelenweckel an die Zöglinge dieser Anstalt im Laufe der Seelenoktave noch einmal wiederholt werden.	1. Ein allenfallsiger Wechsel der Gemüse wird zur Vermeidung von Beanstandungen nur innerhalb einer und derselben Woche zugestanden 2. Wird der Wechsel der Abendkost am Freitag und Samstag zwischen Knaben und Mädchen bewilligt 3. Auf Grund jeweiliger besonderer magistratischer Genehmigung erhalten diejenigen Waisenhauszöglinge, welche die Mittelschulen besuchen, größere Kostportionen und zwar:

	Kostordnung vom Jahre 1838	Kostordnung vom Jahre 1858	Jetzt geltende Kostordnung vom 12./17. Oktober 1877.
Weitere Bestimmungen.		2. Ebenso haben die Zöglinge des Waisenhauses nach einer Bestimmung des Maria Böll'schen Testamentes alljährlich am Martinitage Abends einen Braten zu erhalten, wird jedoch für jede einzelne Person 6 Kreuzer bezahlt.	a) Mittags eine größere Portion Fleisch; b) an Abenden, an welchen blos Suppe gegeben wird, eine Portion Fleisch, an den anderen Tagen die jeweilige doppelte Portion eines Zöglings. c) täglich ¼ Liter Bier. 4 Wird an einem Tage, an welchem abends Bier zu reichen wäre, ein Ausgang bewilligt, so ist dieses am darauffolgenden Tage nicht zu reichen.
Außerordentl. Kost.	Am neuen Jahre, in der Fastnacht, zu Ostern und Pfingsten, dann an der Kirchweih und am hl. Weihnachtstage erhalten die Kinder Mittags Leberknödel, Rindfleisch und Gemüs (Sauerkraut) und Abends ein Stück Braten mit Salat. Am hl. Ostertage erhalten die Kinder das übliche sogenannte Geweihte, nämlich 1 Stück Kalbsbraten (¼ Pfd.), 1 Stück Weizenbrod, 2 Stück Eier, 1 Stück Meerrettig und etwas Salz. Am Montag des Kirchweihfestes, sowie auch am Fastnachtmontage erhalten die Waisenzöglinge Mittags statt des Reises in der Milch jedes 3 Stück gebackene Kuchen zur Milch.	1. Am neuen Jahre, am Fastnachtsonntag und Dienstag, zu Ostern und Pfingsten, dann an der Kirchweih und am hl. Weihnachtstage erhalten die Zöglinge Leberknödel, Rindfleisch mit Gemüs und Abends ein Stück Braten mit Salat. (Jedes Stück Braten soll ⅝ Pfd. im rohen Zustande wiegen.) 2. Am hl. Ostertage erhält jeder Zögling das übliche sog. Geweihte, bestehend in einem Stück Kalbsbraten, einem Stück Geräucherten, zwei Stück Eier, einem Stückchen Meerrettig, einem Stück Weizenbrod (Eierfladen). 3. Am Montag des Kirchweihfestes und am Fastnachtsmontage Mittags erhält jeder Zögling anstatt Semmelnudeln oder Semmelschmarren 3 Stück gebackene Kirchweihnudeln. 4. Am Fastnachtsmontag Abends aber Bratwürste mit geschnittener Nudelsuppe.	1. An Fasching-, Oster- und Pfingstsonntag, dann am Weihnachtstage erhalten die Zöglinge Mittags Leberknödl und Abends eine Portion Braten, welche im gebratenen Zustande 85 gr. wiegen muß. 2. Zu Ostern erhält jeder Zögling das übliche sogenannte Geweihte, bestehend in einem Stückchen Kalbsbraten und Geräucherten, 1 Ei und 1 Stück mürben Brodes. 3 Am Faschingsmontage erhält jeder Zögling Bratwürste oder eine geselchte Wurst, sowie am Faschingsmontag und Dienstag Abends ¼ Liter Bier. 4. Am Kirchweihsonntage erhält jeder Zögling Mittags und Nachmittags anstatt des Hausbrodes je eine Kirchweihnudel.
Kranken-Kost.	Diät. Nach den Anordnungen des Institutsarztes Fleischsuppe mit Obst oder eingemachtem Kalbfleisch.	Nach den Anordnungen des Institutsarztes: 1. Diät; 2. halbe Kost, nämlich Fleischsuppe mit Obst oder eingemachtem Kalbfleisch.	Nach Anordnung des Institutsarztes: 1. Diät. 2. halbe Kost: Fleischsuppe mit Obst oder eingemachtem Kalbfleisch.

Kostordnungen für das Waisenhaus an der Findlingstraße

Ordentliche Kost	Kostordnung vom Jahre 1838	Kostordnung vom Jahre 1858	Jetzt geltende Kostordnung vom 12./17. Oktober 1877.
	Morgens:		
	Alle Mittwoch und Samstag eine Milchsuppe, an den übrigen Tagen eine Wassersuppe mit Zwiebeln und Schmalz aufgekocht.	Täglich für jedes Kind ein Quart gesottene gute Milch und um 1 Kreuzer ordinäres Semmelbrod.	Täglich 3/10 Liter gute Kuhmilch mit 3 Pfennig-Semmelbrod.
	Mittags:		
am Sonntag:	Gerollte oder geriebene Gerste oder Reis-suppe und Fleisch mit Gemüse nach der Jahreszeit.	1. Geschnittene Nudel-, geriebene Gersten-, Fleckel- oder Kräutersuppe. 2. Ochsenfleisch 3. Spinat, Bohnen, Zuckererbsen, Wirsing oder Kartoffel-Purrée.	Juni bis Oktober: Kräutersuppe. Oktober bis Juni: Geschnittene Nudel- oder Fleckel- oder geriebene Gersten-Suppe, Ochsenfleisch 85 gr. gesotten, beinlos. Juni bis Oktober: Kohlrüben oder Wirsing oder Salat. Oktober bis Juni: Boeuf a la mode mit ganzen Kartoffeln. An einem Sonntag in den Monaten Oktober bis März incl. Hasenragout.
am Montag:	Aufgeschmalzene Wassersuppe und Reis oder Gries in der Milch.	1. Aufgeschmalzene Brodsuppe. 2. Semmelnudeln oder Semmelschmarren. 3. Kartoffeln in der braunen oder in der Petersilsauce, gelbe Rüben, weißes Kraut oder Kohlrüben.	Reissuppe. Ochsenfleisch Juni bis Oktober: Spinat oder grüne Bohnen. Oktober bis Juni: Rahnen oder gelbe Rüben.
am Dienstag:	Aufgeschmalzene Fastenknödel von weizenem Weckenbrod mit Sauerkraut.	1. Rollgerste. 2. Ochsenfleisch. 3. Kartoffel in der braunen oder Petersilsauce, gelbe Rüben, weißes Kraut oder Kohlrüben.	Rollgerstensuppe. Ochsenfleisch Juni bis Oktober: Kopfsalat oder Rahnen. Oktober bis Juni: Rübenkraut oder Erdotschen oder Kernbohnen.
am Mittwoch:	Aufgeschmalzene Wassersuppe und Dampfnudeln von Semmelmehl mit Zwetschgen.	1. Knödel und 2. Sauerkraut oder Erbsenmus.	Knödel mit Weißkraut oder Sauerkraut oder Erbsenbrühe.

Ordentliche Kost	Kostordnung vom Jahre 1838	Kostordnung vom Jahre 1858	Jetzt geltende Kostordnung vom 12./17. Oktober 1877.
	Mittags:		
am Donnerstag:	Fleischsuppe mit schwarzem Brode und Fleisch mit Gemüs.	1. Reis- oder Griessuppe. 2. Ochsenfleisch. 3. Erbsen-Purrée, Bohnen, Kohlrüben, Kohl, weißes oder blaues Kraut.	Gries- oder Fleckelsuppe. Ochsenfleisch Juni bis Oktober: Weiße Rüben. Oktober bis Juni: Riesenmöhren oder Blaukraut.
am Freitag:	Erbsen-, Linsen- oder Brennsuppe und ein Kugelhupf von Semmelmehl mit Zwetschgen.	1. Linsen-, Brenn- oder Kartoffelsuppe 2. Dampf- oder Rohrnudeln oder ausgezogene Küchel und zwar im Sommer mit 3. kalten Kirschen od. Zwetschgen od. ähnl. Tauche, im Winter m. warm. solcher Tauche.	Erbsen-, Linsen- oder Brennsuppe. Dampf- oder Rohr- oder gestützte Nudeln mit Zwetschgen-, Aepfel- oder Kirschenkompot. Januar bis März: Stockfisch mit Sauerkraut.
am Samstag:	Aufgeschmalzene Suppe und Schmarren von weizenem Weckenbrod.	1. Endivien-, Wirsing-, Kräuter- oder Panabel-Suppe. 2. Abgetrocknete Nudeln oder abgeschwemmte Wassernudeln mit 3. brauner Sauce oder Kraut.	Gries- oder verlochte Brotsuppe. Ochsenfleisch. Juni bis Oktober: Spinat oder geröstete Kartoffeln. Oktober bis Juni: Eingemachte Bohnen oder Kartoffeln in brauner oder Petersilie-Sauce.
	Jedes Kind erhält täglich zu Mittag ein Stück Brod, aber kein Bier, sondern nur Wasser. Fällt auf einen Tag unter der Woche ein Feiertag, so werden die für den Donnerstag bestimmten Fleischspeisen am Feiertage, die Fastenspeise dagegen, welche an diesem Tage getroffen hätte, am Donnerstage gegeben	Jeder Zögling erhält täglich zu Mittag ein Stück gutes Hausbrod, Bier wird zum Mittagsmahl nicht verabreicht. Fällt auf einen Tag unter der Woche ein Feiertag, so werden die für den Dienstag oder Donnerstag bestimmten Fleischspeisen an dem Feiertag, die Fastenspeisen dagegen, welche an dem letzteren Wochentage getroffen hätten, an dem gewöhnlichen Fleischtage gegeben. Das Fleisch, welches jedem Zöglinge gereicht wird, muß in 12 Loth beinlosem Ochsenfleisch (in rohem Zustande gewogen) bestehen u. das aus Roggenmehl gebackene Hausbrod muß jedesmahl 6 Loth wiegen.	Zu jeder Mittagsmahlzeit ein Stück gutes Hausbrod zu 85 Gramm.
	Nachmittags:		
	Jedes Kind erhält täglich ein seinem Alter angemessenes Stück Brod.	Um 4 Uhr Nachmittags erhält jeder Zögling ein seinem Alter angemessenes Stück Brot, in der Regel von 6 Loth.	Täglich ein Stück gutes Hausbrod im Gewichte von 85 Gramm.

Kostordnungen für das Waisenhaus an der Findlingstraße

Programm
zur
Preiseverteilungs-Feier
im städt. Waisenhaus,
am 2. August 1886 Nachmittags 4 Uhr.

1) Einleitungschor „Gottes Größe" von . . . . Beethoven.
2) Begrüßungsgedicht gespr. von Anna Gruber.
3) Ansprache an die Kinder.
4) Verteilung der brasilianischen Aussteuerpreise.
5) Dankeslied an deren erlauchte Stifter
6) Verteilung von Preisen an ausgetretene und interne Böglinge.
7) Einige Vorträge für Sologesang und Violine mit Klavierbegleitung.
8) Schlußchor „Gottes Ehre" von . . . . Beethoven.

Lieder-Texte.

1) Eröffnungs-Chor, einstimmig von Beethoven.

1.
Gott ist mein Lied!
Er ist der Gott der Stärke.
Hehr ist sein Nam'
Und groß sind seine Werke;
Und alle Himmel sein Gebiet.

2.
Er will und spricht's,
So sind und leben Welten;
Und er gebeut,
So fallen durch sein Schelten,
Die Himmel wieder in ihr Nichts.

3.
Licht ist sein Kleid
Und seine Wahl das Beste.
Er herrscht als Gott;
Und seines Thrones Veste
Sind Wahrheit und Gerechtigkeit.

2) Dankeslied an Don Pedro, den Stifter der Aussteuerpreise, comp. v. Müller Peter.

Töne laut des Dankes Stimme,
Ihn den Edlen preisend rühme
Armer Waisen dankbar Herz.
Heil Don Pedro Dir und Segen,
Unser Herz schlägt Dir entgegen;
Blicket freudig himmelwärts.

3) Drei Lieder-Vorträge für Alt-Solo, gesungen von Ziegler Karl.

a) Meine Enkel, von Bratsch.

1.
Hör' ich an der Thüre tupfen,
Ruf' ich rasch: Herein!
Und durch ihre Angeln schlupfen
Husch! Vier Engelein.
Rufen freundlich: Guten Morgen,
Liebe Großmama.
Sei nun froh und ohne Sorgen,
Denn wir sind ja da.

2.
Bauen sich ein kleines Häuschen
In des Zimmers Eck'.
Naschen wie die kleinen Mäuschen
Meinen Zucker keck.
Machen aus den seidnen Kissen
Bettchen sich geschwind.
Und den Schemel meiner Füße,
Nennen sie ihr Kind.

3.
Schwärmen gleich den kleinen Bienen
Ueberall herum.
Will ich's ernstlich wehren ihnen,
Macht ihr Glück mich stumm.
Wir mißbrauchen ja nicht minder,
Göttliche Geduld.
Unbescheiden wie die Kinder
Nur nicht ohne Schuld.

Preise für die Waisenhauszöglinge.

Am 2. August 1886 werden im städtischen Waisenhause nachstehende Preise vertheilt.

A. Aussteuerpreise aus der brasilianischen Stiftung.

a) Durch die Wahl des herzogl. Leuchtenberg'schen Generalbevollmächtigten Herrn Cabinetsrath Gail:
1. Lohner Bertha, Bräumeisterstochter, Doppelwaise;
2. Mayer Crescenz, Schriftsetzerstochter, Vaterwaise.

b) durch das Loos:
1. Biller Louise, Kunstmalerstochter, Vaterwaise;
2. Hasenmüller Clotilde, Meubelfabrikantenstochter, Vaterwaise.

B. Aussteuerpreis aus der Jakob Sebastian Schödtl-Stiftung.

Kaiser Johann, ehem. Waisenhauszögling — nun Commis — 400 Mk.

C. Reiseunterstützungen.

1. Winter Max, in der Lehre bei Herrn Eisenhändler Gautsch dahier, erhält den Theater-Direktor Schwaiger'schen Preis mit 34 Mk. 29 Pfg.
2. Greißl Albert, in der Lehre bei Herrn Kupferschmiedmeister Urhollinger in Tölz erhält 25 Mk. 71 Pfg.
3. Mayer Karl, Lehrling im Cigarrengeschäft des Herrn Spieß dahier, erhält 25 Mk. 71 Pfg.
4. Bachberger Eduard, in der Lehre bei Herrn Schreibmaterialienhändler Lorenz dahier, erhält 25 Mk. 71 Pfg.
5. Kaufmann Bernhard, in der Lehre bei Herrn Hofwachszieher Ebenböck dahier, erhält 20 Mk. 57 Pfg.
6. Rieß Gustav, in der Lehre bei Herrn Schreinermeister Baader in Benediktbeuern erhält 18 Mk. 86 Pfg.

D. Preise für männliche Waisenhauszöglinge.

1. Lang Georg, Sattlergehilfensohn, erhält den vom Comité der internationalen Kunstausstellung gestifteten Geldpreis mit 20 Mk.
2. Plattmeier Johann, Beibotensohn, erhält den vom Comité der internationalen Kunstausstellung gestifteten Geldpreis mit 20 Mk.
3. Walter Anton, Krämerssohn, erhält den vom Gewerbeverein gestifteten Geldpreis mit 13 Mk. 71 Pfg.
4. Leithmann Philipp, Schneiderssohn, erhält den vom Hof-Hutfabrikanten Kaiser gestifteten Geldpreis mit 80 Mk.

Sitten-Preise.

1. Schuh Wilhelm, Ausgehersohn, erhält den Dallmayer'schen Preis mit 20 Mk. 57 Pfg.
2. Lasne Otto, Conducteurssohn, erhält den Vogel v. Vogelstein'schen Preis mit 17 Mk. 15 Pfg.
3. Kleiber Karl, Schlossergehilfenssohn, erhält den Escherich'schen Preis mit 17 Mk. 15 Pfg.
4. Allgeyer Ludwig, Schreinerssohn, erhält den Graf'schen Preis mit 13 Mk. 71 Pfg.
5. Marquard Eugen, Weinküferssohn, erhält den v. Neukäufler'schen Preis mit 6 Mk. 86 Pfg.
6. Wenig Rudolph, Zimmermeisterssohn, erhält den Göttner'schen Preis mit 6 Mk. 86 Pfg.
7. Niederhofer Johann, Bürstenbinderssohn, erhält den Wewer'schen Preis mit 6 Mk. 86 Pfg.
8. Neumayer Joseph, Maurerssohn, erhält den Laufer'schen Preis mit 6 Mk. 86 Pf.
9. Bestle Franz, Lokomotivführerssohn, erhält den zum Andenken an Johann Schäringer gestifteten Preis mit 6 Mk.
10. Weber Joseph, Ausgehersohn, erhält den Reindl'schen Preis mit 1 Mk. 72 Pfg.

E. Preise für weibliche Waisenhauszöglinge.

1. Lippert Anna, Hafnermeisterstochter, im Dienst bei Frau Ingenieur Neumeyer dahier, erhält den vom Gewerbeverein gestifteten Preis mit 6 Mk. 86 Pfg.
2. Lippert Elise, Hafnermeisterstochter, im Dienst bei Fräulein Privatiere Haug dahier, erhält den von einem Ungenannten gestifteten Preis mit 63 Mk. 57 Pfg.
3. Hörrmann Johanna, Schmiedgehilfenstochter, im Dienste bei Fräulein Musiklehrerin Moralt dahier, erhält den vom Hof-Hutfabrikanten Kaiser gestifteten Preis mit 80 Mk.

Sitten-Preise.

1. Graf Theresia, Maurerstochter, erhält den Merk'schen Preis mit 34 Mk. 29 Pf.
2. Riederer Bertha, Möbelreinigerstochter, erhält den Vogel v. Vogelstein'schen Preis mit 17 Mk. 14 Pfg.
3. Seidl Theresia, Schreinerstochter, erhält den Escherich'schen Preis mit 17 Mk. 14 Pfg.
4. Haid Aloisia, Wirthstochter, erhält den Göttner'schen Preis mit 6 Mk. 85 Pfg.
5. Kunig Bertha, Schreinerstochter, erhält den von einem Ungenannten gestifteten Preis mit 6 Mk. 86 Pfg.
6. Schuh Ursula, Ausgeherstochter, erhält den Hasenmüller'schen Preis mit 6 Mk. 86 Pfg.
7. Hilpert Johanna, Lohndienerstochter, erhält den Vogel v. Vogel'schen Preis mit 6 Mk. 85 Pfg.
8. Weber Maria, Wirthschaftspächterstochter, erhält den v. Radlkofer'schen Preis mit 6 Mk. 86 Pfg.
9. Fischer Katharina, Packträgerstochter, erhält den zum Andenken an Barbara Schäringer gestifteten Preis mit 6 Mk.
10. Faber Crescenz, Tapezierstochter, erhält den von August und Karolina Dreyer gestifteten Preis mit 8 Mk.

Kleider-Preise.

1. Gebhard Mechtilde, Ladnerin bei Kaufmann Schneider dahier, erhält ein Cachemirkleid 36 Mk.
2. Hilpert Maria, im Dienst bei Hof-Wachswaarenfabrikant Mertz dahier, erhält einen Wintermantel 29 Mk.
3. Hager Maria, im Dienst bei Bankkontroleur Johannes dahier, erhält eine Tuchjacke und Leinwand 28 Mk.
4. Ladstock Marie, im Dienst bei Bahnfunktionär Fuchs dahier, erhält einen Regenmantel 27 Mk.

Aus dem Programm einer Preisverteilungsfeier vom 2. August 1886

Zur Geschichte der Englischen Fräulein und deren Rolle in der Waisenerziehung

Der von der Engländerin Maria Ward (1585–1645) gegründete Orden, der sich von jeher der Erziehung der weiblichen Jugend widmete, bekam nach der Säkularisation von Ludwig I. im Jahre 1835 einen Seitenflügel des Nymphenburger Schlosses als Sitz der Generalleitung zugewiesen.

Schon während des Dreißigjährigen Krieges begannen die Englischen Fräulein in München mit der Waisenerziehung. Das erste deutsche Mitglied des Münchner Institutes, Anna Röhrlin, sammelte die Kinder der im Krieg Gefallenen und nahm sie mit ins Institut (1626/27–1691 im sogenannten Paradeiser-Haus in der Stiftsgasse). Dort erhielten die Kinder unentgeltlich Kost, Kleidung und Unterricht. Am Abend versuchte sie die Kinder, gegen Geld oder umsonst, bei Nachbarn oder Bekannten unterzubringen, 1672 erstanden die Englischen Fräulein für arme Kinder ein Haus in der Löwengrube und 1722 kauften sie ein anderes in der Weinstraße neben dem Institutsgebäude. Anfänglich nur aus Institutsmitteln unterhalten, spendeten allmählich auch etliche Wohlhabende, der bedeutendste, ein Domherr Graf von Spour, der mit seinem Vermögen zwölf Freiplätze für arme Mädchen stiftete. Durch die Säkularisation wurde das Haus im Jahre 1809 aufgelassen. Bereits im Jahre 1835 eröffnete der Orden im Seitenflügel des Nymphenburger Schlosses neben dem Sitz der Generalleitung ein Mädchenpensionat, das folgende Aufgaben und Ziele im Rahmen der »höheren Mädchenbildung« verfolgte:

»Das Erziehungsinstitut hat die Aufgabe, den ihm anvertrauten Mädchen katholischer Konfession eine zeitgemäß höhere Ausbildung zu geben und ist für Zöglinge aus jenen Kreisen bestimmt, welche einen solche für die eigene Familie wie für die spätere Lebensstellung ihrer Töchter erstreben. Auf solider religiöser Grundlage soll das Herz der Zöglinge für alles Wahre, Edle und Schöne empfänglich gemacht, ihr Geist mit jenem Wissen und Können, das man von einer gebildeten Frau fordern kann, ausgestattet und zugleich das körperliche Wohl so gepflegt werden, daß die Zöglinge einst, in welchen Beruf immer, ihre Pflicht zur Ehre Gottes und zum Wohle der Mitmenschen erfüllen können.«

Für die Waisenhauskinder, ob weiblich oder männlich, waren solche »exklusive« Erziehungsziele allerdings nicht vorgesehen. Gewissermaßen als kleine Wiedergutmachung übertrug im Jahre 1861 die Münchner Stadtverwaltung die Leitung des Stadt.Waisenhauses in der Findlingstraße den Englischen Fräulein. In einer Übereinkunft zwischen dem Magistrat von München und dem Orden der Englischen Fräulein aus dem selben Jahr steht als folgendes geschrieben:

»Bei der Erziehung der Zöglinge ist deren zukünftige Bestimmung obenan zu stellen, welche darin bestehen, daß die die Anstalt verlassenden Zöglinge wohl gesittet und ausgerüstet mit einem reichlichen Fonde von inniger und wahrer Frömmigkeit, tüchtig für alle Arbeiten der niederen Lebenskreise, für die sie bestimmt sind, einfach in Bedürfnissen und stark, Entbehrungen zu ertragen, in die Welt eintreten. Demgemäß ist hier der Unterricht in fremdländischen Sprachen, Klavier, höheren Gesang etc. ausgeschlossen.«

Die Stellung in der Gesellschaft war für diese Kinder allein durch ihr »Waisen-Dasein« bereits vorgegeben: sie wurden zum »Dienstpersonal« für die »höheren Mädchen« erzogen. Die Übernahme des Waisenhauses durch den Orden der Englischen Fräulein kann auch als ein Wiedererstarken des katholischen Einflusses im städtischen Bereich gesehen werden. Obwohl die Gesamtstiftung für Waisen eigentlich ohne Rücksicht auf die Konfession bestimmt worden war, wurden nichtkatholische Kinder in anderen Anstalten untergebracht. Das »städtische Waisenhaus« wurde, entgegen den Stiftungsregelungen, zu einer katholischen Anstalt.

Die Nähe zum Nymphenburger Schloß und damit auch zum Mutterhaus des Ordens der Englischen Fräulein war wohl u.a. mit entscheidend bei der Wahl des Bauplatzes für das neue Waisenhaus direkt am sogenannten »Nymphenburger Kessel«.

Bis zum Jahre 1952, also insgesamt über 90 Jahre lang (1861–1952), hatten die Englischen Fräulein die Möglichkeit, neben der »höheren Mädchenbildung« auch die ärmeren in der Gesellschaft, die Waisenkinder, »mit einer Mischung von Milde und Würde, Liebe und Strenge« zu erziehen. Was die Erzieherinnen unter diesen Erziehungsgrundsätzen genau verstanden und wie sie diese in die Praxis umsetzten, wird bei den einzelnen Abschnitten zur Geschichte des Waisenhauses in der ersten Hälfte des 20. Jahrhunderts noch ausführlicher dargestellt und erläutert. Das Generalat des Ordens hat seit 1929 seinen Sitz nicht mehr in Nymphenburg, sondern in Rom. Heute gehören zur Ordensprovinz München-Nymphenburg zwölf Einrichtungen in Süddeutschland, in denen noch etwa 200 Nonnen von weltweit 2500 leben. In der Nymphenburger Maria-Ward-Straße betreuen die Schwestern ein Gymnasium, eine Real- und eine Grundschule; Hort, Tagesheim und Internat ergänzen das pädagogische Angebot.

Aus der Waisenerziehung zogen sich die Englischen Fräulein nach dem Zweiten Weltkrieg, nicht ganz freiwillig, langsam zurück. Zum 31. März 1952 kündigte der Orden das Vertragsverhältnis mit der Stadt wegen unüberbrückbarer Gegensätze zur neuen Heimleitung; davon später mehr.

Kgl. Erziehungsinstitut der Englischen Fräulein Nymphenburg; Ansichtskarte um 1900

Maria Ward (1585–1645), Gründerin des Ordens der Englischen Fräulein

Katharina di Graccho (1801–1857), erste Generaloberin in München-Nymphenburg nach der Säkularisation

Von Stiftern und Stiftungen im 19. Jahrhundert

Die »Waisenhausstiftung München« ist, wie bereits erwähnt, aus einer durch Königliches Rescript vom 9.10.1809 angeordneten Vereinigung von drei bis dahin selbständigen Stiftungen hervorgegangen (Stadtwaisenhaus, Hofwaisenhaus, Waisenhaus ob der Au). Gegen Ende des 19. Jahrhunderts hatte sich die Finanzlage so günstig wie nie zuvor entwickelt. Neben einem beträchtlichen Kapitalvermögen (2 321 925 Mark) das größtenteils aus Vermächtnissen und Schenkungen stammte, bildeten zahlreiche Stiftungen ein solide wirtschaftliche Grundlage für das Waisenhaus.

Die Stiftungen, Erbschaften und Schenkungen wurden unter dem gemeinsamen Dach der »städtischen Waisenhausstiftung München« verwaltet. In einer Verwaltungsordnung aus dem Jahre 1912 heißt es:

I. Die städtische Waisenhausstiftung München ist eine örtliche Wohltätigkeitsstiftung der Stadtgemeinde München.
II. Stiftungsvorstand ist der Magistrat, dessen Beschlüsse in den gesetzlich vorgeschriebenen Fällen der Zustimmung der Gemeindebevollmächtigten und der staatsaufsichtlichen Genehmigung der K. Regierung von Oberbayern, Kammer des Inneren, bedürfen.

Als Zweck der Stiftung wird angegeben:

I. Die städtische Waisenhausstiftung hat den Zweck, hilfsbedürftigen verwaisten Kindern eine Zufluchts- und Erziehungsstätte zu bieten, um aus ihnen gutgesinnte Menschen, fleißige und geschickte Arbeiter, Handwerker, Dienstboten und rechtschaffene Staatsbürger werden zu lassen.
II. Dieser Zweck wird zu erreichen gesucht durch Unterhalt in der eigenen Anstalt oder, wo es aus irgendeinem Grunde (z.B. Raummangel, körperliche Gebrechen, Erziehungsrücksichten, Verschiedenheit der Konfession) geboten erscheint, durch Unterbringung in einer anderen Anstalt oder in Familienpflege, ferner dadurch, daß beim Austritt aus der Anstalts- oder Familienpflege den Knaben, welche sich gut geführt haben, geeignete Lehrstellen oder sonstiges geeignetes Unterkommen, ebenso den Mädchen passende Dienstplätze vermittelt werden.
III. Die ausnahmsweise Sorge für eine höhere wissenschaftliche, künstlerische oder gewerbliche Ausbildung ist im Falle besonderer Begabung nicht ausgeschlossen.

Um auf die Persönlichkeiten von Stifterinnen und Stiftern kurz einzugehen und auf die Vielfalt von Stiftungen mit ihren unterschiedlichsten zweckgebundenen Bestimmungen aufmerksam zu machen, soll hier – auch für eventuelle Nachahmer – ein grober Überblick über die verschiedenen Variationen aus dem 19. Jahrhundert gegeben werden.

Zum Beispiel gab es eine Reihe von sogenannten »*Freiplatzstiftungen*«. Hierbei wollten die Stifter mit ihrem Geld zusätzliche Plätze für Zöglinge schaffen, bzw. unterhalten. So bestimmte die am 1. Juni 1860 in München verstorbene Majorswitwe *Elise Peters* in ihrem Testament, daß 12 000 Gulden zur Gründung einer Waisenanstalt, und zwar ausschließlich für katholische Waisen, in der Pfarrgemeinde Haidhausen verwendet werden sollten. Am Namens- und Sterbetag wünschte sich die Stifterin bei Anwesenheit der Waisenkinder, daß eine Messe für sie gelesen werde. 1862 beschloß der Magistrat allerdings, kein neues Waisenhaus zu bauen, sondern drei Kinder aus der Pfarrgemeinde Haidhausen auf Rechnung der *Peters'schen Stiftung* im bereits vorhandenen städtischen Waisenhaus erziehen zu lassen.

Eine *Pfarrer Johann Bapt. Schremsche Freiplatz-Schenkung* aus dem Jahre 1865 sollte besonders für ein Waisenkind eines Buchdruckergehilfen verwendet werden.

Die *Bierbrauer Georg Sedlmayersche Waisenstiftung* (gegründet 1880) unterstützte eine Doppelwaise, zusätzlich zur etatmäßigen Zahl der Zöglinge.

Durch etliche Stiftungen erhielten die Zöglinge an besonderen Tagen Kostzulagen, wofür dem Orden die von den Stiftern bestimmten Vergütungen bezahlt wurden. Aus dem Erbe der Bäckerstochter und Hausbesitzerin *Marie Kaiser* (1856) erhielt z.B. jeder Zögling zu Allerseelen einen sogenannten »Seelenwecken«.

Die Hofmalerwitwe *Marie Böll* (1850) spendete den Mädchen am Maria Namensfest (Namenstag der Stifterin) und den Knaben an Martini (Namenstag des Mannes der Stifterin) eine Portion Braten. Während aus der Schenkung des Großhändlerehepaares *Ernst und Regina Schönlin* (1864) »großmütigerweise« am Reginatage (7. September) die Waisenkinder ein paar Bratwürste zusätzlich bekamen.

Viele Stiftungen waren auch eng mit einer besseren Ausbildung der Zöglinge verknüpft. So sollte z.B. aus der *Joseph Böhm'schen Stiftung* (gegründet 1875) ein aus dem Waisenhaus entlassener Knabe unterstützt werden. Aus der *Hermann Mondschein Stiftung* (gegr. 1862) konnte das Lehrgeld für einen Handels- oder Gewerbelehrling bestritten werden. Jährlich standen etwa 60 Mark aus der *Schäringerschen Grabstiftung* (gegr. 1900) für berufliche Ausbildung von Waisenhauszöglingen zur Verfügung.

Aber auch für die relativ seltene »höhere Ausbildung« für Waisenhauskinder gab es Stiftungen. Die *Karl Reitmaiersche Stiftung* (gegr. 1868) zahlte für die Ausbildung in technischen und kaufmännischen Fächern. Die *Karl und Magdalena Penglersche Wohltätigkeitsstiftung* (gegr. 1889) unterstützte die Erziehung christlicher Waisen ohne Unterschied der Konfession, unter Umständen die Ausbildung zu einem wissenschaftlichen, künstlerischen, technischen oder zum Lehrerberuf.

Besonders beliebt waren auch sogenannte *Weihnachtsstiftungen* für extra Geschenke an die Kinder zum Fest. Verschiedene *Buchpreis-Stiftungen* hatten vor allem im 19. Jahrhundert einen höheren Stellenwert als in der heutigen Zeit.

Sehr häufig waren solche Stiftungen und Preisgelder an die Grabpflege und das Lesen von Messen für die Stifter gekoppelt. Während zu jener Zeit die verschiedensten Dienste der Orden mit den Zöglingen zusammen verrichtete, werden seit dem Zweiten Weltkrieg, obwohl viele der Stiftungen noch existieren, keine Messen mehr abgehalten und die Grabpflege von bezahlten Friedhofsgärtnern erledigt.

Etliche Gräber von ehemaligen Stiftern aus dem letzten Jahrhundert können noch heute, zum Beispiel bei einem Spaziergang durch den Alten Südlichen Friedhof an der Thalkirchner Straße, gewissermaßen als Kulturdenkmäler besichtigt werden. Aber auch auf anderen Friedhöfen existieren noch von der Waisenhausstiftung betreute Gräber.

---

4 Straßennamen in Neuhausen, 4 Stifter für das Waisenhaus, 4 Gräber auf dem Alten Südlichen Friedhof

Sedlmayrstraße (seit 1903)
Gabriel Sedlmayr (1811–1891), Kommerzienrat und Großbrauereibesitzer, bedeutender Stifter. Ausgezeichnet mit der Goldenen Bürgermedaille der Stadt München.

Schäringerstraße (seit 1914)
Schäringerplatz (seit 1921)
Ludwig Schäringer (1839–1915), Kgl. Wirklicher Rat und städtischer Fondskassier in München, Gründer zahlreicher Stiftungen zugunsten der städtischen Beamten.

Saportastraße (seit 1990)
Friedrich Karl Graf von Saporta (1794–1853), bayerischer Generalmajor und Hofmarschall bei König Ludwig I.

Mettinghstraße (seit 1910)
Moritz Freiherr von Mettingh (1827–1907), Kämmerer, hat bedeutende Wohltätigkeitsstiftungen errichtet.

Gräber von Stiftern auf dem alten Südlichen Friedhof

Freiherr von Mettingh-Fonds

Bierbauer Georg Sedlmayr-Waisenstiftung (1880) und Gabriel Sedlmayr-Waisenstiftung

Graf von Saporta-Grabstiftung (1852)

Schäringer-Grabstiftung (1900)

Historischer Exkurs zum Thema »Waisenhausstiftung«

Die »Brasilianische Stiftung«

Nur wenige in der Neuhauser oder Münchner Bevölkerung wissen, wer Dom Pedro, der Namensgeber sowohl für einen Platz, eine Straße, als auch für eine Volksschule war. Ein ganzes städtebauliches Ensemble, zu dem auch das heutige Münchner Waisenhaus gehört, wurde in den Jahren 1899/1900 nach ihm benannt. Viele denken wohl beim Klang dieses Namens erst an Petrus, den Apostel und Jünger Jesu, oder an irgendeinen Papst aus Rom, aber nicht an einen ehemaligen »Kaiser von Brasilien«.

Am 24. Oktober 1829 errichtete nämlich seine Majestät der Kaiser Dom Pedro I. von Brasilien zur Feier seiner Vermählung mit der Prinzessin Amalie von Leuchtenberg, Fürstin von Eichstädt, mit einem Kapital von damals 40 000 Gulden eine Stiftung, aus deren Zinsen alljährlich vier würdige, weibliche ehemalige Waisenhauszöglinge nach Erreichen des 18. Lebensjahrs einen Aussteuerpreis von je 500 Gulden erhalten sollten (zwei durch die Verwaltung des Herzoglichen Leuchtenbergischen Hauses vorgeschlagen, zwei durch das Los bestimmt).

Am 1. November 1830 erhielt die Stiftung die »landesherrliche Genehmigung«, wobei bestimmt wurde, daß sie den Namen »Brasilianische Stiftung« zu führen haben. Wer war nun dieser Dom Pedro (1798–1834), daß er noch 65 Jahre nach seinem Tode von der Stadt München so geehrt und von der Waisenhausleitung, zusammen mit den Zöglingen, weit in das 20. Jahrhundert hinein so verehrt wurde?

Der älteste Sohn des portugiesischen Königs setzte sich im Jahre 1822 in Rio an die Spitze der Unabhängigkeitsbewegung und ließ sich zum Kaiser von Brasilien ausrufen. Somit löste er Portugals größte und reichste Kolonie vom Mutterland. Mit 18 Jahren war Dom Pedro heiratsfähig. Sein Vater meinte, eine frühzeitige Eheschließung könnte vielleicht eine günstige Wirkung auf das unbändige Gemüt des Kronprinzen ausüben. Skandale um Pedro waren an der Tagesordnung. So sollte zum Beispiel ein portugiesischer Offizier ein uneheliches Kind von Pedro als das seine anerkennen und dafür übersprang der Soldat ein paar Rangstufen seiner militärischen Laufbahn.

Im Jahre 1817 heiratete Dom Pedro die Erzherzogin Leopoldine aus Österreich. Als sie ein Kind von ihm erwartete, setzte Pedro seine erotischen Eskapaden ohne Hemmungen fort.

Unzählige Skandalgeschichten gingen am Hof um. Pedro konnte keine schöne Frau sehen, ohne versucht zu sein, sie seinen Wünschen gefügig zu machen. Man war in Rio gewiß sehr weitherzig in Fragen der ehelichen Pflichten. Das Konkubinat war fast etwas Selbstverständliches. Aber die Bevölkerung empörte sich darüber, daß sich der Kaiser so herausfordernd zu seinen Mätressen bekannte und seine Frau in beleidigender Weise zurücksetzte, ja sogar mißhandelte.

Leopoldine erkrankte schwer und starb im Dezember 1826. Noch zu ihren Lebzeiten hatte das Hofleben einen so ausschweifenden Charakter angenommen, daß Pedro der »Minotaurus« (stierköpfiger Menschenfresser) von Südamerika genannt wurde. Die Zahl seiner unehelichen Kinder überstieg angeblich das Dutzend. Pedro wollte nun sein Ansehen durch eine neue Vermählung wiederherstellen und heiratete im November 1829 eine zweite Frau, eine Münchnerin, Amalie von Leuchtenberg. Durch die Hochzeit trat allerdings das Gegenteil von dem ein, was man erhofft hatte: Amalie wurde die »Fremde« genannt, in Brasilien ein böses Wort, das alles umfaßte, was man nicht haben wollte. Der Eindruck verstärkte sich, daß der Kaiser jetzt mehr denn je zu einer autokratischen Regierung alten Stils zurückkehrte.

Trotz oder wegen seines unsteten Lebensstils errichtete Dom Pedro tatsächlich anläßlich seiner Hochzeit mit Amalie von Leuchtenberg eine sogenannte Aussteuerstiftung.

»Sittsam, still und fleckenrein, soll stets unser Leben sein«, sangen die Mädchen im Jahre 1839, zehn Jahre nach der Hochzeit und fünf Jahre nach seinem Tode (1834) anläßlich einer

Preisverleihung im Waisenhaus an der Findlingstraße. Diese und ähnliche, als Huldigungen gemeinte Strophen klingen vor dem tatsächlichen historischen Hintergrund eher als nachträgliche Mahnung an die adeligen Stifter.

Noch ein anderer Umstand läßt am Ende des 20. Jahrhundert stark daran zweifeln, ob »Dom Pedro« als würdiger Namensgeber, vor allem für eine Schule, wirklich geeignet ist: Brasilien war nach den USA die zweitgrößte Sklavenhalternation in der »Neuen Welt«. Nach Einschätzung des deutschen Forschers Alexander von Humboldt lag die Zahl der Sklaven 1825 in Brasilien bei knapp 2 Millionen, bei einer Gesamtbevölkerung von etwa 4 Millionen Menschen. Die Agrarverfassung Brasiliens beruhte auf dem Großgrundbesitz und der Bestellung des Landes durch Sklaven.

Die Leibeignen arbeiteten hauptsächlich auf den Zuckerrohrplantagen und in den Minen. Die Sklaverei verschwand nur langsam aus dem Alltag des Landes, die endgültige Abschaffung erfolgte erst 1888, während der Regierungszeit Dom Pedro II, dem Sohn des »edlen« Spenders und Gründers der »Brasilianischen Stiftung«.

Am 15. November 1889 mußte die Monarchie endgültig abdanken – Brasilien wurde Republik. Trotzdem sangen die Zöglinge des Münchner Waisenhauses noch Jahrzehnte später schwülstige »Dankeshymnen auf den erlauchten Stifter«. So zum Beispiel bei der Preisverleihung 1906:

Töne laut des Dankes Stimme,
Ihn den Edlen preisend rühme
Armer Waisen dankbar Herz.
Heil Dom Pedro Dir und Segen,
Unser Herz schlägt Dir entgegen,
Blicke freudig himmelwärts.

Blicke Schutzgeist armer Waisen,
Die Dich dankbar hebend preisen,
Von dem Himmel zu uns her!
Bitt daß Deiner Schöpfung Blüte
Gottes Vaterhand behüte,
Spende Segen immer mehr!

Huldigungen und Lobeshymnen auf das Brasilianische Kaiserpaar waren nicht das einzige, was die Englischen Fräulein von ihren Zöglingen verlangten. Die Kinder sahen die edlen Spender mehrmals in Gips oder Öl in den unterschiedlichsten Räumen des neuen Waisenhauses. Im sogenannten Vestibül erinnerten zwei Gipsbüsten an Dom Pedro und Amalie, im Festsaal und einem Schwesternzimmer hingen je zwei Ölgemälde und in der Anstalts-Kirche zwei Wappen vom Königspaar. Außerdem gingen die meisten schulpflichtigen Zöglinge durch die Dom-Pedro-Straße über den Dom-Pedro-Platz in die Dom-Pedro-Schule. Alljährlich fanden am 2. August, dem Jahrestag der Vermählung des Paares, eine Preisverteilungs-Feier statt. Vier Mädchen aus dem Waisenhaus bekamen bei späterer Verheiratung einen Aussteuerpreis. Die »Brasilianische Stiftung« existiert heute noch. Der gestiftete Betrag von ursprünglich 46 000 Gulden ist durch Inflation und Geldentwertungen mittlerweile allerdings auf etwa 20 000 DM zusammengeschmolzen. Erst im Jahre 1984 entschied der Münchner Stadtrat auf Anregung des Finanzamtes die Stiftungssatzung »im Hinblick auf die veränderten Zeit- und Rechtsverhältnisse zu ändern«. In der Satzung heißt es jetzt u.a.:

»Der Stiftungszweck kann ersatzweise auch durch Gewährung von Ausbildungsbeihilfen für weibliche Jugendliche erfüllt werden, soweit diese in München wohnhaft sind.«

Der ursprüngliche »Zwang zur Ehe« bei den ausgewählten Preisträgerinnen unter den Mädchen des Waisenhauses besteht seit dieser Satzungsänderung nicht mehr.

Ein sicherlich zu begrüßender Fortschritt – auch im Hinblick auf die recht zweifelhafte Vorbildwirkung des »edlen« Stifters.

Festgesang bei der jährlichen Verteilung der Preise aus der Brasilianischen Stiftung zur Ausstattung der durch Fleiß, Geschicklichkeit und Sittsamkeit sich auszeichnenden Mädchen aus der Waisenanstalt.
In Chören aufgeführt von Knaben und Mädchen des städt. Waisenhauses am 2. Aug. 1839. (Abschrift)

Die Knaben
Schon der Tag der uns geboren,
Stieg herauf im trüben Schein;
Schutzlos staunten wir, verloren
In die öde Welt hinein.
Früh schon flossen unsere Tränen
Auf des besten Vaters Grab,
Und der Mutter stilles Sehnen
Zog auch sie zu ihm hinab.
Irrsam sind des Lebens Wege,
stürmevoll der Zeiten Lauf;
Doch mit treuer Eltern Pflege
Nahm dies Haus uns hebend auf.

Die Mädchen
War die Gegenwart uns helle,
Glücklich die Vergangenheit;
Blickten wir mit banger Seele
Auf der Zukunft bange Zeit.
Da zerstreute unsere Sorgen
Eines edlen Fürsten Hand,
Und der Hoffnung heitrer Morgen
Glänzt uns von Brasiliens Strand.

Beide Chöre
Heil, Dom Petro! Deiner Güte,
Schönrer Seelen reinste Blüte;
Mehr als Kron und Kaisers Macht,
Ihr sey unser Dank gebracht.

Die Knaben
Doch nur Wenigen aus Allen
Ist dies Los heut zugefallen;
Sittsam, still und fleckenrein
Muß des Mädchens Wandel sein

Die Mädchen
Sittsam still und fleckenrein
Soll stets unser Leben sein.

Schluß-Chor
Heilige Erinnerungen
Leben in uns treu und wahr
Und vom Dank Gefühl durchdrungen
Bringen unsre Huldigungen
Wir mit jedem Erntejahr
Dem erhabnen Geber dar.

Quelle: Stadtarchiv München; Bestand Spitäler und Anstalten 571/1

Dom Pedro I., Lithographie 1830

Amalie von Leuchtenberg, 1830

Certifikat

Zum Beweise, daß Karolina Agatha Ebner, Musik-Instrumentenmachers-Tochter von hier, Vaterwaise, welche sich in dem hiesigen Waisenhause, wie auch außer demselben durch Fleiß, Geschicklichkeit und Sittlichkeit auszeichnete, heute aus der Brasilianischen Stiftung in Summe von **fünfhundert Gulden** zur künftigen Aussteuer erhielt, dieses Geld aber bis zu ihrer wirklichen Versorgung verzinslich angelegt und die Urkunde hierüber bei dem hiesigen Stadtmagistrate hinterlegt werde, empfängt dieselbe hiermit gegenwärtige Ausfertigung.

München, den 2. August 1850

Abschrift der Urkunde

Quelle: Stadtarchiv,
Bestand Wohltätigkeiten und Stiftungen 135

Ansichtskarte vom Dom-Pedro-Platz, ganz rechts der hintere Eingang zum Waisenhaus, um 1900

Ansichtskarte um 1900

Historischer Exkurs zum Thema »Waisenhausstiftung« 35

Die Gaigel'schen Stiftungen

Eine weitere für das Waisenhaus nicht unwichtige Stiftung soll hier noch besonders hervorgehoben werden. Den wohl größten Betrag im 19. Jahrhundert stiftete der 1799 in Rosenheim geborene und 1876 in Regensburg verstorbene Privatier und Besitzer einer Pfandleihanstalt in der Au, Sebastian Gaigel. Er setzte in seinem am 1. September 1861 verfaßten Testament die städt. Waisenanstalt in München zu seiner Universalerbin ein. Die Summe von immerhin etwa 328 000 Goldmark sollte nach der Bestimmung des Testaments zur Hälfte unter dem Namen »*Gaigel'sche Waisenfondstiftung*«, zur anderen Hälfte unter dem Namen »*Gaigel'sche Waisenhausunterstützungsfond für höhere Ausbildung*« verwaltet werden. Während die Erträge aus der ersten Stiftung für allgemeine Zwecke des Waisenhauses für die Pflege und Erziehung der Kinder, verwendet werden sollten, bestand der Zweck des zweiten Fonds darin, »vorzügliche Talente für irgend ein Fach (Wissenschaft, Kunst, Technik) zu unterstützen und eine höhere Ausbildung für einen aus freiem inneren Antrieb gewählten Beruf zu ermöglichen«. Für die Mädchen der Waisenanstalt, »welche besondere Anlage, gute Hausfrauen zu werden, in sich tragen«, sollte eine »anständige Versorgung mittels einer Aussteuer erleichtert werden«. Eine für die damalige Zeit ungewöhnliche Einschränkung machte Sebastian Gaigel in seinem Testament: »Unterstützung darf nicht gereicht werden zum Studium der Theologie, weil die Kirche ohnehin genügend Mittel zur Heranbildung des Klerus besitzt.« Ohne Zweifel sehr fortschrittlich war auch die Verfügung des Stifters, die Gesamt-Stiftung für die Waisenkinder ohne Rücksicht auf die Konfession gelten zu lassen. Veranlaßt durch den streng katholischen Charakter des Waisenhauses, bestimmte Sebastian Gaigel, daß nichtkatholische Waisen in Anstalten mit gleichem Kostenaufwand wie im Waisenhaus unterzubringen seien (Prozentual dem Anteil an

Das Grab des Stifters im Südlichen Friedhof

der Bevölkerung). Auch wenn die Anstalt das Andenken seines größten Stifters alljährlich am Allerheiligentage durch Gebet und Gesang am Grabe ehrte, hielten sich die Lobeshymnen auf diesen nichtadeligen und kirchenkritischen Stifter in Grenzen. Im Gegensatz zur »Brasilianischen Stiftung« von Kaiser Dom Pedro wurden die Gaigel'schen Stiftungen nach dem Zweiten Weltkrieg, im Jahre 1953, aufgelöst. Seit 1890, dem Jahr der Eingemeindung Neuhausens zu München, erinnert der Name einer kleinen Straße, in der Nähe der später gebauten St. Benno-Kirche (1895), an den edlen Stifter (allerdings nicht ganz korrekt geschrieben; richtig wäre: Gaigelstraße). Das noch existierende schöne Grabmal im Alten Südlichen Friedhof läßt erahnen wie wohlhabend Sebastian Gaigel wirklich war.

URKUNDE

über
Verleihung eines Aussteuer-Preises
aus der
Gaigl'schen Stiftung

~~Die städt.~~ Der Stadtrat ~~Kommission~~
hat beschlossen, dem Zöglinge des ~~städt.~~ evangl.
Waisenhauses
Marie Ostermeier
geboren am 14. September 1917 für das
Jahr 1934 einen Aussteuerpreis aus der
Gaigl'schen
Stiftung im Betrage von 364.- Rmk.,
m. w. dreihundertvierundsechzig R.M.
zu verleihen.

Einen Anspruch auf Auszahlung dieses Preises hat der bedachte Zögling erst mit Vollendung des 30. Lebensjahres, falls er zu diesem Zeitpunkte desselben nach dem Ermessen der obengenannten Kommission noch bedürftig und würdig erscheint, ~~und~~ Mädchen unter dieser Voraussetzung auch schon vorher bei Eingehung einer Ehe.

Bis zur Auszahlung wird der Aussteuerpreis vom Stadtmagistrate München unentgeltlich verwaltet und werden die Zinsen dem Kapital des Aussteuerpreises zugeschlagen.

~~Die städt.~~ Der Stadtrat ~~Kommission~~ ist berechtigt, dem obengenannten Zöglinge zum Zwecke der Erreichung eines passenden Lebensberufes aus den Zinsen oder aus dem Kapitale der Aussteuer Beträge auch schon vor dem Fälligkeitstermine zuzuwenden.

hierüber gegenwärtige Urkunde.

München, am 16. März 1935

~~Städt.~~ Stadtrat ~~Kommission~~

~~Der Vorsitzende.~~
Ober-Bürgermeister.

II. Das Münchner Waisenhaus zu Anfang des 20. Jahrhunderts

Die Planungsgeschichte des Neubaus

Gegen Ende des 19. Jahrhunderts war die Finanzlage des Waisenhauses nicht schlecht. Neben einem beträchtlichen Kapitalvermögen von immerhin etwa 2 300 000 M, das größtenteils aus Vermächtnissen und Schenkungen stammte, bildeten noch die Erträge zahlreicher Stiftungen eine solide wirtschaftliche Grundlage der Einrichtung. Diese Tatsache war ohne Zweifel der Hauptgrund für die Entscheidung zum Neubau und gegen die Sanierung des alten Gebäudes in der Findlingstraße. Die Aussicht auf einen profitablen Verkauf des alten Waisenhaus-Grundstückes tat ihr übriges. Der Wert des alten Areals wurde mit 1 200 000 Mark beziffert. Mehrere billigere Grundstücke außerhalb des Stadtzentrums kamen in die engere Wahl für einen Neubau. Unter anderem war auch ein Grundstück in der Nähe von Stadelheim (dem Münchner Gefängnis) im Gespräch. Vor allem der ehemalige Gemeindevertreter Neuhausens, Landesökonomierat August Buchner setzte sich dafür ein, daß der Neubau für das Waisenhaus nicht gleich neben die Münchner Gefängnisanstalt gebaut wurde. Die Entscheidung fiel zugunsten eines 1893/95 von der Stadtgemeinde erworbenen Grundstücks am östlichen Ende des Nymphenburger Kanals. Auch die Nähe zu dem Mutterhaus des Ordens der Englischen Fräulein in Nymphenburg hatte dabei sicherlich eine nicht unbedeutende Rolle gespielt.

Durch Plenarbeschluß des Münchner Magistrats vom 19. und 28. November 1895 wurde somit verfügt, »den für ein neu zu bauendes Waisenhaus gewählten Platz um den Selbstkostenpreis nebst Verbriefungs- und Straßenherstellungskosten zu überlassen.« Einwände gegen die große Entfernung zur Stadtmitte wurden mit Hinweis auf die Vorteile zerstreut: »Ein frei und luftig schön gelegenes Waisenhaus zu dem ein schöner Weg führt, eine Anstalt, welche mit großem Garten ausgestattet wird, die auch nahe an einer Trambahn liegt, wird auch einen Anziehungspunkt bilden, wenn sie eine halbe Stunde vom Zentrum entfernt liegt«, wurde bereits am 14. Mai 1895 in einer Plenarsitzung geäußert.

Die Planung des Waisenhauses in einer, zur damaligen Zeit außerhalb des Zentrums liegenden Umgebung, hatte nicht nur finanzielle Vorteile. Auch unter stadtplanerischen Gesichtspunkten bot die Neuerschließung des Terrains am anderen Ende des Nymphenburger Kanals weitere Chancen. Die ursprünglich selbständige Gemeinde Neuhausen war bereits 1890 zu München eingemeindet worden – Nymphenburg sollte neun Jahre später, am 1. Januar 1899, folgen.

Zur Bau- und Architekturgeschichte

Die zwischen 1896 und 1907 am Ostende des Nymphenburger Kanals geschaffenen öffentlichen Bauten sollten ein architektonisch hochwertiges, aber natürlich mit dem gegenüberliegenden Nymphenburger Schloß nicht in Konkurrenz tretendes Ensemble bilden.

Nach einem Stadterweiterungsplan des Architekten Karl Henrici sollte die sich ausdehnende Stadtlandschaft durch Zentren akzentuiert und von den topographischen Gegebenheiten ausgehend, die funktionale Selbständigkeit und die gestalterische Individualität solcher Bezirke, bzw. Stadtviertel in den Vordergrund gestellt werden.

Der Architekt und Baurat Hans Grässel hatte diese Aufgabe mit dem 1896–99 am »Kessel« geschaffenen Waisenhaus, der 1898–1900 erbauten Volksschule und dem 1904–07 errichteten Heilig-Geist-Altersheim am Dom-Pedro-Platz zu lösen. Die Bauarbeiten für die in der Mitte des Platzes gesetzte protestantische Christuskirche wurden 1899–1901 von Heilmann und Littmann ausgeführt. Die Grunderwerbskosten für den Neubau des Waisenhauses beliefen sich auf circa 67 000 M, die Kosten für den Bau betrugen 901 000 Mark und für die vollständig neue innere Einrichtung wurde etwa 154 000 Mark ausgegeben (aus der Denkschrift zur Eröffnungsfeier 1899).

Ursprünglich sollte der gesamte Bau des Waisenhauses im Herbst 1898 bezogen werden. Bereits 1897, ein Jahr nach Planungs- und Baubeginn, zeigte es sich nach der Einschreibung der volksschulpflichtigen Kinder des Neuhauser Stadtbezirks, daß nicht einmal diese, geschweige denn noch die 200 Waisenkinder in den vorhandenen Schulen untergebracht werden konnten. Zwar wurde auf Grund dieses Notstandes am 4. November 1898 mit dem Bau des neuen Volksschulhauses am Dom-Pedro-Platz östlich des Waisenhauses begonnen, doch bis zu dessen Vollendung mußte einstweilen eine Zwischenlösung geschaffen werden. So verschob man den Umzug und die Vollendung des Waisenhausneubaus um ein Jahr, also bis Herbst 1899, und errichtete für die übrigen Kinder des Neuhauser Schulbezirkes im Waisenhausneubau ein Schulprovisorium, bestehend aus zwei Knaben- und zwei Mädchenklassen. Mit Beginn des Schulhalbjahres 1899 wurde dieses Provisorium wieder aufgegeben und die Säle ihrer eigentlichen Bestimmung zugeführt.

Der dreigeschossige Monumentalbau des Waisenhauses, seine Flügelanbauten, die aufwendigen architektonischen Schmuck- und Detailformen in der Hauptfassade und der Tor- und Eingangsgestaltung konnte als architektonisches Gegengewicht zum Nymphenburger Schloß am anderen Ende des Kanals gesehen werden. Der Bezug zu diesem wurde ein wichtiges gestalterisches Kriterium. Dem königlichen Lustschloß mit seiner Parkanlage, Bade- und Jagdschlößchen wurde das bürgerliche Waisenhaus mit Turn- und Spielplatz und Ökonomiegebäuden als Pendant entgegengesetzt. Das neue Waisenhaus wurde in vielen Zeitschriften als architektonische Meisterleistung gepriesen. Die »Deutsche Bauzeitung« aus Berlin vom 30. Dezember 1903 beschrieb euphorisch, aber auch sehr schwülstig: »Der Bau wurde durch die Stadtgemeinde München auf Rechnung der Waisenhausstiftung errichtet ... Und nun steht das herrliche Waisenheim in seiner Vollendung da, ein Heim, wie es zu gleichem Zwecke kaum anders wo zu finden sein wird. Seine Sprache ist die des heimatlichen Bodens; es redet zu seinen Zöglingen und Besuchern in vertrauten Lauten und gibt ihnen so auch seelisch die Heimat wieder, die ein unerbittliches Schicksal ihnen vorzeitig raubte. In dem stolzen Kranze der städtischen Monumentalbauten Münchens ist das Waisenhaus ein neues Blatt echten Künstler-Ruhmes.«

Ein Mönch namens Marianus warf in einem sogenannten »Seraphischen Kinderfreund«, einer »engelsgleichen Kinderzeitschrift«, aus dem Jahre 1901 sogar die Frage auf, »ob es denn Recht sei, daß arme Waisenkinder ein solch prächtiges Haus bewohnen?« »Warum nicht?« antwortete er selbst auf seine Frage. »Arme Kinder sind ja Prinzen und Prinzessinnen des himmlischen Königs, des Königs der Könige! Also wert sind sie's schon« – soweit die Überlegungen aus einer etwas verklärt katholischen Sicht.

Der Münchner Architektur-Verlag L. Werner brachte Anfang des Jahrhunderts unter dem Motto »Münchner Bürgerliche Baukunst der Gegenwart« eine hervorragende Fotoserie u.a. auch über das neue Waisenhaus heraus. Die Aufnahmen zeigen sehr eindrucksvoll den von Hans Grässel gestalteten Prachtbau, ein sicherlich architektonisch gelungenes Gegenstück zum Nymphenburger Schloß.

Es fällt allerdings auf, daß auf keinem Foto die Bewohner des herrschaftlichen Hauses abgebildet sind. Auch bei einer Anfang des Jahrhunderts herausgegebenen Ansichtskartenserie kommen die Waisenkinder praktisch nicht vor. Der sakrale Charakter des nach dem Stil alt-bayerischer Barockklöster errichtete Waisenhaus läßt nur er-

Baurat Hans Grässel nach einem Gemälde von Friedrich Bayerlein (1898), im Hintergrund das Waisenhaus

ahnen, welcher Erziehungsstil, welche Wohn- und Lebensatmosphäre hinter den »Klostermauern« herrschte.

Am 7. Oktober war die wenig feierliche Eröffnung; die Waisenhauszöglinge mit den Ordensschwestern zogen offiziell von der Findlingstraße nach Neuhausen/Nymphenburg um. Am 22. Dezember 1899 besichtigte Seine Königliche Hoheit der Prinzregent die nun fertige Anstalt und am 28. Dezember weihte seine Exzellenz Erzbischof Dr. v. Stein die Waisenhauskapelle.

Schreiben der Frau Oberin an den Erbauer des Waisenhauses vom 23.12.1899 (Abschrift)

Nachdem wir im neuen Heim nach anfänglichem Schaffen und Ordnen nun zu einiger Ruhe gekommen sind, sei es unser Erstes, Ihnen, hochgeehrter Herr Baurat, nach Kräften ein aufrichtiges, warmes Wort des Dankes zu übermitteln für die herrliche Wohnstätte, die Ihre Kunst, Ihr Fleiß, Ihre Umsicht uns geschaffen hat. Wir mögen die ausgedehnten Räume durchwandern nach allen Richtungen, hinab- und hinaufsteigen, überall im Kleinen wie im Großen begegnen wir einer Sorgfalt, die an alles gedacht, einer Kunst, die alles sinnig ausgeschmückt hat! Möge dieses schöne Werk Ihres erfolgreichen Kunstfleißes lange Zeit durchdauern, vielen armen Kindern ein schützendes Elternhaus und ein mit Glück begründete Stätte der Jugendbildung sein! Möchten Euer Hochwohlgeboren ein recht freudenreiches Weihnachtsfest feiern und dann mit rüstiger Kraft des Körpers und des Geistes, mit froher Schaffenslust ins neue Jahrhundert eintreten, das noch viele Schöpfungen Ihrer edlen Kunst schauen möge!

Unter wiederholtem aufrichtigen Dankesausdrucke zeichnet in vorzüglicher Hochachtung

Euer Hochwohlgeboren

ergebenste

M. Willibalda, Oberin des städtischen Waisenhauses

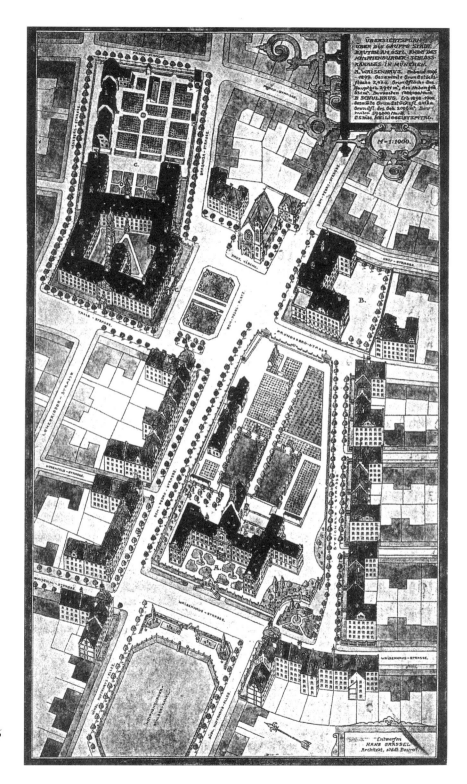

*Übersichtsplan
Dom-Pedro-Ensemble, 1896
(Baureferat Hochbau,
Plansammlung)*

Seit der Übersiedlung der städtischen Waisenanstalt in das neu erbaute Anstaltsgebäude am Nymphenburger Kanal lieferte die Firma »Vereinigte Münchner Eisenwerke Ortlieb und Edenhofer« der Anstalt das zur Kühlung der Verpflegungsvorräte erforderliche Eis, jährlich 700 bis 800 Zentner im Werte von 700 bis 800 Mark unentgeltlich. Foto oben: um 1900; Ansichtskarte unten: Luftbild um 1910 mit Grünwaldpark, Waisenhaus und nördlich des »Kessels« die Eisfabrik.

*Für die armen Waisenkinder vollendet im Jahre 1899
(Inschrift über dem Haupteingang)*

Das Hauptportal

Der Aufgang zur Terrasse

Ausgang vom Küchenbau in den Garten, Speisesaal mit Terrasse

Zur Bau- und Architekturgeschichte 45

Plan aus der »Deutschen Bauzeitung«, Berlin 1903

Brunnen im Küchenhof mit Blick auf die Haupttreppe

46 Das Münchner Waisenhaus zu Anfang des 20. Jahrhunderts

Ansicht des Nebengebäudes

Mittelpartie des Nebengebäudes

Zur Bau- und Architekturgeschichte

Bet und arbeit! – so hilft Gott allzeit!
(Inschrift über dem Hintereingang am Dom-Pedro-Platz)

Waisenkinder spielen unter Aufsicht »Ringelreihen«, Aufnahme um 1905

48 Das Münchner Waisenhaus zu Anfang des 20. Jahrhunderts

Der Waisenhausbetrieb zur Prinzregentenzeit

Auch wenn die Beschreibungen des Pädagogen Gotthilf Salzmann (siehe S. 16) oder des Schriftstellers Charles Dickens (1812–1870) über die Situation der Waisenkinder, die nur Hunger und Schläge kannten (z.B. »Oliver Twist« im Roman aus dem Jahre 1837/38), sicherlich nicht ganz mit dem Bild der Zustände, Anfang des 20. Jahrhunderts in München, übereinstimmte, so konnte der schmucke Rahmen des Waisenhauses doch nicht darüber hinwegtäuschen, daß die Kinder zu jener Zeit einer Mischung von Kloster, Kaserne und Arbeitshaus ausgesetzt waren.

Die auf den folgenden Seiten gesammelten Dokumente sprechen in ihrer Originalität für sich. Die alten Ansichtskarten zeigen, in welcher Umgebung die Kinder damals aufwuchsen.

Kostordnungen, Anstaltssatzungen, Dienstordnungen oder Vortragsordnungen zu bestimmten Feiern verdeutlichen, wie reglementiert das Leben der Waisenkinder verlief und welcher Erziehungsstiel mit höchst zweifelhaften Inhalten vorherrschte.

Über fast jedem Torbogen und jeder Türe, architektonische und handwerkliche Meisterleistungen zwar, stand ein pädagogischer Spruch wie z.B. »Nicht wer wenig hat, sondern wer viel wünscht ist arm« oder »Ein jeglicher wird seinen Lohn empfangen nach seiner Arbeit«. Am Hintereingang zum Waisenhaus lasen die Zöglinge, von der Dom-Pedro-Schule kommend, den klösterlichen Spruch »Bet und arbeit – so hilft Gott allzeit« (siehe S. 48). Diese Aufforderung wurde zwar sehr bald nach der Eröffnung in die religiöse und bäuerliche Erkenntnis »So ihr sät – so werdet ihr ernten!« geändert, doch die Waisenkinder spürten nicht nur die Strenge der »göttlichen Obrigkeit«, sondern sie mußten auch den weltlichen Herrschern durch Gebete und Feierlichkeiten Huldigungen und Dankbarkeiten entgegenbringen – vor allem dann, wenn diese Persönlichkeiten in irgendeiner Weise für das Waisenhaus gespendet hatten.

Neben dem täglichen Morgen- und Abendgebet sah der sogenannte Beschäftigungsplan des Waisenhauses an Werktagen mindestens eine halbe Stunde Gottesdienst vor, an Sonn- und Feiertagen mindestens eine Stunde, jeweils nach dem Frühstück. Ruhe, Zucht und Ordnung oder »Kinder, Küche, Kirche«, waren die pädagogischen Leitlinien des Ordens in der häufig nachträglich so verklärten Prinzregentenzeit. Relativierend muß allerdings erwähnt werden, daß auch außerhalb des Waisenhauses, in Schule, Kirche oder Elternhaus, autoritäre Erziehungsstrukturen vorherrschten. Trotzdem ist auch aus heutiger Sicht kaum nachzuvollziehen, warum ausgerechnet Voll- oder Halbwaisen in dieser eher kinderfeindlichen Atmosphäre aufwachsen mußten. Natürlich war es nicht einfach, etwa 200 Kinder tagtäglich angemessen zu betreuen. Doch wenn in solch einer scheinbar komfortablen Umgebung immer noch Kinder an Diphtherie und Tuberkulose erkrankten oder sogar starben, muß sich die Stiftung und auch der Orden noch nachträglich fragen lassen, ob es nicht angebrachter für das Wohl der Kinder gewesen wäre, an der sakralen und aufwendigen Ausstattung des Waisenhauses etwas zu sparen und dafür die »Kostordnung« für die Waisen etwas großzügiger zu gestalten. Bereits Anfang Januar 1902 stand in den »Neuhauser Nachrichten« folgender alarmierender Artikel:

»Das städtische Waisenhaus in Neuhausen wird nunmehr, nachdem die volle Anzahl der Zöglinge auf 200 aufgenommen ist, mit dem Ertragnisse seines dermaligen Vermögens nicht mehr in der Lage sein, seine Aufgabe zu erfüllen. Vorerst muß demnach der Rest der in früheren Jahren angesammelten, geringen Betriebsüberschüsse aufgezehrt werden. In den folgenden Jahren kann sohin die Waisenhausstiftung ihre Aufgaben im vollen Umfang nicht erfüllen, wenn sie nicht Zuschüsse oder neue Vermögenszuflüsse erhält. Im Gemeindehaushaltsplan der Stadt München für 1902 mußte demnach dieser Umstand bei den Voranschlägen für Stiftungen berücksichtigt werden.«

Noch im Jahre 1912 wurde in einer Verwaltungsordnung mit 1/3 Pfennigen gerechnet. Der Orden erhielt damals für die Verköstigung jedes

Zöglings genau 55 1/3 Pfennige. Die Situation verschärfte sich mit Beginn des Ersten Weltkrieges und den folgenden vier Kriegsjahren. Ein Stück Wehmut und Vorahnung klang bereits bei der Schlußfeier am 12. Juli 1912 an, als die Kinder paradoxerweise ein Lied mit dem Titel »Sehnsucht nach Heimat« sangen. »Leb wohl du Stadt, leb wohl Paläste; Lebt wohl in eurer stolzen Pracht! …« heißt dort unter anderem eine Strophe.

Besuch im städtischen Waisenhaus

Am Samstag nachmittag fanden sich zahlreiche Mitglieder der beiden Städtischen Kollegien im neuen Städtischen Waisenhaus zu einer Besichtigung ein, die sich auf alle Räume des großen Gebäudes ausdehnte und zwei Stunde dauerte. Über die Schönheit der Räumlichkeiten, über ihre einfache und dabei feine Ausschmückung und höchst praktische Eintheilung und Einrichtung hörte man nur eine Stimme des Lobes und der Anerkennung. Nach Beendigung des Rundganges erwartete die Besucher im Speisesaal ein kleiner Imbiß. In einem Nebenraum sangen die Zöglinge unter Leitung ihres vortrefflichen Lehrers Franz Schmid ein erhebendes Lied. Magistratsrath Barth, der in Stellvertretung des leider erkrankten Verwaltungsraths Hübler die Honneurs machte, dankte den anwesenden Herren in einer warmen Anrede für ihr zahlreiches Erscheinen. Als die Besucher die Anstalt verließen, war diese von Außen beleuchtet und das Glockenspiel auf dem Thurm erklang mit einer feierlichen Weise.

(Münchner Neueste Nachrichten, 21.12.1899)

München, 22. Dezember

Seine k. Hoheit der Prinzregent fand sich heute vormittag 9 Uhr im neuen städtischen Waisenhaus zu einer eingehenden Besichtigung ein. Zum Empfang des hohen Besuches waren die beiden Bürgermeister Borscht und Brunner, Rechtsrat Heilgemayr als Referent und Magistratsrath Barth als stellvertretender Verwaltungsrat der Anstalt, dann die beiden Vorstände des Gemeindekollegiums, Seyboth und Huber, die beiden Schriftführer von Dall'Armi und Winterhalter, sowie die Frau Hausoberin Willibalda anwesend. Die Waisenkinder im Festtagskleidern, begrüßten den Regenten mit der Volkshymne und einem vierstimmigen Choral. Ein Waisenmädchen überreichte den hohen Herrn ein prachtvolles Blumenbouquet. Der Regent sprach sich über das Ergebnis der Besichtigung höchst anerkennungsvoll aus …

(Münchner Neueste Nachrichten, 23.12.1899)

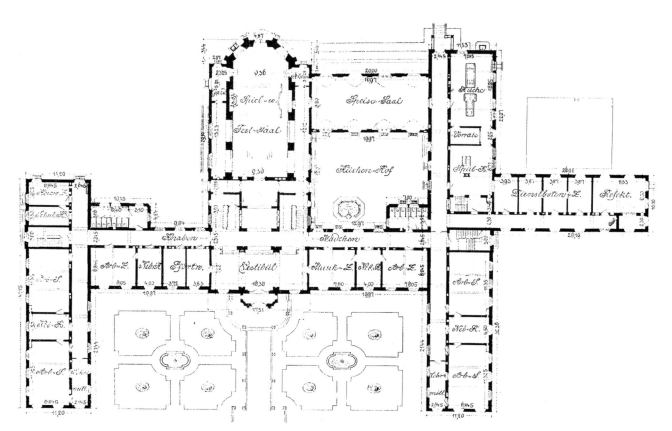

Grundriß des Erdgeschosses.

Haupteingang: »Die Zöglinge haben allen ihren Vorgesetzten einschließlich allen Ordensmitgliedern Ehre, Liebe und Gehorsam zu erweisen. Sie haben in ehrerbietiger Haltung und in anständiger Ausdrucksweise mit ihnen zu verkehren und sich des Widerspruchs und vorlauten Wesens zu enthalten.«

Haupttreppe: »Morgens und abends, sowie beim Gehen und Kommen haben sie die anwesenden Vorgesetzten laut und ehrerbietig zu grüßen. Beim Eintritte von Besuchen haben sich die Zöglinge von ihren Sitzen zu erheben und ruhig stehen zu bleiben.«

Refektorium der Anstaltsschwestern: »Die Zöglinge haben strenge Hausordnung einzuhalten und unverzüglich die Anordnungen der Vorgesetzten auszuführen.«

Im Haupteingang: Die Büsten der edlen Stifter Dom Pedro I. und Amalie von Leuchtenberg. »Die Erholungsstunden sind nach den Anordnungen der Aufsichtspersonen zu verbringen.«

Turn-, Spiel- und Festsaal: »Jeder Zögling hüte sich vor Überhebung und übergroßer Empfindlichkeit, diesen Lieblingsfehlern von Anstaltskindern.«

Am 12. Juli 1909 kam vom Münchner Magistrat eine schriftliche Aufforderung an die »Frau Hausoberin des städtischen Waisenhauses«, betreff Turn- und Festsaal im Waisenhaus:

Der zur Zeit fast ausschließlich als Festsaal benützte Raum des Waisenhauses sollte, wie auch aus dem über dem Eingang angebrachten Turnerzeichen zu ersehen ist, besonders auch als Turnsaal dienen; besonders bei ungünstiger Witterung und im Winter, wenn die Zöglinge den Freiturnplatz nicht benützen können, soll die Möglichkeit bestehen, daß die Zöglinge in dem Turn- und Festsaale im geschlossenen Raume körperliche Übungen und Bewegungsspiele vornehmen und auch an Geräten turnen können.

Gemäß Beschluß der Waisenhauskommission vom 9. ds. Mts. wird hiemit angeordnet, daß der genannte Saal künftighin auch, wie angegeben, zum Turnen zu benützen sei; dementsprechend sind die weiteren Vorkehrungen im Benehmen mit dem Herrn Verwaltungsrate zu treffen.

Bürgermeister: von Borscht

Neuhausen. Schlußfeier im städtischen Waisenhaus. Zum ersten Mal in den schönen Räumen des neuen im Jahre 1899 bezogenen Waisenhauses wurde am Donnerstag (dem stiftungsmäßigen Tage) die Preisvertheilung mit Schlußfeier mit einer erhebenden Feier begangen. In dem geräumigen Saal war vor der Büste des Prinzregenten ein duftendes Bosket von edlen Blumen aufgestellt. In dem Saal, an dessen Wänden man Porträts vieler Freunde, Wohlthäter und Gönner sieht, ist auch das Bild des letzten Verwaltungsrates Hübler angebracht, der sich um das Waisenhaus allzeit mit so warmer Fürsorge angenommen hat. Als Ehrengäste zur Schlußfeier waren Bürgermeister von Brunner mit Gemahlin, der herzoglich leuchtenbergische Kabinetsrat Stöber, der jetzige Verwaltungsrat Hergl, Hochwürdiger Herr Stadtpfarrer Burggraff, die Magistratsräte Kanzler, Heldenberg, Simmerlein und Kirchmayer, die Gemeindebevollmächtigten Dr. von Pfistermeister, Dr. Bedall, Knoll, Buchner und Friedrich; Hofrat Dr. Näher (Hausarzt), Fondkassier Schäringer (als Stifter von Preisen) und Baurat Grässel als Erbauer der Anstalt. Die Honneurs erwies die Frau Hausoberin mit mehreren englischen Fräulein und dem Anstaltslehrer Franz Paul Schmid. Die Zöglinge über deren frisches gesundes Aussehen man allgemein erfreut war, sangen mit Empfindung einen andachtsvollen Chor »Des Sängers Gebet« als Anfang der Feier, worauf ein Kind in einem warm vorgetragenen Begrüßungsgedicht sowohl dem erlauchten Herrscher auf Bayerns Thron, als auch den sonstigen Wohlthätern der armen Waisen innig dankte. Bürgermeister von Brunner knüpfte an die Huld und Gnade an, die der Prinz-Regent den Waisenkindern in dem Maße erweist, daß er sie in dem neuen herrlichen Heim bereits besuchte. Sowohl für die Schaffung diese schönen Heims als auch für die darin genossene Pflege und Unterrichtung sollen die Kinder nur recht dankbar sein, um zu zeigen, daß all die Wohlthaten auf guten Boden gefallen sind. Der Redner dankte in den anerkennungsvollsten Worten der Frau Hausoberin, den sämmtlichen Schwestern, dem Lehrer Schmid, dem Verwaltungsrat, sowie dem Lehrerpersonal für ihre vielen Mühen, die sie Alle den Zöglingen zu Liebe auf sich nehmen. Mit schmerzlicher Erinnerung gedachte der Redner des leider verstorbenen hochverdienten Verwaltungsrates Hübler, des verstorbenen Anstaltsarztes Dr. Schnitzlein und der aufopferungsvollen ebenfalls verstorbenen Schwester Gabriele. Die Anstalt pflegte während des Jahres 148 Zöglinge (73 Knaben und 75 Mädchen). In Schenkungen und Vermächtnissen sind der Anstalt im abgelaufenen Jahre 63,623 Mark zugegangen, wofür der Redner dankte und die Hoffnung aussprach, daß sich die Wohlthäter der Anstalt immer und immer mehren möchten. In den musikalischen Vorträgen ließ sich ein vielversprechender Violinist und Flötist hören; in den von Lehrer Schmid einstudierten und dirigierten gesanglichen Vorträgen lag so viel Schwung und Präzision, daß Bürgermeister von Brunner eigens auf Herrn Schmid zuging, um ihn alle Anerkennung auszusprechen. Die Schnitz-, Holzbrand- und Papparbeiten der Zöglinge gefielen ebenso sehr wie der Ballreigen der Mädchen und die Turnübungen usw. der Knaben. Man darf sagen: die Zöglinge lernen viel Gutes und Schönes im alten wie auch im neuen Waisenhause. Und das wird sicher immer so bleiben!

(»Neuhauser Nachrichten«, 5.8.1900)

Der Speisesaal der Zöglinge: »Bei Tisch haben alle Zöglinge Ruhe zu beachten; Gruß und Tischgebet sind deutlich zu sprechen.«

Blick in einen Korridor des 2. Obergeschosses der Knabenabteilung: »*Jedes Herumbalgen, Werfen von Papier oder anderen Gegenständen ist untersagt, desgleichen das Schleifen auf dem Linoleumboden. Für absichtlich oder mutwillig veranlaßten Schaden hat der Täter mit seinen Ersparnissen aufzukommen.*«

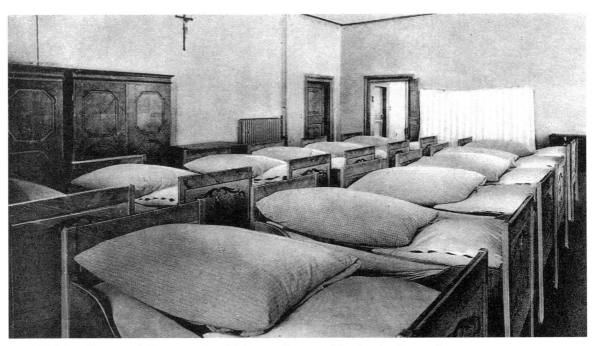

»In Schlafsälen, Aborten und Gängen, sowie auf Stiegen muß strenges Schweigen beachtet werden.«

»Die Lern-, Arbeits-, Unterrichts- und Übungsstunden sind gewissenhaft einzuhalten und auszunützen; jede Störung dabei ist untersagt. Das Verlassen der Klasse ist nur nach eingeholter Genehmigung gestattet.«

Das städtische Waisenhaus (Erziehungsanstalt der städtischen Waisenstiftung):

I. Anstaltsleistung, Verwaltungs- und Lehrpersonal
 1. Die gesamte Verwaltung des städtischen Waisenhauses in München (Waisenhausstraße Hs.Nr. 20), die Erziehung und Pflege der Zöglinge und die Führung der Hauswirtschaft (Ökonomieverwaltung) ist durch Vertrag vom 17. März 1861 seit 26. April 1861 dem Orden der Engl. Fräulein in Nymphenburg unter Oberaufsicht des Magistrates, welcher durch den Waisenstiftungs-Ausschuß (§ 16) und durch den Referenten und den Verwaltungsrates (§ 17) vertreten wird, in beiderseits kündbarer Weise übertragen.
 2. In der Anstalt wirken 1 Hausoberin, 1 Sekretärin und 8 Erzieherinnen, sämtlich Ordensmitglieder; das Pflege- und Wirtschaftspersonal besteht aus 14 Ordensschwestern, 1 Heizer, 1 Schuhmacher mit 1 Gehilfen und 1 Hausdiener.
 3. Nebenamtlich wirken in der Anstalt 3 Lehrer (Erzieher), 1 Hausarzt, 1 Hauszahnarzt und 1 katholischer Anstaltsgeistlicher.

II. Ziel der Erziehung
 ist das einer guten Familienerziehung: Die Waisenkinder sollen körperlich, moralisch religiös und technisch-wirtschaftlich tüchtig werden und Gottesfurcht, Gesinnung, Willenskraft, Achtung und Ehrerbietung vor der weltlichen und geistlichen Obrigkeit mit aus der Anstalt nehmen.

III. Erziehungsgrundsätze
 Knaben und Mädchen werden getrennt erzogen. Jeder Zögling hat der Schule gegenüber seine Pflicht aufs genaueste zu erfüllen (Charakterbildung durch Erziehung zur Pflichterfüllung). Arbeitszeit und Muße haben zweckmäßig abzuwechseln.
 Das Leben der Anstalt ist auf offene Kindlichkeit und Lebensfreude gestimmt.
 Der Lehrer überwacht und betätigt besonders die geistigen Werte und Pflege, die Bildung des Verstandes und Gemütes, dann aber auch die körperliche Entwicklung gewissermaßen als Vater der Zöglinge.
 Ähnlich wie in der Familie nehmen natürlich auch die Frauen des Ordens als mütterliches Element an der geistigen Entwicklung Anteil, wenn ihnen auch in erster Linie die körperliche Verpflegung der Schutzbefohlenen übertragen ist. Alle mit der Erziehung beauftragen Kräfte wirken einheitlich zusammen, der Umgang der Erzieher und der Erzieherinnen mit den Pflegebefohlenen ist familiär.

IV. Erziehungsmittel
 1. Durchführung der einem geordneten Familienleben möglichst angepaßten Haus- und Tagesordnung
 2. Spiele für die verschiedenen Altersstufen zur (geregelten) Benützung der Freizeit.
 3. Pflege der Musik, des Turnens, Zeichnens, Malens, Modellierens und der Handarbeit. Die Handarbeit der Knaben gliedert sich in Laubsäge- Papp- Schnitz- Kerb- und Flachschnitt und Holzbrandarbeit. Die Mädchen erhalten Unterricht in den gewöhnlichen, wie in feineren Handarbeiten, im Kleidermachen, Maschinennähen und in allen häuslichen Verrichtungen. Pflege des Chorgesanges in zwei Abteilungen in zwei, beziehungsweise drei Wochenstunden. Musikalisch gut veranlagte Zöglinge erhalten auch Unterricht im Violin- und Klavierspiel.
 4. Häufige Spaziergänge in frischer Luft, Turnspiele, Baden, Schwimmen und Eislauf zur Kräftigung der Gesundheit und Abhärtung.
 5. Eine nach pädagogischen Gesichtspunkten angelegte Bibliothek von Jugendschriften.
 6. »Um die Lehrlinge auch nach dem Austritt aus der Anstalt möglichst vom Wirtshausbesuche fernzuhalten und das während der Schulzeit geknüpfte Band noch fester zu binden, wurde im Kellergeschoße eine Kegelbahn angelegt, welche dann auch and Sonn- und Feiertagen den Tummelplatz jugendlichen Frohsinnes bildet.«

aus: Das Münchener Waisenhaus, eine Studie von Lothar Meilinger, und: Verwaltungsordnung vom 22. Okt. 1912

München, im Dezember 1900.

Beschäftigungs- und Unterrichtsplan

für die

Knabenabteilung des städtischen Waisenhauses.

A. Sonn- und Feiertage.

1. **L e r n e n :** Fertigung der Hausaufgaben oder Beschäftigung durch den Lehrer.

    Vormittag:
    8½-10 Uhr Lernen
    10-10¼ " Pause (womöglich Bewegung im Freien)
    10¼-10¾ Uhr Zeichnen.

2. **Z e i c h n e n :** Nach der Natur und einfachen Modellen, sowie nach Vorlagen von Weishaupt, Fr. Baader (Federzeichnungen) Reinhold, Taubinger u.s.w. Um die Freude am Zeichnen zu erhöhen und den Farbensinn auszubilden, wird fleissig mit Tusch und Tubenfarben gearbeitet.

    Nachmittag:
    2-3stündiger Spaziergang; bei schlechtem Wetter: Freie Beschäftigung, Lektüre und Spiele;
    (Einzeln- und Gruppenspiele).

3. **S p i e l e :** Spring, Lotto, Baukasten, Domino, Brett-, Festungs- und Rennspiel, Halma, Kegel.

B. Schultage.

Die Mittagspause dient zur freien Beschäftigung und zum Spiele, möglich im Freien.

Montag
Dienstag   4½-5½ Spaziergang
Donnerstag
Freitag   5½-6½ Lernen

4. **Handarbeit:** Laubsäge-, Papp-, Schnitz-, Kerbschnitt-, Holzbrandarbeit, Modellieren

    Mittwoch und Samstag
    2-4 Uhr Handarbeit
    4-5 " Spaziergang
    5½-6½ Uhr Lernen
    Nebenher erhalten einzelne Zöglinge oder Gruppen Musik-Unterricht.

5. **Gesang:** Ausbildung nach Grell und Englhardt, fleissiges Singen der Tonleitern in Dur und Moll und der Akkorde.

    Montag 4½-5½ Uhr } Gesangsunterricht für die
    Donnerstag dto   } Abt. d. Kleinen
    Dienstag 5½-6½ʰ } Gesang u. Proben für die
    Samstag 5-6 Uhr } Abt. d. Grösseren u. Geübteren

6. **Violin:** Hohmann I-V, dazu Duette von Mazas & Schubert, Terzette von A. Grünwald.

    Unterricht in der Violine erhalten zwei Gruppen, nämlich
    Mittwoch u.) 2-3 Uhr Abteilung I
    Samstag   } ca 8 Zöglinge
    Dienstag u.) 4½-5½ʰ Abteilung II
    Freitag   } ca. 6 Zöglinge

7. **Klavier:** Lebert & Stark I und II und Damm. Neben den Tonleiterstudien werden Sonatinen von Clementi & Kuhlau gespielt, dann Schumann's Jugendalbum u. Kinderscenen endlich Sonaten von Haydn, Mozart und die leichtesten Beethoven-Compositionen. Jm Anschlusse an Lebert & Stark II folgen Etüden von Czerny und dessen Schule der Geläufigkeit.

Mittwoch und Samstag 3-4 Uhr Klavierunterricht; ca 5 Zöglinge

8. **Turnen:** Frei-, Ordnungs- und Stabübungen werden zu turnerischen Auf- und Umzügen und Reigen combiniert den Altersstufen entsprechende Geräteübungen an: Barren, Kletterstangen, schrägen Leitern Ringen, am Reck, Schwebebaum und Sprung. Turnspiele: "Komm mit!" "Jakob wo bist Du!" Schlaglaufen, Diebschlagen, Schwarzer Mann, Dreischlag, Hinkkampf, Grenz- und Fussball, Barlaufen, Jagd- und Tigerball, Faust- und Tambourinball.

Jm Sommersemester an Werktagen von 5-6½ Uhr Turnen im Wechsel mit Gesangsproben.

An den Ferientagen und in Frei- finden Turnspiele Pflege.

C - F e r i e n.

9. **Schwimmen:** Etwa 20 Zöglinge erhalten in den Monaten Juni und Juli Schwimmunterricht in der K. Militärschwimmschule.

Morgenstunden: Lernen
Vormittag: Baden, Schwimmen, bei ungünstiger Witterung: freie Beschäftigung, Spiel, Lektüre.
Nachmittag: 2 Stunden Handarbeit
4½-6½ Musik, Turnen und Turnspiele.

Vier Wochen im August sind die Zöglinge von jeglichem Unterrichte frei, desgleichen einige Tage während der Weihnachts- und Osterferien.

Morgens nach dem Aufstehen machen die Zöglinge die Betten selbst, nach dem Abendessen besorgen sie das Reinigen der Kleider und Schuhe.

Genehmigt:

M A G I S T R A T
der Kgl. Haupt- und Residenzstadt München.
Bürgermeister:
Dr. v. Borscht.

Sekretär:
Scherm.

*»Kinder, Küche, Kirche«
Aufnahmen etwa Anfang des
Jahrhunderts*

Das Münchner Waisenhaus zu Anfang des 20. Jahrhunderts

Die Anstaltsküche:
»Dem Dienstpersonal gegenüber haben sie anständig zu sein, jedoch jede Vertraulichkeit zu unterlassen. Unter sich haben die Zöglinge verträglich, nachsichtig und dienstfertig zu sein.«

Ein Gemüsegarten, ein Gewächshaus, sowie stets ungefähr 10 Kühe, eine Anzahl Schweine und etliche Hühner sorgten dafür, daß zumindest ein Teil des Speiseplans durch Selbstversorgung rund um das Waisenhaus bewerkstelligt wurde.

Der Waisenhausbetrieb zur Prinzregentenzeit

Neue Kostordnung von 1900 an.

A. Gewöhnliche Kost.

Tageszeit	Sonntag	Montag	Dienstag	Mittwoch	Donnerstag	Freitag	Samstag
Morgens 6¾ Uhr	Kaffee mit 1 Semmel	Täglich ³/₁₆ Ltr. gute Kuhmilch mit 3 ₰ Semmelbrot.					
Vormittags 10 Uhr	Täglich ein Laibchen.						
Mittags 12¼ Uhr Zu jed. Mahlzeit ein Stück gutes Hausbrot zu 85 g.	Kräuter-, Fleckel-, geschnittene Nudel- od. geriebene Teig-Suppe. Ochsenfleisch gesotten, 85 g beinlos. Juni-Oktober Kohlrüben oder Salat oder Wirsing. Oktober-Juni Boeuf à la mode mit ganzen Kartoffeln.	Reissuppe. Geräucherte Würste. Juni-Oktober Spinat oder grüne Bohnen. Oktober-Juni Rote oder gelbe Rüben.	Sagosuppe. Ochsenfleisch. Juni-Oktober Kopfsalat oder Rehnen. Oktober-Juni Kernbohnen od. Erddotschen od. Selleriegemüse.	Knödel mit Erbsensuppe. Weißkraut oder Sauerkraut mit Knödel.	Reis- oder Griessuppe. Ochsenfleisch. Juni-Oktober Spinat oder weiße Rüben. Oktober-Juni Kohlrüben oder Blaukraut.	Erbsen-, Linsen- oder Brennsuppe. Kuchen oder Dampf- oder Rohr- oder gesinzte Nudeln m. Zwetschgen-, Äpfel- oder Kirschenkompott	Gries- oder verkochte Brotsuppe. Ochsenfleisch. Juni-Oktober Wirsing oder geröstete Kartoffeln. Oktober-Juni Kartoffeln in brauner oder Petersilien-Sauce.
Nachmittags	Täglich ein Stück gutes Hausbrot zu 85 g und wöchentlich 3-4 mal Obst dazu.						
Abends ½7 Uhr	Juni-Oktober Rettich m. Butterbrot oder Kartoffeln mit Butter od. Käse zu 50 g. Oktober-Juni Kartoffelschnitz od. Kartoffelpüree.	Griesbrei oder Nudeln in der Milch.	Brot-, Reis- od. Rollgersten-suppe, manchmal auch Leberwürste.	Juni-Oktober Rettich u. Butterbrot, od. Käse zu 50 g. Oktober-Juni Kartoffelsuppe oder Aufschnitt.	Juni-Oktober Ger. Kartoffeln od. in der Schale mit Butter. Oktober-Juni Rollgersten- od. verkochte Brot-suppe.	Reis-, Mehl- oder Nudelmus oder Kräutersuppe.	Brennsuppe oder Reisbrei oder Nudeln in der Milch.

Neue Kostordnung von 1900 an.

B. Außerordentliche Kost

1. Am Faschings- Oster und Pfingstsonntag, dann am Weihnachtstage erhalten die Zöglinge abends eine Portion Braten zu 85 g. und 1/4 l Bier.
2. Zu Ostern erhält jeder Zögling das übliche »Geweihte«, bestehend in Kalbsbraten und Geräuchertem, 1 Ei und 1 Stück mürben Brotes.
3. Am Faschingsmontag erhält jeder Zögling Aufschnitt oder eine geräucherte Wurst, sowie am Faschingsmontag und -dienstag 1/4 Liter Bier.
4. Am Kirchweihsonntag und -montag erhält jeder Zögling nachmittags anstatt des Hausbrotes je eine Kirchweihnudel und Obst.
5. Zöglinge, welche die VIII. Klasse und die Mittelschulen besuchen, erhalten größere Kostportionen und zwar:
   a) Mittags eine größere Portion Fleisch,
   b) An Abenden, an denen bloß Suppe gegeben wird, eine Portion Fleisch oder Aufschnitt oder Mehlspeise; an den anderen Tagen die jeweilige doppelte Portion eines Zöglings.

Die Anstaltskirche: »Den ordnungsgemäßen Andachtsübungen haben alle Zöglinge beizuwohnen und dabei ein dem Heiligen Zwecke entsprechendes Verhalten zu beachten.«

Neuhausen (Glockenspiel). Das zweitgrößte Glockenspiel Münchens befindet sich auf dem Turme des Städt. Waisenhauses. Täglich zweimal um 11 Uhr mittags und 18 Uhr abends ertönen seine heiligen Lieder hinaus in die stillen Vororte. Leider ist nichts geschehen, die im Spiel enthaltenen Disharmonien der einzelnen Akkorde zu beseitigen. Vielleicht helfen diese Zeilen dazu, diesen Mißstand zu beseitigen, jedoch nicht dadurch, daß das Spiel ausgeschalten wird.
(Neuhauser Nachrichten, 20.10.1927)

Die Oberin des Waisenhauses Willibalda Pfeiffer

Die erste Leiterin und Oberin des städt. Waisenhauses an der Waisenhausstraße war M. Willibalda Pfeiffer. Geboren am 30. April 1842 als Tochter des damaligen Schloßverwalters von Nymphenburg, trat die Oberin schon mit 17 Jahren in das Kloster ein. legte im Jahre 1861 die Profeß (Ablegung des Ordensgelübdes) ab und war dann einige Jahre als Erzieherin und Lehrerin für Handarbeit im Nymphenburger Institut tätig. Bald darauf kam sie in gleicher Eigenschaft an das städt. Waisenhaus an der Findlingstraße, wo sie nach fast 30jähriger Arbeit im Jahre 1896 durch die Stadtgemeinde München das Amt der Hausoberin übertragen bekam. M. Willibalda Pfeiffer organisierte auch den Umzug von der Findlingstraße in die Waisenhausstraße und war dort bis zu ihrem Tode am 2.2.1917 als Oberin tätig.

Goldenes Ordensjubiläum der Oberin Willibalda Pfeiffer.

Eine erhebende Feier fand am vergangenen Montag im städt. Waisenhaus dahier statt. Die ehrwürdige Oberin Frau Willibalda Pfeifer feierte ihr goldenes Ordensjubiläum. Zum Feste hatten sich zahlreiche Ehrengäste und ehem. Zöglinge der Anstalt eingefunden. Der Ökonomierat Buchner hatte den Eingang, die Gänge, den Festsaal und die Kirche aufs herrlichste geschmückt, reiche Lorbeergewinde mit Gold durchflochten, zeigen den Jubeltag an. In den frühen Morgenstunden wurde die Jubilarin im festlichen Zuge aus ihren Gemächern abgeholt und in die Kirche geleitet, voraus die Zöglinge, alle mit goldenen Sträußchen geziert, dann die Schwestern, zahlreiche Geistliche im Chorrock und Abt Pater Gregor Dauner von St. Bonifaz geleitete die Jubilarin. Zöglinge trugen den Stab des Abtes und die goldene Krone der Oberin. Pater Gregor Dauner zelebrierte hierauf eine Pontifikalmesse, während die Zöglinge und die Schwestern die Messe von Aiblingen zur Aufführung brachten. Im Anschluß an die Kirchenfeier fand die Gratulationscour statt. Mittags fand im Festsaal, den zahlreiche Bukketts ehem. Zöglinge zierten, ein Festmahl statt, an dem neben der Jubilarin und Abt Dauner folgende Geistliche, darunter ehem. Zöglinge des Waisenhauses , Pfarrer Bruckner, M. Imhoff, geistl. Rat Schneeweiß, Kolb-Feldafing, Pater Prior Marx von St. Ruppertus, Pater Blasius und geistl. Rat Burggraf-Neuhausen teilnahmen. Einige hübsche Musikvorträge, Chöre, Mädchenreigen füllten die Nachmittagsstunden aus. Am Dienstag fand ein Festmahl für die Schwestern und abends für die Studenten des Waisenhauses statt.

(Neuhauser Nachrichten, 2.9.1909)

Oberin M. Willibalda Pfeiffer †

Im Westfriedhof wurde am Sonntag die vielbekannte langjährige Oberin des Städt. Waisenhauses und Generalassistentin M. Willibalda Pfeiffer zu Grabe getragen. Oberbürgermeister Dr. v. Borscht, Rechtsrat Heilgemayr und Magistratsrat Riggauer als Vertreter der Stadtgemeinde München, Abt Gregor Dauner und Prior Kölbl mit Patern vom Benediktinerkloster St. Bonifaz, Generaloberin Wild mit Schwestern des Ordens der Englischen Fräulein von Nymphenburg, Pasing und Blutenburg, Direktor Anderl vom Städt. Kinderasyl, Schwestern vom Roten Kreuz, Barmherzige Schwestern, Zöglinge und viele andere Leidtragende aus allen Kreisen nahmen an dem Begräbnis teil. Stadtpfarrer Geistlicher Rat Burggraf, der mit großem Geleite von Mariä Himmelfahrt die kirchliche Handlung vollzog, hielt in der Aussegnungshalle eine ehrende Gedächtnisrede. Pfarrer Inhoff von Innzell widmete als ehemaliger Zögling des Waisenhauses der Verstorbenen einen herzliche Nachruf und legte einen Kranz nieder. Im Grabschmuck waren Kranzspenden von der Stadtgemeinde München und von den Zöglingen des städt Waisenhauses.

(Münchener Neueste Nachrichten, 5.2.1917)

Magistrat der K. Haupt- und Residenzstadt München

München, im September 1908

Anstalts-Satzungen (Abschrift)

1. Die Zöglinge haben allen ihren Vorgesetzten einschließlich allen Ordensmitgliedern Ehre, Liebe und Gehorsam zu erweisen.
2. Sie haben in ehrerbietiger Haltung und in anständiger Ausdrucksweise mit ihnen zu verkehren und sich des Widerspruches und vorlauten Wesens zu enthalten.
3. Morgens und abends, sowie beim Gehen und Kommen haben sie die anwesenden Vorgesetzten laut und ehrerbietig zu grüßen.
4. Beim Eintritte von Besuchen haben sich die Zöglinge von ihren Sitzen zu erheben und ruhig stehen zu bleiben.
5. Dem Dienstpersonal gegenüber haben sie anständig zu sein, jedoch jede Vertraulichkeit zu unterlassen.
6. Unter sich haben die Zöglinge verträglich, nachsichtig und dienstfertig zu sein.
7. Des Fluchens, Lügens, Stehlens und aller unlauteren Reden und Handlungen haben sie sich zu enthalten.
8. Selbsthilfe bei erfahrenem Unrecht ist ihnen strenge untersagt. Sie haben sich gegebenenfalls an die Aufsichtsperson zu wenden, aber jede Übertreibung oder Anschwärzung zu vermeiden.
9. Grobes Ärgernis, körperliche oder sittliche Gefährdung der Mitzöglinge kann die strafweise Entlassung aus der Anstalt zur Folge haben. Bei Wahrnehmung solcher Fälle sind die Zöglinge zur Anzeige streng verpflichtet.
10. Die Bevormundung der Mitzöglinge ist untersagt.
11. Jeder Zögling hüte sich vor Überhebung und übergroßer Empfindlichkeit, diesen Lieblingsfehlern von Anstaltskindern.
12. Die Zöglinge haben strenge die Hausordnung einzuhalten und unverzüglich die Anordnungen der Vorgesetzten auszuführen.
13. In Schlafsälen, Aborten und Gängen, sowie auf Stiegen muß strenges Schweigen beobachtet werden.
14. Den ordnungsgemäßen Andachtsübungen haben alle Zöglinge beizuwohnen und dabei ein dem Heiligen Zwecke entsprechendes Verhalten zu beobachten.
15. Die Lern-, Arbeits- Unterrichts- und Übungsstunden sind gewissenhaft einzuhalten und auszunützen; jede Störung dabei ist untersagt.
16. Das Verlassen der Klasse ist nur nach eingeholter Genehmigung gestattet.
17. Bei Tische haben alle Zöglinge Ruhe zu beobachten; Gruß und Tischgebet sind deutlich zu sprechen.
18. Der Weg zur Schule und zurück ist in geordnetem Zuge und unter gesittetem Verhalten zurückzulegen.
19. Das gleiche gilt auch für Spaziergänge; das Entfernen vom Zuge, Abstreifen der Wände und Zäune, Beschädigen und Abreißen von Pflanzen, insbesondere das Steinewerfen ist strafbar.
20. Die Erholungsstunden sind nach den Anordnungen der Aufsichtspersonen zu verbringen.
21. Jedes Herumbalgen, Werfen von Papier oder anderen Gegenständen ist untersagt, desgleichen das Schleifen auf dem Linoleumboden.
22. Für absichtlich oder mutwillig veranlaßten Schaden hat der Täter mit seinen Ersparnissen aufzukommen.
23. Briefe an Zöglinge werden von den zuständigen Vorgesetzten geöffnet und gelesen.
24. Briefe dürfen nur während der Freistunde und nach eingeholter Erlaubnis geschrieben werden und müssen zur Einsichtnahme vorgelegt werden.
25. Die Lektüre steht unter Kontrolle der Vorgesetzten. Von Mitschülern entliehene Bücher, Journale, Zeitungen und dergleichen sind vor dem Lesen zur Prüfung vorzulegen.
26. Kartenspiele, Rauchen, Tragen von Uhren, Führen von Geld- und Tauschhandel ist verboten.
27. Geldgeschenke sind behufs Ersparnis der Erzieherin abzuliefern.
28. In Fächern, Schubladen und Schränken haben die Zöglinge sorgfältig Ordnung zu halten, worüber von Zeit zu Zeit kontrolliert wird.
29. Kleider und Stiefel sind von den Zöglingen selbst zu reinigen.
30. Das Betreten anderer als der Zöglingen zugeteilter Räume, wie namentlich des Speichers, des Kellers, der Mädchenabteilung und Ökonomieräume ist strengstens untersagt.

Die Heimsituation während des Ersten Weltkrieges

Die relativ umfangreichen schriftlichen Berichte aus den Jahren 1914–18 geben gut Aufschluß über die besonderen Verhältnisse im Waisenhaus während des Ersten Weltkrieges. Die allgemeine Kriegseuphorie und der kriegsverherrlichende Patriotismus in der Bevölkerung spiegelte sich auch bei den jeweiligen männlichen Jahresberichterstattern wider. Den Bericht über das erste und zweite Kriegsjahr verfaßte der für die Lehrlingsabteilung des Waisenhauses im Nebenamt tätige Lehrer und Erzieher Karl Thiel. Obwohl bereits in diesem 40seitigen, aufwendig eigens gedrucktem Heft von langen Listen verwundeter und gefallener, ehemaliger Zöglinge aus dem Waisenhaus berichtet wird, hat Lehrer Thiel am Ende immer noch folgende Hoffnungen für die nächsten Jahre:

»Mit tiefem Gottvertrauen und dem innigsten Herzenswunsche, daß unserem Vaterlande bald herrliche Siege und ein glorreicher, lange dauernder Frieden geschenkt werde, treten wir in das neue Jahr, hoffend, daß unsere Jugend, für deren Zukunft Ströme des edelsten Blutes vergossen werden, die teuren Opfer rechtfertigen werden.«

Der Bericht über das zweite Kriegsjahr konnte im Juni 1916 wegen notwendiger Einsparungen nur noch mit der Schreibmaschine auf billigsten Papier getippt werden. Von der anfänglichen Euphorie ist beim Berichterstatter nicht mehr viel zu spüren. Trotz weiterer Todesmeldungen von den verschiedenen Fronten wurde der Krieg aber weiterhin als »göttliches« und schicksalshaftes Ereignis pädagogisch verklärt.

»Die Begeisterung, welche jung und alt erfüllte, hat ernster, tiefer Stimmung Platz gemacht. Unerhöhte Blutopfer sind gebracht worden, Tod und Trauer hat auch bei uns Einkehr gehalten. Der Mangel an Lebensmittel fordert auch bei uns Einschränkungen. Gerade die bitteren Tage der Heimsuchung bergen aber die köstlichen Früchte der Wiedergeburt der Menschen; fast hegte ich den Wunsch, es möchte unsern Zöglingen der Krieg unmittelbar näher treten; es wäre nicht zu ihrem Schaden«, so die salbungsvoll geschriebenen Worte des Lehrlingsvaters Thiel im Jahresrückblick 1915/16.

Nachdem die Erziehung der Zöglinge im Waisenhaus von 1888–1915 ausschließlich in weiblichen Händen lag, regte sich gerade in den ersten Kriegsjahren erstmals Widerstand gegen die Englischen Fräulein von seiten der männlichen und nebenamtlich tätigen Lehrer im Waisenhaus. So wurde auch in den jährlichen Berichten an die Stadtverwaltung offen Kritik an der rein »weiblichen Erziehung« im Waisenhaus geübt. Obwohl in einer Übereinkunft des Magistrats mit dem Orden bereits im Juli 1877 »die Leitung und Erziehung der Waisenhauszöglinge nach einheitlichen Grundsätzen in die Hände eines tüchtigen Lehrers gelegt werden sollte«, hielten sich die Englischen Fräulein nicht lange an diese Vereinbarung.

Bis zum Jahre 1888 wirkte ein Lehrer hauptamtlich im Waisenhaus, bei gleichzeitiger Wohnung und Verpflegung in der Anstalt. Als aber innerhalb kürzester Zeit zwei Lehrer sich »erdreisteten« zwei weibliche Zöglinge des Waisenhauses zu ehelichen, blieb auf Drängen der Englischen Fräulein, die um den guten Ruf der Anstalt fürchteten, die Stelle des Waisenhauslehrers unbesetzt. Seit jener Zeit war nur noch ein Lehrer im Nebenamt, quasi zur Überwachung der Knaben, tätig.

Erst im Juli 1915 beschlossen die städtischen Gremien, für die Knabenabteilung des Waisenhauses eine männliche, unverheiratete katholische Persönlichkeit mit entsprechender Vorbildung – Lehrer oder Geistlicher – zu berufen. Diesem Beschluß war aber in der Annahme, der Krieg sei bald beendet, beigefügt, daß die Ausschreibung und Besetzung der Stelle erst nach Beendigung des Krieges erfolge. Trotzdem setzten sich vor allem die nebenamtlichen Lehrer Karl Thiel und Anton Kellermann (ab Januar 1917) vehement für »männliche Erziehung« im Waisenhaus ein.

»Mädchenerziehung in Frauenhand, das ist der natürliche Fall. Knabenerziehung in Frauenhänden, das ist selbst für willensstarke, zielbewußte Mütter eine meist recht schwierige Erziehungsangelegenheit«, so der Jahresberichterstatter 1916/17, Hauptlehrer Anton Kellermann. Besonders die militärische Erziehung galt natürlich als reine Männersache.

Ein zusätzlicher Konflikt überlagerte bereits zu jener Zeit den »Geschlechterkampf« in der Erziehung der Kinder. An die Stelle des wegen Erkrankung ausscheidenden weltlichen Lehrer wurde nämlich vom Magistrat der Domprediger und Anstaltsgeistliche Dr. Josef Oberhauser gesetzt. Er stellte gleich klar, was er von weltlichen Lehrern hielt:

»Im Mittelpunkt der Erziehung steht in diesem Hause die religiös-sittliche Festigung im katholischen Sinn, dafür ist zunächst der Geistliche zuständig ... Die Einheit der Erziehung ist besser verbürgt, wenn mit den Klosterfrauen ein Geistlicher zusammenarbeitet ...« Oberhauser war der erste sogenannte »geistliche Inspektor« – das männliche Pendant zur Oberin des Ordens. Er bekam damit »die Besorgung der Gottesdienste und die gesamte religiös-sittliche Erziehung der Zöglinge« übertragen. Vom 1. März 1918 bis zum 30. April 1919 hatte er dieses Amt inne, bevor ihn Heinz Hübner, ein weltlicher »Inspektor« ablöste.

Über die traurigen Zustände im Waisenhaus während der Kriegsjahre geben die eindeutigen Dokumente (Jahresberichte, Feldpostbriefe, Merkpunkte, Protokolle usw.) Auskunft. Deshalb werden hier einige längere Passagen aus den Originaltexten zitiert, um ein möglichst objektives Bild zu vermitteln.

Bezeichnend für die damalige Zeit war der im Jahresrückblick 1917/18 gegebene Kommentar des Berichterstatters und Dompredigers Dr. Josef Oberhauser zu der Tatsache, daß etwa 100 Kinder in den Herbstferien im Jahr 1917 auf dem Lande untergebracht waren, um sich dort zu erholen. Dort schrieb er u.a.:

»... Der Aufenthalt in der freien Umgebung, die kräftige Landkost und die kleinen körperlichen Arbeiten ließen die jungen Körper sichtlich gedeihen, und auch seelisch gewannen die Kinder durch die Abspannung und die neuen Eindrücke. Wenn sich hernach ein gewisser Hang zur Ungebundenheit einstellte, so erwiesen sich die erzieherischen Mittel der Anstalt stark genug, um die leicht beschwingten Seelen wieder in die rechte Bahn zu lenken und das entfachte Feuer in den Gemütern und das rascher pulsierende Leben pädagogisch zu verwerten.« (siehe auch die Auszüge aus Protokollen über einige pädagogische Konferenzen 1918)

Ein- und Austritt der Zöglinge.

Im verflossenen Schuljahr 1914/15 wurden in das städtische Waisenhaus aufgenommen.

      16 Knaben
      12 Mädchen
      28 Zöglinge.

ausgetreten sind: 21 Knaben
      17 Mädchen
      38 Zöglinge

Zur Zeit (1. Juni 1915) befinden sich in der Anstalt:
      99 Knaben,
      97 Mädchen
      196 Zöglinge.

Hiervon sind: 42 Doppelwaisen,
      122 Vaterwaisen ⎤
      32 Mutterwaisen ⎦ Halbwaisen

Die Zöglinge gehören alle der katholischen Religion an.

Unterricht und Erziehung.

Fast alle Zöglinge erhielten ihren regelmäßigen Unterricht an den zuständigen Münchener Schulen. Es besuchten:

174 Zöglinge (93 Knaben und 81 Mädchen) die Volkshauptschule Dom Pedroplatz.
  8 Mädchen die kaufmännische Fortbildungsschule an der Gabelsbergerstraße,
  2 Mädchen die Riemerschmid-Handelsschule,
  1 Zögling die städt Gewerbeschule an der Luisenstraße,
  2 Zöglinge das Wittelsbacher Gymnasium,
  2 Zöglinge die Rupprecht-Kreisrealschule,
  2 Mädchen erhielten Unterricht im Maschinenschreiben,
  1 Zögling das Lehrerseminar in Freising,
  1 Zögling die Lehrerbildungsanstalt in Pasing.

Ihre wichtigste Aufgabe erblickt die Anstalt in der tüchtigen unterrichtlichen und erziehlichen Förderung der Zöglinge. Die eifrige und nachdrückliche Unterstützung der Schularbeit ist ihr eine ernste Pflicht. Fleiß und Verhalten der Zöglinge befriedigten auch im vergangenen Jahre.

Allen Herrn Schulvorständen, Professoren und Lehrkräften der Mittel-, und Volkshauptschulen sei an dieser Stelle der herzlichste Dank ausgesprochen für die tatkräftige unterrichtliche und erzieherische Mithilfe und für das große Wohlwollen, das der Anstalt und den Zöglingen in diesem Schuljahre stets entgegengebracht wurde.

Zur Hebung des Sparsinns der Zöglinge wurde ein Sparautomat aufgestellt, der sich fleißiger Benützung erfreut.

Die schulfreie Zeit der Zöglinge wird durch zweckmäßige und tunlichst freigewählte Beschäftigung und durch fleißige Pflege von Leibesübungen nützlich angewendet.

Bei der Ausbildung der Knaben wurden im besonderen auch die technische Erziehung – Modellieren und Handfertigkeit aller Art – betont.

Die Mädchen wurden gruppen- und abwechslungsweise in der Anstaltsküche, im Speisesaal, in der Waschküche, im Bügelzimmer, und Schlafsälen, zur Reinigungsarbeit auf den Gängen und Treppen und endlich zu allen Näh-, Flick- und Handarbeiten verwendet und dadurch für den künftigen hauswirtschaftlichen Beruf nach Möglichkeit vorbereitet.

Außerdem wurde der Pflege der Musik Aufmerksamkeit gewidmet. Fast alle Knaben und Mädchen erfuhren regelmäßigen Unterricht im Gesang.

Ferner erhielten 5 Zöglinge (1 Abtlg.) Unterricht im Violinspiel, 4 Zöglinge Unterweisung im Klavierspiel. Da durch Einberufung der beiden Anstaltslehrer zum Heeresdienst die gesamte Arbeit in den Händen des Berichterstatters ruhte, mußte mancher Unterrichtszweig auf Mindestleistung beschränkt und mancher gänzlich eingestellt werden (Zeichnen, Malen). Auch der Schulbetrieb blieb auf 4 halbe Schultage mit einzelnen Einschiebestunden beschränkt. Die dadurch gewonnene freie Zeit wurde zum Lernen eifrig benützt, sowie zu einer tüchtigen Körperpflege.

aus: Jahresbericht Kriegsjahr 1914/15

Körperpflege.

Durch Spaziergänge, Spiele aller Art, Turnübungen, durch Mithilfe bei der Gartenarbeit wurde in ausreichendem Maße für kräftigende Leibesübungen Sorge getragen. Einen willkommenen Tummelplatz für unsere Knaben bildete die Spielwiese der Schule am Dom Pedroplatze. Leider war im verflossenen, milden Winter wenig Gelegenheit zum Eislauf und zur Benützung der Rodelbahn gegeben. Dagegen konnten im Sommerhalbjahr die Schwimm- und Freibäder häufig benützt werden.

Die Knaben besuchten das Städt. Würmbad an der Dantestraße, die Mädchen das alte Würmbad in Gern. Während des ganzen Jahres wurden zur Pflege der Reinlichkeit für alle Zöglinge regelmäßige Bäder im Hause verabreicht; überdies nahmen die Kinder auch am Schulbade teil.

aus: Jahresbericht 1914/15

»Kriegers Weihnachten« (1914)

Dem Ernste der Zeit entsprechend wurde von allen Festlichkeiten während des Jahres und von einer feierlichen Preisverteilung abgesehen. Weihnachten wurde als Kriegsweihnachten im engsten Kreis würdig gefeiert. Ein vom Berichterstatter verfaßtes Weihnachtsspiel: »Kriegers Weihnachten« mit lebenden Bildern und ernsten Volksliedern gab dem Abend eine würdig feierliche Stimmung. Peter Fischer, ein ehemaliger Waisenhauszögling, wird zum Heere einberufen und nimmt Abschied vom armen Mütterlein und von seiner geliebten zweiten Heimat, dem Waisenhaus. Er zieht hinaus, wird in heißer Schlacht verwundet und bleibt zurück, da seine Truppen unaufhaltsam weiterstürmen. Diese lagern sich in erobertem Gelände und feiern im Walde ein trautes Weihnachtsfest. Der Postbote teilt die Pakete aus, eines für Peter bleibt übrig, ein Soldat weist ihm die Richtung, in der Peter liegen muß. Dieser liegt einsam im Walde, von Ferne klingt das schöne deutsche Lied: Stille Nacht, heil'ge Nacht, wie von Engelstimmen an sein Ohr. Sein Geist ist beim Mütterlein, das eine traurige Weihnacht feiert. Da tönen Schritte an sein Ohr. Der Postbote hat ihn gefunden und überreicht ihm Mütterleins Weihnachtsgeschenk. Der Postbote ruft Krankenschwestern herbei; diese verbinden Peter und sorgen für seine weitere Pflege. Bald genesen, nimmt er am siegreichen Einzug des Heeres teil. Eine Huldigung an unseren geliebten König Ludwig III. schließt das Bild. All das zog in prächtigen Bildern an dem Beschauer vorbei und versetzte ihn so echt in »Kriegers Weihnachten«.

(aus Jahresbericht 1914/15)

»Militärische Jugenderziehung«

Durch Magistratsbeschluß vom 16. Februar 1915 wurde im Hinblick auf die Bekanntmachungen der Kgl. Bayr. Ministerien vom 3. und 4. Oktober 1914 die »Militärische Jugenderziehung« auch im Waisenhause eingeführt. An derselben beteiligten sich 18 Lehrlinge (über 16 Jahre alte) mit regem Eifer. Da aber die jüngeren Lehrlinge etwas vernachlässigt werden mußten, wird die Verwaltung ab September 1915 die »Militärische Jugenderziehung« allgemein bei sämtlichen Lehrlingen durchführen. Die Ausrüstung der Jungen mit gleichförmiger Kleidung, mit Zelten, Abkochgeschirren usw., die Ausgaben für Bahnfahrten, Verpflegung verursachten, da die Lehrlinge mittellos sind, namhafte Kosten. Die Verwaltung hofft, daß sich dieselben in einer kräftigen, vaterlandsfreudigen Jugend reichlich lohnen werden. Tage freudigster Erinnerung bleiben die geselligen, munteren Wanderungen in den taufrischen goldenen Morgen hinaus in die nähere und weitere Umgegend. Das Ränzlein auf dem Rücken, die Brust vor Freude geschwellt, mit frohem Liederklang wanderte die frohe Schar dahin, am edlen Born der herrlichen Natur neue Lust und frohen Sinn schöpfend.

(aus Jahresbericht 1914/15)

Feldpostbriefe der Zöglinge aus dem Jahresbericht 1914/15

… war ganz überrascht, von der Obrigkeit des Waisenhauses in so liebenswürdiger Weise beschenkt und beglückt zu werden … ein von Herzen kommendes: Vergelte es Gott! Wie glücklich sind doch die Zöglinge des Waisenhauses gegen die Kinder der Franzosen, die sich hinter unserer Front befinden. Ihres Vaters beraubt, irren sie umher, schmutzig und verkommen sehen sie aus, da ja meist auch die Mutter um ihre Habe gekommen ist. Gar oft geben wir unser letztes Stück Brot von der Tagesration und etwas Kaffee her, um den Hunger der Kleinen zu lindern, die ja nichts dafür können an diesem Unheil. Da schweifen so oft so manche Gedanken vorüber, wie schön wir es gehabt haben in unserer Kindheit, als wir noch unter dem Schutze des Waisenhauses standen …

Klery. Franz Huber, Infanterist

Den Heldentod fürs Vaterland starben unsere ehemaligen Zöglinge:

Haßler Fritz, Schulpraktikant, Einjährig-Freiwilliger, gefallen am 23. August 1914 im Gefecht bei St. Pöle.

Schlehuber Johann, Unteroffizier im 16. Inf.-Reg. (List), gefallen am 29. Oktober 1914 bei einem Sturmangriff in Belgien.

Olofs Johann, Gefreiter im 1. Landwehr-Inf.-Reg., gefallen am 12. Februar 1915 in Frankreich.

Behr Valentin, Unteroffizier im 4. bayer. Feldartillerie-Reg., gefallen am 28. August 1914 in Frankreich.

Höchtl Rudolf, Infanterist im 1. Landwehr-Inf.-Reg., gefallen am 22. August 1914 in Frankreich.

Blunder Richard, Pionier, gefallen auf dem westlichen Kriegsschauplatz.

Klemm Georg, Hornist im 2. Inf.-Reg., verbrannte im Oktober 1914 in einem Eisenbahnwagen.

Vogt Johann, Infanterist, gefallen auf dem westlichen Kriegsschauplatz.

Ballauf Johann, Musketier im Res.-Inf.-Reg. Nr. 238, gefallen am 26. Dezember 1914 bei Arras im Schützengraben.

Sie starben für des Vaterlandes Größe, sie gaben ihr Teuerstes, ihr junges Leben, ewig und unauslöschlich soll ihr Andenken fortleben, ein würdiges Denkmal soll ihnen im Waisenhausgarten erstehen zum bleibenden Gedächtnis der Helden, zur Aneiferung aller jetzigen und zukünftigen Zöglinge bis in die fernsten Zeiten.

aus: Jahresbericht 1914/15. Insgesamt starben im Ersten Weltkrieg mindestens 53 ehemalige Zöglinge fern der Heimat »für das Vaterland« den »Heldentod«.

Besten Dank für Paketchen und Gratulation zum Eisernen Kreuz. Jetzt bin ich auch zum Verdienstkreuz vorgeschlagen. Hoffentlich erlebe ich es noch… Hollebeke haben wir nach dem Pechtag (14. Dezember) als Befehlsstelle und Quartier aufgegeben und unsere Batterie nach Wytschaete verlegt, ein dammtes Eck. Unsere Beobachtungsstelle haben wir besonders kühn angelegt, nämlich 20 Meter vor der vordersten Infanterie Linie. Vom Keller aus lassen sich die feindlichen Stellungen tadellos übersehen und mit etwas Glück werden wir hier wieder gut wegkommen.

Wytschaete. Julius Einhorn, Fußartillerist, Ritter des Eisernen Kreuzes II.KL.

Einhorn Julius, Unteroffizier, Ritter des Eisernen Kreuzes II. Kl. und Inhaber des Militärverdienstkreuzes, fiel am 19.12.1915 bei Arras.

… an manchen Stellen sind wir den Franzosen auf 30–40 Meter nahe gekommen; da werden dann unterirdische Gänge, Stellen, gebaut, mit Pulver und Sprengstoff geladen und nach einigen Stunde fliegt der ganze Schützengraben in die Luft. Da gibt es dann grauenvolle Bilder, Arme, Beine, Köpfe, halbe Körper fliegen zerstreut umher. Auch uns geht es so. Mir wäre der offene Kampf lieber als diese Lauerstellung … Die lieben Waisenknaben sollen für uns beten, damit wir siegreich heimkehren können.

Lisseweghe. Otto Pichler, Infanterist

Otto Pichler wurde im Jahre 1915 verwundet.

… stehen seit Aschermittwoch früh 4 Uhr im stärksten Artillerie- und Infanteriefeuer. Wir haben eine starken Gegner, der in Arras liegt, vor uns; er sucht durchzubrechen. Auf der Straße, wo das 3. Regiment in Stellung ist, haben sie 3 Gräben in die Luft gesprengt und sind herübergestürmt zu uns. Die Toten liegen haufenweise aufeinander. Auch den Verwundeten kann man nicht helfen. Ich sage, es ist unbeschreiblich. Was angreift, wird niedergemäht … wenn das furchtbare Artilleriefeuer nicht wäre, an allen Ecken und Ende kracht es, als wenn die Welt ineinanderfahren tät.

Vor Arras. Anton Rieger, Infanterist

Rückblick.

In den Beginn des Berichtsjahres fällt der Ausbruch des längst gefürchteten Weltkrieges, des gewaltigsten Völkerringens, das die Welt je gesehen hat. Unser gutes deutsches Vaterland sieht sich, vor eine Kraftprobe gestellt, die im Falle des Gelingens ungeahnte Größe und Segnungen, umgekehrt die schrecklichsten nicht ausdenkbaren Folgen für das ganze Volk bringen kann. Die furchtbare Verwüstung Ostpreußens, das erbarmungslose Hinschlachten unschuldiger Opfer, die Erschießung zahlreicher wehrloser Gefangener, die Ausschreitungen des Pöbels in allen feindlichen Ländern machen jedes fühlende Herz erzittern. Doch dank der ungeheuren Wehrmacht, die sich unser Vaterland in Friedenszeiten schuf, dank der großen Tapferkeit und des hohen Heldentums unserer Feldgrauen, dank der Opferwilligkeit einer sich mit fürchtbarer Einigkeit erhebenden Volksgewalt sind die Angriffe unserer neidischen Feinde an den Grenzen blutig zerschellt.

Und wie das große Ereignis in jeder Familie nachzittert, so ging es auch an unserer Anstalt nicht spurlos vorüber. Wie es Tausende und Abertausende hingerissen hat zum Dienst als Kriegsfreiwilliger, wie es die herrlichsten schlummernden Gefühle des Edelsinns, der Hingabe im ganzen Volk geweckt hat, so rüttelte es auch unsere Jugend auf. Wäre es möglich gewesen, mehr als ein Waisenkind wäre mit unseren Soldaten hinausgeeilt und hätte Freud und Leid mit ihnen geteilt. Das zeigt sich so schön, als in den ersten Tagen die im Waisenhause einquartierten 252 Reserveleute des Eisenbahn-Pionierbataillons anrückten. Es waren lauter Familienväter, die ihre Liebsten zu Hause lassen mußten. Wenn sie abends müde vom anstrengenden Exerzieren eintrafen, dann wollte jedes Kind behilflich sein. Und gar mancher Knabe gab seine Decke und schlief mit dem Mantel zugedeckt und schlief glücklich, weil er doch auch helfen konnte. Und wenn die Dämmerung hereinbrach, sangen die Kinder den Soldaten Heimatslieder, manchem bärtigen Gesichte rollte da eine Träne über die Wangen. Und als die Männer dann nach 10 Tagen kriegsmäßig ausgerüstet fortzogen, da gabs ein Abschiednehmen und Händedrücken, als habe man sich schon Jahre gekannt.

»In der Heimat, da gibts ein Wiedersehen«, so sangen ihnen die Knaben nach. Ob sie wohl alle die Heimat wiedersehen, ob sie nicht längst gefallen sind und nun auch Waisen zu Hause haben …

Mit Hingabe und rastlosem Eifer beteiligten sich aber auch die Mädchen an dem großen Werke der Nächstenliebe, sie nähten und strickten für die armen Verwundeten im Roten Kreuz. Ihr Fleiß wurde belohnt mit der hohen Ehre eines Besuches durch die Königl. Hoheiten Prinzessin Adelgunde und Wiltrud, welche sich in huldvollster Weise im Kreis der Waisen bewegten und an jedes Süßigkeiten verteilten.

So hat der Krieg einen günstigen Einfluß auf den Geist der Anstaltszöglinge ausgeübt. Mit gespannter Aufmerksamkeit hörten sie den Vorträgen über die Kriegsereignisse zu und jede Siegesnachricht wurde mit leuchtenden Augen und großem Jubel begrüßt. Durch einen Lichtbildervortrag über Ostpreußen konnten sie sich geistig in jene Gegend versetzen, an der unser gutes deutsche Schwert so wuchtige Schläge ausgeteilt hat. Herrn Schriftsteller Wilhelm Fölsch aus Stuttgart, dem Vortragenden, sowie der Firma Soennecken & Co, welche den Apparat samt Sauerstoff zur Verfügung stellte, sei auch hier nochmals für ihre Liebenswürdigkeit gedankt.

Kriegspropaganda aus dem Jahresbericht 1914/15 des Münchner Waisenhauses
Berichterstatter Karl Thiel, Lehrer und Erzieher.

Jahresbericht des städtischen Waisenhauses für 1916/17 (Ausschnitte)

Das Betriebsjahr 1916/17 – das dritte Kriegsjahr.
… Wenn gleichwohl unsere Waisenkinder auch Kriegsnot und Entbehrung am eigenen Leibe verspüren müssen, so tragen sie eben gleiches Los und Leid mit uns und allen unseren Volksgenossen und es gilt auch für sie »Gleiche Not, gleiches Brot!« So ist die derzeitige schwere Kriegsbedrängnis auch für sie zwar eine bittere, aber wertvolle Lebenserfahrung für jetzt und erst recht für den späteren Lebenskampf …

Erziehung und Unterricht:

Das Wort »Familie« ist für uns Deutsche der Inbegriff deutscher Art, Liebe, Behaglichkeit und Wärme, und die »Familienerziehung« ist und bleibt für uns Muster und Vorbild aller Kinder-Erziehung und -Fürsorge. Die Massenerziehung in Anstalten wird ihr auch bei sorgsamster und tüchtigster Führung niemals ganz nahe kommen. Der Kreis ist zuvielgliedrig, die Anforderungen und die inneren und äußeren Hemmnisse hiewegen überaus schwierig und groß, die Gefahren des Internates nicht selten schwer zu mildern und gar zu beheben …

Zu all dem kommt gerade für unser Waisenhaus noch eine besondere Eigenheit hinzu: die Erziehungsarbeit in unseren Knabenabteilungen durch Schwestern aus dem Orden der Englischen Fräulein. Mädchenerziehung in Frauenhand, das ist der natürliche Fall. Knabenerziehung in Frauenhänden, das ist selbst für willensstarke, zielbewußte Mütter eine meist recht schwierige Erziehungsangelegenheit und wird das um so mehr, wenn es sich um klösterliche Frauen handelt, die durch ihre Ordensvorschriften und durch das Klosterleben herangebildeten Lebensanschauungen an bestimmte Wege gebunden sind. Daß diese Ordensfrauen mit denkbar größter Gewissenhaftigkeit, Aufopferung bei Tag und Nacht, mit unermüdlicher Geduld und nimmermüdem Fleiße ihrer Aufgabe nach Möglichkeit gerecht zu werden bestrebt sind, das muß ehrlich anerkannt werden; denn die Tatsachen lassen hierüber keinen Zweifel. Gleichwohl bleibt das vorher Gesagte zu Recht bestehen. In Erkenntnis und Würdigung dieser schwierigen Verhältnisse hat darum der Magistrat unserer Hauptstadt für die Knabenabteilungen auch noch einen fachmännisch gebildeter Erzieher berufen. Doch auch diese Maßnahme wird nicht Dauerzustand verbleiben können. Fürsorge, Arbeit, Pflichten und Rechte dieses Berufserziehers liegen klar begründet in dem verantwortungsvollen Begriff »Waisenvater«.

In diesem Sinne fasse ich auch mein Arbeitsfeld im Waisenhause auf und suche ihm nach Möglichkeit und Kraft gerecht zu werden.

Für Erzieher und Kinder steht im Mittelpunkt ihres ganzen Pflichtenkreises: »die Arbeit«. Arbeit in jeder Form, als Kopf- und Handarbeit, in Spiel und Erholung: Das muß der gute Schutzgeist; der sicher und milde, nach Notwendigkeit aber auch scharfe Führungszügel; die beste, erfolgreichste Erziehungsgewalt; der furchtbringende Segen in einer so vielgestaltigen Lebensgemeinschaft sein. Die Arbeit erhält die Kinder frisch, froh und gesund; bindet sie an Pflichtgefühl, Arbeitsamkeit, Ordnungssinn, Verantwortlichkeitsbewußtsein; hält sie von vielen Gefahren und Verfehlungen zurück; rüstet und stärkt sie zum späteren Lebenskampf und läßt sie Glück und Segen treuerfüllter Pflicht an sich selber erfahren.

»Arbeit« – sie muß in der Führung von Waisenkindern unter allen Umständen »die Sonne« und damit Licht-, Kraft- und Lebensquelle sein und bleiben. Das ist meine auf lange Erfahrung gegründete Erziehungsüberzeugung.

Rückblick.

Unser Wunsch, das neue Berichtsjahr möchte uns den Frieden bringen, hat sich leider nicht erfüllt. Die Begeisterung, welche jung und alt erfüllte, hat ernster, tiefer Stimmung Platz gemacht. Unerhörte Blutopfer sind gebracht worden, Tod und Trauer hat auch bei uns Einkehr gehalten. Der Mangel an Lebensmitteln fordert auch bei uns Einschränkungen. Gerade die bittern Tage der Heimsuchung bergen aber die köstlichen Früchte der Wiedergeburt des Menschen; fast hegte ich den Wunsch, es möchte unsern Zöglingen der Krieg unmittelbar näher treten; es wäre nicht zu ihrem Schaden. Durch ihre Inanspruchnahme bei der Verteilung der Lebensmittelkarten traten sie in größeren Verkehr mit anderen Jungen, Leuten, mit der Straße und ihrem Nachteil, (die Schule beanspruchte ihre Zeit nicht vollauf und konnte sie auch nicht so intensiv beschäftigen) so daß eine Lockerung der straffen Schuldisziplin nicht abzuleugnen ist. Neigung zu Untätigkeit, Arbeitsunlust kann oft getadelt werden. Die Empfänger der Lebensmittelkarten lohnte die Überbringer viel mit Geld, das nicht immer rechtliche Verwendung fand. Der Berichterstatter stellte daher eine Sammelbüchse auf, in welche überflüssig Pfennige geopfert werden sollen. Es konnten auch anläßlich der Soldaten-, Rotkreuztage einige Mark abgeliefert werden.

Unmittelbar trat der Krieg aber an die älteren Zöglinge und an die Gesellen heran. Sie alle sind zum größten Teil in Heeresdienst und stehen in harter gesunder Schule. Ihnen allen kam jetzt das Waisenhaus als ihre liebste Stelle zum Bewußtsein und aus all ihren Briefen spricht große Dankbarkeit …

8. Juni 1916   gez. Karl Thiel
(Lehrlingsvater)

(aus Jahresbericht 1915/16)

Stellung des Erziehers

Im Hause selbst ist eine irgendwie einheitliche Leitung notwendig. Wer soll diese übernehmen? In Betracht kommen als beteiligt an der Erziehung: Lehrer, Anstaltsgeistlicher, Hausoberin. Würde es sich um eine reine Unterrichtsanstalt handeln, so wäre der Lehrer die geeignete Persönlichkeit; bei einer reinen Erziehungsanstalt wäre der Geistliche, bei einer reinen Pflegeanstalt die Hausoberin am passendsten.

Wer hier am besten die erste Stelle einnimmt, das kann nach den obwaltenden Umständen nur taktisch gelöst werden in der Fragestellung: welche Oberleitung wird von allen Beteiligten am ehesten ertragen, wirkt am friedlichsten und versöhnlichsten?

Lehrer wollen sich nicht gerne Geistlichen unterordnen und rechtliche Bestimmungen würden wenig bedeuten; erst recht nicht kann dem Geistlichen zugemutet werden, daß er sich dem Lehrer unterstellt. So ist es rein taktisch am besten, im vorhinein von einer Oberleitung durch einen Geistlichen oder Lehrer schon aus diesen Gründen abzusehen. Es erübrigt sich nur die Oberleitung durch die Hausoberin. Diese würde auch gewiß am liebsten ertragen, nachdem das gesamte Pflege- und Verwaltungswesen schon in ihrer Hand ist, nachdem auch eine kluge mütterliche Frau die versöhnenden und harmonisierenden Tendenzen ausfindig macht und pflegt und auch durch die Distanz zu ihr den männlichen Elementen eine gewisse Zurückhaltung und Rücksicht auferlegt ist; ihre Leitung, wenn auch rechtlich gesichert, würde im allgemeinen nur als Ehrenvorrang von anderen empfunden werden. Geistliche sind auch an Anstalten, welche Eigentum eines Ordens sind, der Oberleitung der Oberin unterstellt und fühlen sich dadurch in ihren religiös erzieherischen Aufgaben nicht behindert.

… Mit Glück und Geschick haben die Englischen Fräulein von jeher sich erzieherisch betätigt und das allgemeine Vertrauen gewonnen, auch die Knabenerziehung im Waisenhaus werden sie in die rechten Wege leiten, wenn ihnen wieder eine männliche Erziehungskraft beigegeben wird.

Aus verschiedenen Gründen wurde im Jahre 1889 die Änderung getroffen, daß der Erzieher nicht mehr im Hause wohnen sollte. Ein Hauptgrund war gewiß der, daß damals Lehrer Gschwind eine Zögling des Waisenhauses ehelichte und kurz zuvor hatte schon Lehrer Leidl das selbe Experiment gemacht. Diese Art kann im allgemeinen nicht erwünscht sein, schon mit Rücksicht auf die öffentliche Meinung, welche schnell die gewagtesten Rückschlüsse dazu bildet. Es kann den Orden nicht verdacht werden, wenn er solche Gefahren zu vermeiden trachtet ... Gleichwohl verlangt aber das Wohl der Waisenknaben gebieterisch die Nähe des männlichen Erziehers, daß er vor allem im Hause selbst wohnt. Den genannten Gefahren kann einigermaßen ausgewichen werden durch sorgfältige Auswahl der Personen, zudem erleichtert das neue Haus die wünschenswerten persönlichen und örtlichen Distanzen, endlich kann die Auswahl erleichtert werden, wenn auch Geistliche für die Stelle des Erziehers in Aussicht genommen werden. Ja wenn man sich bemüht möglichst objektiv und möglichst unparteiisch zu urteilen, nicht von Standesinteressen sondern einzig vom Wohl der Waisenkinder bewegt, so dürfte sich der Schluß nahe legen: ceteris paribus verdient ein Geistlicher den Vorzug, und es ist verwunderlich, daß sich diese einfachste Lösung der schwebende Probleme noch nicht durchgesetzt hat.

Warum paßt ein Geistlicher für diese Stelle am besten?

1. Wie die Stärke des weltlichen Lehrers im Unterricht, so liegt die Stärke des Geistlichen in der Erziehung. Darauf hin ist sein ganzer Beruf eingestellt und zwar hat er nicht wieder Geistliche zu erziehen, sondern die Personen in der Welt. Von diesem Gesichtspunkte aus sind die eigenartigen Standespflichten der Geistlichen zu verstehen: sie dienen dem unbeirrten Glauben an die Herrschaft höherer Elemente im Menschen und in der Welt und der Pflege dieser geistigen Kräfte, die allein es ermöglichen, sich als Mensch in der Welt zu fühlen und zu behaupten, sie dienen der energischen ununterbrochenen Selbsterziehung und der ungeteilten Hingabe an die, welche seiner Fürsorge anvertraut sind. Es ist auch bedeutsam, wie man selbst in sehr weltlich gesinnten Kreisen die Erziehung durch Geistliche schätzt und nach mannigfachen Versuchen gern wieder auf sie zurückkommt. Es müßte darum auffallen, wenn man direkt oder indirekt (etwa durch bestimmte Dienstvorschriften) Geistliche von der Bewerbung hier ausschlösse.

2. Im Mittelpunkt der Erziehung steht in diesem Hause die religiös-sittliche Festigung im katholischen Sinn, dafür ist zunächst der Geistliche zuständig; deswegen besteht die Stelle eines eigenen Anstaltsgeistlichen an sich schon und derselbe kann gar nicht anders als daß er sich auch um die praktische Erziehung der Zöglinge kümmert. Es ist besser, dieses bereits vorhandene Amt auszubauen, als ein neues daneben zu stellen, das zugleich die Gefahr von Kompetenzstreitigkeiten in sich birgt.

3. Die Einheit der Erziehung ist besser verbürgt, wenn mit den Klosterfrauen ein Geistlicher zusammenarbeitet. Selbstverständlich wird der Geistliche schon im Interesse der späteren Religionsfreudigkeit die jugendlichen Seelen nicht mit Andachtsübungen oder einseitiger Askese belasten; jeder Erzieher weiß, daß Extreme sich berühren. Sollte befürchtet werden, daß die Klosterfrauen übertriebene religiöse Anforderungen stellen, so ist es dem Geistlichen viel leichter Remedur zu schaffen als dem Laien.

4. Die Erziehung der Mittelschüler muß in deren eigenstem Interesse für jeden Fall dem Geistlichen übergeben werden; anders würden sich die peinlichsten Situationen ergeben. Was bei Volksschülern genügt, um die natürliche Autorität der Eltern zu ersetzen, genügt nicht bei Mittelschülern.

5. Übernimmt ein Geistlicher die Erzieherstelle, so ist der Friede im Haus am besten bewahrt, weil dann Erziehung und bloßer Unterricht, Tätigkeit des Geistlichen und Hilfstätigkeit eines Lehrers, reinlich von einander getrennt werden können und die Reibungsflächen auf ein Minimum reduziert sind. Das erhellt aus folgender Gegenüberstellung:

a.) Arbeitsgebiet des Lehrer-Erziehers: gesamte Knabenerziehung, Nachhilfe-Unterricht, Musik, Turnen; daneben besteht die Tätigkeit des Geistlichen für Gottesdienst, religiöse Erziehung, Vortrage und Andachtsübungen, für die Mittel- und Hochschüler, für die pädagogische Konferenzen wenigstens der Klosterfrauen.

b.) Arbeitsgebiet des Geistlichen-Erziehers: gesamte religiös-sittliche Erziehung, Gottesdienst, Mittelschüler, Konferenzen sämtlicher Erziehungsinteressenten; daneben amtiert, ganz unabhängig vom Geistlichen, ein Lehrer für Musik und Turnen, eventuell auch für Nachhilfeunterricht, derselbe hat höchstens die Hausordnung zu berücksichtigen und ist insofern der Oberin unterstellt.

Bei a.) berühren sich Kompetenzen sehr nahe, greifen über, bei b.) nicht.

München, 20. November 1917
gez. Dr. Josef Oberhauser,
Domprediger.

Besondere kriegszeitliche Erfordernisse:

Um das ungeheure Kriegsgeschehen, die bedeutungsvollsten Vorgänge auf den Kriegsschauplätzen unsere Kinder einigermaßen miterleben und mitempfinden zu lassen, um ihr Innenleben an dem leuchtenden Vorbild unserer Soldaten hochzureißen, an deren höchster Pflichttreue, Entsagungs- und Aufopferungskraft die eigene zu stärken, um an den unermeßlichen Taten und Opfern von Feld- und Heimatheer ihre Liebe zu ihrer deutschen Heimat und zu ihrem deutschen Volke tiefer zu senken, die Flamme der Vaterlandsliebe zu hüten und zu nähren, auf daß auch einmal in ihnen, als einem Teil unserer deutschen Zukunftsträger, die Früchte dieser ungeheuren Kriegsarbeit ihrer Vorfahren lebendig und zu deutschem Glück und Nutzen reifen werden: Aus all diesen Gründen hielt der Berichterstatter fast wöchentlich – zunächst für die Knabenabteilung, nachdem aber auch die Mädchen daran teilnehmen wollten, dann für sämtliche Zöglinge des Hauses – einen »Kriegsvortrag«.

Während der unfreiwilligen sogenannten »Kohlenferien« versuchte der Berichterstatter den ausgefallenen Schulunterricht so weit und viel als nur möglich durch ausgiebigen Hausunterricht und reichliche Lern- und Schreibarbeit zu ersetzen, damit die Kinder an dieser gefährlichen Klippe nicht Schaden leiden sollten und möglichst im Arbeitsgeleise verbleiben.

Mit ihren einschlägigen Klassen der Schule am Dom Pedro Platz besorgten die Knaben der Oberabteilung in ehrenamtlicher Arbeit alle 14 Tage die Lebensmittelkartenverteilung. Das war und ist jedesmal Gelegenheit zur Bewehrung in Umsicht, Zuverlässigkeit und Gewissenhaftigkeit. Leider muß gesagt werden, daß dabei gar nicht wenige gegenüber den – wirklich sehr oft und in aufdringlicher, ja widerwärtiger Weise an sie herantretenden – »Versuchungen« sich nicht immer standhaft genug erwiesen haben. So bedauerlich diese Tatsache ist, muß trotzdem die Hauptschuld jenen gewissenlosen Erwachsenen zugemessen werden, die in unverantwortlicher Weise förmlich darauf ausgehen, die Kinder zum Straucheln zu bringen, so daß sie der Versuchung erliegen. Es ist das, so ungern man daran glauben will, bittere, beschämende Wahrheit!

In und auch nach den großen Ferien wurden die Knaben der Mittel- und Oberabteilung sehr oft »der Stadthilfe« zur Verfügung gestellt; sie haben da reichlich und fleißig vaterländischen Hilfsdienst geleistet.

Zur Entlastung der immer schwieriger werdenden hauswirtschaftlichen Verpflichtungen, zugleich um die Gesundheit unserer Kinder zu kräftigen, was ja auch im Interesse des wirtschaftlichen und wehrfähigen Fortbestandes unseres Vaterlandes durchaus von Wichtigkeit geworden ist, wurden 108 Kinder unseres Waisenhauses teilweise schon vor, besonders aber in den Sommerferien auf 4 oder 6 Wochen unter den vom Stadtmagistrat ergangenen Bedingungen den für Körper und Geist erhofften segensvollen Einwirkungen eines gesunden Landaufenthaltes anheimgegeben. Die Erfolge liegen klar erkenntlich: gesundheitlich haben wohl alle, manche sogar sehr gewonnen; ihre Führung war durchweg recht gut; sittlich haben sie nicht nachweisbar gelitten; manche an Frohsinn und Lebensmut Bereicherung erfahren und wohl alle diese »Stadtkinder« haben durch Augenschein, ja auch durch eigene Teilnahme die schwere, mühevolle, dem Vaterland gerade jetzt doppelt notwendige und wertvolle Arbeit des Landmannes um unser tägliches Brot kennen und achten gelernt.

Die Nachteile liegen auch offen. Ordnungs- und Reinlichkeitssinn, Arbeitsgeist, bescheidene Zufriedenheit, williger Gehorsam gegen die Hausgesetze haben bei gar nicht wenigen Schaden genommen. So braucht es wiederum erst recht unermüdlicher, ausdauernder und eindrucksamer Erziehungs- und Unterrichtsarbeit, damit alles wieder in geordneter, arbeitssprießlichen Bahnen seine Wege geht …

München, im Herbst 1917
gez. A. Kellermann
(Berichterstatter und Lehrer)

Merkpunkte

für die

Zöglinge des Münchener städtischen Waisenhauses.

1. Dies Haus ist deine zweite **Heimat**. Wisse, daß die Erzieher dich lieb haben und für dich sorgen wie deine leiblichen Eltern.

2. **Gott** denkt an dich, denk auch an ihn! Tritt immer ehrerbietig vor Gott, sei es in der Kirche, sei es wo immer du dich in Gedanken oder im Gebete zu ihm wendest.

3. Sei dankbar gegen die **Wohltäter** dieses Hauses; was sie an dir tun, vergilt es ihnen durch deinen festen Willen, ein brauchbarer Mensch zu werden.

4. Lerne **gehorchen**! Folge schnell und entschlossen, selbst wenn es dich hart ankommt; es muß jeder Mensch irgend einem andern sich fügen, warum nicht auch du?
Halte die Hausgesetze, auch wenn sie alle anderen nicht halten würden; man muß sich auf dich verlassen können.

5. **Schweige** im Schlafsaal, in den Gängen und wo immer es dir geboten ist. Schweigen ist der Anfang jeder geistigen Abhärtung.

6. Tu keinem andern **weh**, hilf jedem, der deine Hilfe braucht, und suche immer anderen Freude zu machen!
Wirst du gekränkt, sei nicht empfindlich und suche die Kränkung zu verzeihen und zu vergessen.

7. Benimm dich gut im **Verkehr** mit allen Menschen! Sprich ehrerbietig mit jedermann, aber zugleich frei und offen; der Höfliche und Anständige kommt leichter durchs Leben als der Grobe und Unanständige.

8. Sei sauber in deinem Äußern, in deinen Kleidern, halte peinliche **Ordnung** in deinen Sachen! Gib acht auf fremdes Eigentum, beschmutze nicht Wände und Tische!

9. Was du **selber** tun kannst, laß dir nicht von anderen tun. Sei pünktlich auf die Minute!

10. **Fluchen** ist häßlich und gemein.

11. Sei **rein** an deinem Körper und keusch in deinen Gedanken.

12. Hüte dich vor Lügen und Stehlen! Sprich immer die **Wahrheit**! Jeder begeht einmal Fehler; wer aber mutig die Wahrheit spricht, hat immer das Recht, gut behandelt zu werden.

13. Halte immer und überall auf die **Ehre** des Hauses; sie ist in deine Hand gegeben. Tu nichts, was den guten Ruf der Anstalt schädigen müßte, und laß solches auch nicht von anderen geschehen.

14. Lerne **entsagen** und ertragen. Du mußt nicht alles sehen, nicht alles hören, nicht alles haben, nicht bei allem sein.

15. In allem, was du tust, sei klug, gewissenhaft, tapfer, und vertrau auf **Gott**!

Anstaltsordnung aus dem Jahre 1918

»Pädagogisches« aus dem Protokollbuch der Heimleitung von 1918

… Besonderes Augenmerk sollen die Erzieherinnen richten auf Anstand im Essen, weil bei dieser Gelegenheit die niederen Funktionen des Menschen leichter das Übergewicht über die höheren erringen. Eine gewisse Abwechslung in den Strafen wäre anzuraten: Neben Tadel und Verwarnung, Strafarbeit, Pult-Arrest, Vermerk in dem Führungsbüchlein, hinausstehen beim Essen, beim Spiel, körperliche Züchtigung mit Vorsicht, auch gelegentlich ein kleiner Speisenentzug.

(aus: Protokoll 5. Juni 1918)

Zum Punkt Strafen wurde bemerkt, daß Kollektivstrafen durchaus berechtigt und angebracht sind; denn wenn sich Kinder dem Erzieher gegenüber in manchen Fehlern auf ihre Kameradschaftlichkeit berufen dürfen, so darf auch umgekehrt der Erzieher sich berufen auf Kameradschaftlichkeit der Kinder bei seinen Maßnahmen; sie sind alle bis zu einem gewissen Grade verantwortlich für Tun und Lassen der Einzelnen; mit Recht werden sie gestraft, wenn sie das Treiben gewisser schlimmer Elemente in ihren Reihen gedulden, sodaß mit Recht die einen gestraft werden wegen ihrer Frechheit mit der sie ein Gebot übertreten, die anderen wegen ihrer Feigheit, weil sie solche Störenfriede unter sich gedulden …

(aus: Protokoll vom 8. Juli 1918)

Die Anordnungen müssen mit aller Bestimmtheit gegeben werden, auch die kleinste Unsicherheit im Geiste und Willen des Erziehers wirkt lähmend auf die Entschlußfreudigkeit des Zöglings; mit dem Ernste und der Bestimmtheit des Befehles verbinde sich Mäßigung im Affekte, Achtung vor dem Kinde. Es ist zu sehen auf anständiges Benehmen in jedem Falle der Vorgesetzten und den Kameraden gegenüber; es soll strenge auf den Gebrauch der hochdeutschen Sprache gesehen werden. Zur vernünftigen Leibespflege gehört auch der regelmäßige aber nicht willkürliche Gebrauch des Closets. In der Freizeit machen die Kinder oft gelangweilten Eindruck; man soll die Kinder wohl manchmal ausruhen lassen, aber nicht gestatten, daß sie sich langweilen; ein bestimmter Befehl muß sie aus ihrer Entschlußunfähigkeit herausreißen, auch beim Spiel muß oft das Wort des Erziehers bestimmend eingreifen.

(aus: Protokoll vom 6. September 1918)

… Im Vergleich mit den Kindern im Kinderasyl und im Ferdinandeum erscheinen unsere Kinder auffallend klein und blaß. Grund davon die erbliche Belastung der Kinder. Besserung kann eintreten durch möglichst viel Aufenthalt im Freien, Ausnützung der Pausen zu turnerischen oder Atem-Übungen, spazierengehen auf den Gängen …

… Die Bettnässer sollen mehr zusammengelegt werden um sie gemeinsam besser wecken zu können. Strenger ist auf geregelte Benützung des Closets zu sehen. Die Kinder müssen daran gewöhnt werden, daß sie zwei Stunden aushalten können …

… Es soll den Eltern gestattet sein, an ihrem Namenstag die Kinder im Waisenhause zu besuchen; aber die Kinder zu den Eltern nach Hause gehen zu lassen wird nicht begutachtet wegen zu großer Störung des Anstaltsbetriebes …

(aus: Protokoll vom 6. November 1918)

… Um die rechte gesunde Stimmung herzustellen dient auch das Singen, welches erneut empfohlen wird … Es wird gebeten bevor ein Gesuch um Aufnahme verbeschieden wird, der Verwaltung des Waisenhauses in die Notentabelle, den Schulbogen und den Gesundheitsbogen der Kinder Einblick zu gewähren. Kinder mit der Betragungsnote III möge grundsätzlich die Aufnahme verweigert werden …

(aus: Protokoll vom 18. November 1918)

… Bücher schonen beim Lesen, rechter Umgang mit Büchern ist eine Vorschule für den Umgang mit Menschen … Das religiöse Leben der Kinder verdient die höchste Aufmerksamkeit, mechanische und dürre Gebetsübungen müssen einen Menschen zeitlebens der Religion abhold machen. Es ist darauf zu sehen, daß die Gebete abwechslungsreich und nicht zu lang sind. Während der heiligen Messe an den einzelnen Wochentagen hat sich folgende Ordnung bewährt: Montag Vorlesen einer Heiligen Legende; Dienstag Volksgesang; Mittwoch gemeinsames Vor- und Nachbeten einer Meßandacht; Donnerstag stille Heilige Messe; Freitag Volksgesang; Samstag Rosenkranz.
Der Inspektor wird ersucht, für eine größere Abwechslung in den Gebetbüchern Sorge zu tragen. Für den Sakramentsempfang, die täglichen Gebete morgens und abends sollen bis zum nächsten Mal besondere Vorschläge erwogen werden.

(aus: Protokoll vom 2. Dezember 1918)

Die Anstalt vom Ende der Monarchie zum Anfang der NS-Zeit

Von den politischen Umwälzungen der Jahre 1918/19 in Bayern und München war im alltäglichen Waisenhausbetrieb kaum etwas zu spüren. Auch die jeweiligen Jahresberichte lassen wenig Veränderungen im Alltagsleben der Zöglinge erkennen. Ruhe, Zucht und Ordnung galten weiterhin als oberstes Erziehungsideal.

Immerhin saßen im Verwaltungsrat, dem Aufsichtsgremium der Stadt für das Waisenhaus, erstmals zwei Stadträtinnen – zwei für ihre Zeit sehr engagierte Frauen.

Die eine war Hedwig Kämpfer (1889–1949), die während der Revolution und Räterepublik zu den aktiven Frauen gehörte. Nach kurzer Haft im Gefängnis Stadelheim saß sie ab 1919 erst für die USPD, dann für die Münchner SPD im Stadtrat. Die andere war Luise Kiesselbach (1863–1929) als Vertreterin der gemäßigten bürgerlichen Frauenbewegung – sie saß für die Deutsche Demokratische Partei (DDP) auch ab 1919, zehn Jahre lang, im Rathaus und war erste sogenannte Armenpflegerin in Bayern. Daß sich die Vorstellungen von Erziehung dieser beiden politisch aktiven Frauen im Verwaltungsrat mit den Vorstellungen des Ordens der Englischen Fräulein nicht immer deckten, ist anzunehmen (siehe auch S. 85 zum Thema »Mädchenerziehung«).

Eine einschneidende Maßnahme im Jahre 1919 stellte wohl die Ablösung des »geistlichen Inspektors« Dr. Joseph Oberhauser durch den weltlichen Lehrer Heinz Hübner dar, der bis zu seiner Berufung hauptamtlich an der städtischen Kaufmannsschule wirkte. Was der neue »Waisenhausvater« von seinen Schützlingen hielt, wurde besonders aus seinen protokollierten Äußerungen bei der ersten von ihm geleiteten Pädagogischen Konferenz im Waisenhaus im November 1919 deutlich. Dort gab er u.a. folgendes von sich:

»Es ist immer der ein und derselbe Typus, der geistig unregsame und körperlich schlaffe Waisenhausjunge. Aus hundert Knaben kann man ohne besondere Mühe den Waisenhauszögling herausfinden. Und wenn ja einmal ein echter, natürlich frischer Junge, der, in seiner Ursprünglichkeit wohltuend von der Allgemeinheit absticht, ins Waisenhaus kommt, nach wenigen Wochen schon ist sein Flügel lahm, ist seine Eigenart dem Moloch Allgemeinheit geopfert …«

Noch deutlicher in seinen Worten wurde der seit 1901 im Hause tätige Arzt, Herr Sanitätsrat Dr. Albert Neger. In einer Rückschau auf 25 Jahre Waisenhausarzt kam er zu folgendem Fazit:

»… Es darf also nach dem Gesagten ausgesprochen werden, daß bei den Waisenhauskindern in der überwiegenden Mehrzahl es sich nicht um ein ausgesuchtes gutes, sondern eher um ein minderwertiges Material handelt …« Weiter räsoniert der Arzt über die Kinder in diskriminierender Weise: »… Sie sind im höchsten Maße ›ansteckend‹ und können in ihrem Unverstand wirken ebenso wie räudige Schafe, zumal wenn sie ihrer Anlage nach zu den späteren ›Untermenschen‹ gehören …«

Solche Äußerungen waren nicht weit entfernt von dem späteren rassistischen Gedankengut der Nazis – am Ende stand die Ausrottung des »rassisch Minderwertigen«.

Während 1920 noch 197 Zöglinge in der Anstalt untergebracht waren, erhöhte sich die Anzahl kontinuierlich auf bis zu 240 Kinder (im Jahre 1926). In den Inflationsjahren hatten sich die finanziellen Rücklagen der Waisenhausstiftung auf ein Minimum reduziert. Die Anstaltsleitung sparte überall – auch beim Essen. Eine der Hauptbeschäftigungen der Zöglinge wurde der eifrig einstudierte Schäfflertanz und diverse Auftritte bei sogenannten »Wohltätigkeitsveranstaltungen« – die Waisenkinder als Staffage für »Honoratioren« und deren Feste. Gleichzeitig schwadronierte der Waisenhausarzt über das Problem der Bettnässer u.a. folgendermaßen: »… Die wirtschaftliche Bedeutung des Leidens hinsichtlich des Zustandes der Bettwäsche ist nicht unerheblich …«

Als Heinz Hübner, nach sieben Jahren im Waisenhaus, Leiter einer Berufsschule wurde, kam als Nachfolger, im November 1926, Direktor Oskar Käsbauer. Er wuchs Anfang des Jahrhunderts selbst als Waisenkind im »Städtischen Kinderasyl« an der Hochstraße auf. Seine persönlichen Erfahrungen in einer Anstalt, die im Jahre 1892 eröffnet, nicht von Ordensschwestern geführt wurde und Kinder ohne Unterschied der Konfession aufnahm, mögen dazu beigetragen haben, daß Oskar Käsbauer sich vehement gegen die Erziehung der Englischen Fräulein stellte. So schrieb er am 9. Juli 1930 einen sehr ausführlichen Brief an die »Wohlehrwürdige Mater Oberin«, wo er sich u.a. mit folgenden Worten beschwerte:

»Mein berufliches Gewissen, wie meine Mannes- und Offiziersehre gebietet mir, den Versuch zu einer Regelung zu unternehmen, die insbesondere meine berufliche Wirksamkeit als verantwortlicher selbständiger Erzieher nicht einengt oder lahmlegt.« Im November 1930 ging Käsbauer dann noch einen Schritt weiter und wendete sich direkt an den Rechts- und Stadtrat Friedrich Hilble mit der Grundfrage, »ob das männliche oder weibliche Prinzip in Führung und Leitung vorherrschen solle ...«

Entschieden wurde dieser Streit endgültig im Jahre 1935, als der nationalsozialistische Stadtrat den Englischen Fräulein die pädagogische Führung »mit Rücksicht auf das neu angebrochene Zeitalter ausgesprochener Männlichkeit« entzog. Der Orden behielt lediglich die wirtschaftliche Leitung der Anstalt.

Mit der Ära Käsbauer war auch schon Ende der 20er Jahre ein sehr ausgeprägtes nationalsozialistisches Gedankengut im Waisenhaus, das er mit Unterstützung einiger ähnlich denkender Lehrer den wehrlosen Kindern kontinuierlich aufoktroyierte. Schon etliche Jahre vor der Machtergreifung der Nazis waren bei den Lehrinhalten und vor allem bei den unterschiedlichsten Veranstaltungen auch im Waisenhaus überzogener Patriotismus und Nationalismus zu spüren. Bereits 1927 tat sich z.B. der Lehrlingsvater, Herr Amesmaier mit Lichtbildervorträgen über das Grenzlanddeutschtum oder über Kriegerlebnisse mit Frontlichtbildern hervor. Die Schlußfeier 1929 war ganz »dem Vaterland geweiht«. Sogenannte »vaterländische Spiele« und Lieder mit chauvinistischen Texten prägten das Programm. Zwei Jahre später, 1931, stand die Schlußfeier unter dem Leitgedanken »Arbeit«. Die Zöglinge sangen Lieder, »Hymnen an die Arbeit«, die nicht nur für die Millionen von Arbeitslosen zu jener Zeit wie blanker Hohn klingen mußten. Wiederum zwei Jahre später, im März 1933, stand eine der Strophen »Arbeit macht frei!« am Eingang des ersten Konzentrationslagers in Dachau (siehe S. 101).

Waisenhaus-Hymne

*»Laßt heute uns die Heimat grüßen,
die unseres Lebens Frühling sah.
Wie wir das traute Heim verließen,
nah blieb es unserm Herzen, nah.*

*Drum kommen aus des Landes Gauen
die Kinder zu der Mutter nun.
Sie wollen ihr Antlitz wieder schauen
und sich erfreuen an ihrem Ruhm.*

*Zum Himmel laßt uns innig flehen,
daß er die Mutter uns bewahr
und möge vieles auch vergehen,
sie blühe fröhlich immerdar!«*

Franz Murschhauser (Oberlehrer und Erzieher für die Knaben von 1919–1928)

Die Oberinnen im Waisenhaus

Nach Einführung der neuen Frau Oberin unseres Hauses wurde der schon lang gehegte Plan durchgeführt, dem Sonntag auch sein »Sonntagsgesicht« zu wahren. Bislang war der Frühgottesdienst an Sonn- und Feiertagen, wie an allen Werktagen um 7 Uhr. Nunmehr ist er für Sonn- und Feiertage auf 8 Uhr, bzw. auf ½ 9 Uhr festgesetzt. So können Kinder und Erwachsene an diesen Tage länger schlafen, ausschlafen. Diese Annehmlichkeit gehört nun einmal bei Klein und Groß zum sonntäglichen Gefühl und Bewußtsein und ist allen wohl zu gönnen.

In klugem Verständnis hat Frau Oberin auch das angeordnet, daß die sonntägliche Nachmittagsandacht auf die Abendzeit um oder nach 6 Uhr verlegt wurde. »Volle Mägen lernen und beten nicht gern«.

Überdies bleiben also auch die nachmittäglichen Ausgangszeiten ungekürzt.

(aus Jahresbericht 1916/17)

M. Bernarda Wolfring, Oberin im Waisenhaus vom 15.6.1917 bis 12.12.1919

Die Oberin Josephine Mayrrock (l.) und Schwester Oswalda mit einigen Mädchen des Waisenhauses, Aufnahme 1924. Josephine Mayrrock war vom 29.1.1920 bis 19.8.1925 Oberin.

Vom Ende der Monarchie zum Anfang der NS-Zeit

Neuhausen. Am 19. August verschied die wohlerwürdige Oberin des städt. Waisenhauses Frau M. Josephine Mayrrock, wohl vorbereitet und versehen mit den hl. Sterbesakramenten im Alter von 64 Jahren und 5 Monaten. 43 Jahre hatte die Entschlafene im Institut verlebt, wovon sie 6 Jahre lang das städt. Waisenhaus in mütterlicher Liebe und Sorge als Oberin leitete. Heute Samstag, den 22. August, fand in der Herz-Jesu-Kirche der hl. Seelengottesdienst für die Verstorbene statt, woran sich die Beerdigung anschloß.

Nymphenburg. Die am 19. August verstorbene wohlehrwürdige Frau Oberin des städt. Waisenhauses, M. Josephine Mayrrock, Mitglied des Ordens der Englischen Fräulein, war geboren am 9. März 1861 zu Weiler im Allgäu und wurde am 24. Mai 1882 zu Nymphenburg eingekleidet. Die heil. Profeß legte die Entschlafene ebenfalls zu Nymphenburg am 28. August 1884 ab. Bei den Engl. Fräulein in Bad Reichenhall wirkte die Verstorbene über 15 Jahre als Vorsteherin und Leiterin der dortigen Mädchenvolksschule. Seit 1920 war sie Oberin des hiesigen Städt. Waisenhauses. Der 1. Bürgermeister Scharnagel widmete der Verstorbenen einen ehrenden Nachruf.

(Neuhauser Nachrichten, 23.8.1925)

An Stelle der jüngst verstorbenen Frau Oberin im Städtischen Waisenhaus M. Josephine Mayrrock wurde die bisherige Oberin des Instituts der Englischen Fräulein in Trostberg M. Waltraud Gumbiller, eine geborene Münchnerin und ehemals Zögling des Städt. Waisenhauses als Oberin dieses Institutes gewählt. Am vergangenen Samstag fand die Amtseinführung im Festsaal des Waisenhauses durch Herrn R.R. Heilgemayr als Vertreter des Stadtrates, in Anwesenheit des Verwaltungsrates Nigauer, der Koreferentin für das Jugendwesen Stadträtin Schultes, der Generalassistentin des Ordens der Englischen Fräulein M. Klothilde Gentner, sowie des Erziehungs- und Pflegepersonals der Anstalt und der Zöglinge statt. In einer eindrucksvollen Ansprache gedachte der Herr Rechtsrat der Verdienste der Frau Oberin und gab der Freude Ausdruck, daß der Anstalt in der neuen Oberin wieder eine tüchtige Kraft gegeben worden ist. Mit einem Hinweis auf das große Arbeitsfeld, das der Oberin in ihrem nunmehrigen Wirkungsfeld harrt, verband R.R. Heilgemayr warme Worte der Anerkennung und des Dankes für den Waisenhausvater, Herrn Direktor Hübner, den langjährigen Hausarzt der Anstalt, Herrn Sanitätsrat Dr. Neger, Herrn Kurat Hoch, den erfolgreichen Gesangslehrer und feinsinnigen Komponisten Herrn Hauptlehrer Murschhauser, den Lehrlingsvater Herrn Lehrer Amesmeier und die übrigen an der Anstalt tätigen Kräfte. In einem von Herrn Hauptlehrer Murschhauser verfaßten, warm empfundenen Begrüßungsgedicht wandten sich unter Überreichung von Blumenspenden Anstaltszöglinge an die Oberin mit der Bitte, den Waisen ihre Liebe zu schenken …

(Neuhauser Nachrichten, 17.9.1925)

Über Mädchenerziehung:

Bezüglich der Ausbildung der Mädchen geht das Bestreben der Anstaltsleitung dahin, dieselben für alle Zweige der Hauswirtschaft zu ertüchtigen, in ihnen Lust und Liebe für den häuslichen Beruf zu wecken, sie in allem zu unterweisen, was einem Mädchen nützt und frommt. Es ist das in unserer Zeit um so mehr notwendig, als in der heranwachsenden Mädchenwelt der Sinn für Häuslichkeit und hauswirtschaftliche Arbeit immer mehr schwindet und ein drang nach Freizügigkeit und freien Berufen sich immer mehr geltend macht. Beweis ist die große Dienstmädchennot. Diese Strömung macht auch nicht halt vor den Pforten unserer Anstalt.

Um diesem ungesunden Geiste entgegenzuarbeiten und das oben erwähnte Ziel zu erreichen, werden die Mädchen schon von klein auf gewöhnt an Sinn für Reinlichkeit, Ordnung und Pünktlichkeit in all ihren Arbeiten. Die aus der Werktagsschule entlassenen Mädchen werden abwechslungsweise in der Anstaltsküche, im Speisesaal, in der Waschküche und im Bügelzimmer, in den Schlafsälen, zum Reinigen von Stiegen und Gängen zur Mitarbeit herangezogen. Auch werden sie unterwiesen in allen praktischen einfachen Handarbeiten. In den letztverflossenen Jahren erstreckten sich dieselben ausschließlich auf das Flicken und Ausbessern der Wäsche und Kleider.

… Daß in der Mädchenabteilung neben ernster Arbeit auch Frohsinn und Herz zur Geltung kommen, ein heiteres, offenes Wesen in den Mädchen gepflegt wird, davon konnte sich jedermann überzeugen, der die Anstalt besuchte, besonders bei Festlichkeiten, wie Namenstagfeiern der Vorgesetzten, an Karneval, bei der Schlußfeier.

aus: Bericht der Oberin M. Josephine Mayrrock (1919/20)

Besondere Aufgaben des Waisenvaters:

Im besonderen obliegen dem Waisenvater (Inspektor) folgende Aufgaben:

1. Die erzieherische Leitung der Knaben sowie der Studierenden; die Anleitung der dem Waisenvater für die Knabenerziehung beigegebenen Aufsichts- und Pflegeschwestern.
2. Die unterrichtliche Beaufsichtigung der Knaben und die Nachhilfe in ihren Schulfächern.
3. Die Unterweisung der Knaben in Handfertigkeiten.
4. Die Pflege körperlicher Übungen und Turnspiele, Anleitung zur Mithilfe bei der Gartenarbeit, Begleitung der Zöglinge auf Spaziergängen, Wanderungen, zum Schwimmen, zur Eisbahn, Rodelbahn etc.
5. Die Erteilung des Gesangsunterrichts an sämtliche stimmbegabte Zöglinge.
6. Die Ordnung des brieflichen Verkehrs der Knaben mit ihren Eltern und Angehörigen; Anwesenheit an den Besuchstagen.
7. Die Verwaltung der Bücherei und die Überwachung des Lesestoffes der Zöglinge.
8. Laufende Verständigung der Hausoberin von allen bedeutenden Vorkommnissen und Maßnahmen im Wirkungskreis des Waisenvaters und Beratung mit ihr.
9. Die Besorgung des dienstlichen Schriftverkehrs hinsichtlich der dem Waisenvater zugeteilten Arbeitsgebiete.
10. Bearbeitung des dem Referat vorzulegenden jährlichen Tätigkeitsberichtes des Waisenhauses. Die Zensur der Knaben und die Strafgewalt kommt ausschließlich dem Waisenvater zu.

Für die Förderung der Knaben im Zeichnen und Malen wird dem Waisenvater ein eigener Lehrer beigegeben. Ebenso ist ein eigener Lehrer mit der Lehrlingsfürsorge betraut (Lehrlingsvater).

aus: Dienstordnung für das städtische Waisenhaus München vom 8. April 1919

Kronengruppe, Schäfflertanz 1920/21

… Zu beachten bittet der Inspektor die sogenannten »Kleinigkeiten«, die äußerlich freilich nicht viel Schaden anrichten, innen aber den Zögling zu Gleichgültigkeit, Untreue und Gewissenlosigkeit verleiden; bis ins Kleinste soll Ordnung und Genauigkeit herrschen, damit der Geist der peinlichsten Gewissenhaftigkeit zur zweiten Natur wird; es sind die Kinder aufmerksam zu machen auf die verheerenden Fernwirkungen von unbedeutenden Nachlässigkeiten. Keine Schlampereien dulden in Kleidern, Schubladen, in der Ausführung der Befehle, achtgeben auf Vorhänge.

Strafe darf nicht den Charakter der Rache annehmen. Das Pult der Erzieherin muß für die Kinder ein unantastbares Heiligtum sein …

aus: Protokoll über die pädagogische Konferenz am 12. Februar 1919

Als ein Hauptfeld für die erzieherische Unterweisung und Gewöhnung betrachte ich den Speisesaal, wo Raum, Zeit und Umstände – alle Kinder sind beisammen und die körperliche Siesta macht sie gut gestimmt – günstige Vorbedingungen boten. Wo das Triebhafte des Kindeslebens leichter beobachtet und korrigiert werden kann, ergeben sich von selbst Anknüpfungspunkte für die Regeln des persönlichen Anstandes und der geistigen Rücksichtnahme. Die im Unterhaltungston geführten Besprechungen nahmen zum Vorwurf meist die »Merkpunkte«; gelegentlich wurden dieselben andern Tags in der Kapelle nach der religiösen Seite hin ergänzt und vertieft, und die heilige Messe bot dann sogleich die Möglichkeit das Gehörte ruhig zu überdenken und seelisch zu befestigen.

aus: Tätigkeitsbericht des provisorischen Waisenhausinspektors Dr. Josef Oberhauser, 25. April 1919

… Es ist immer ein und der selbe Typus, der geistig unregsame und körperlich schlaffe Waisenhausjunge. Aus hundert anderen Knaben kann man ohne besondere Mühe den Waisenhauszögling herausfinden. Und wenn ja einmal ein echter, natürlich frischer Junge, der, in seiner Ursprünglichkeit wohltuend von der Allgemeinheit absticht, ins Waisenhaus kommt, nach wenigen Wochen schon ist sein Flügel lahm, ist seine Eigenart dem Moloch Allgemeinheit geopfert …

… Ganz bedeutend wird die Erziehungsarbeit dadurch erschwert, daß unsern Kindern im allgemeinen die Ehrlichkeit und Wahrhaftigkeit fehlt. Nur ganz wenige geben sofort einen begangenen Fehler zu, die meisten ergehen sich in den verschiedenen Ausflüchtungen, wissen oft sehr überzeugend zu lügen, daß man fast versucht sein könnte, ihnen zu glauben, wenn man nicht die Gegenbeweise schon ganz sicher wüßte …

… wenn ein ganzer Schlafsaal lachend zusehen kann, wie einzelne Jungen sich der sexuellen Verführungen hingeben, so deutet das auf einen wohl recht bedauerlichen moralischen Tiefstand der Allgemeinheit und unsere heiligste und ernsteste Aufgabe muß darin bestehen, diesen Übelstand mit allen uns zu Gebote stehenden Mitteln zu steuern …

Ein Zeichen für die, unsern Kindern innewohnenden Willensschwäche ist das sogenannte »Bockmachen«, eine Untugend, die ihrer allgemeinen Verbreitung wegen, den Erzieher zur Verzweiflung bringen könnte. Wenn man unsere Jungen auch in der wohlwollendsten Form auf irgendeinen Fehler aufmerksam macht, erhält man sofort eine schwer beleidigte Miene entgegen und selbst der größten Güte gelingt es nicht, aus dem Jungen etwas herauszubringen, oder ihn zu sofortiger weiterer Arbeit mit den anderen zu veranlassen. Da diese Untugend jeden erzieherischen Einfluß unmöglich macht, müssen wir bei den hartnäckigsten Bockern mit den aller schärfsten Erziehungsmitteln vorgehen, um das sogenannte »Bocken« wenigstens als Klassenkrankheit aus der Welt zu schaffen.

(aus: Protokoll der pädagogischen Konferenz vom 25.11.1919, erste von Direktor Heinz Hübner geleitete Konferenz)

Reifschwunggruppe, Schäfflertanz 1920/21

Das Hauptfest stellte wieder unsere Jahresschlußfeier dar, zu der Herr I. Bürgermeister Eduard Schmid und Herr Oberbürgermeister Ritter von Borscht, zahlreiche Vertreter von Gemeinde und Schule und viele Gäste erschienen waren. Über die Feier möchte ich die Münchner-Augsburger-Abendzeitung berichten lassen, die unter anderem schreiben:« Schon die fröhlichen Mienen der Kinder, deren große Anzahl kaum übersehbar war, verrieten, daß sie ihrer Sache sicher waren und frohgemut an die Abwicklung der reichhaltigen Vortragsordnung herangingen. Mit dem natürlichen Reiz der holden Kindheit sangen die Kleinen (Unterklassen) zweistimmig Kinderlieder von Markus Koch und einige Auserlesene brachten heitere Gedichte sehr hübsch zu Vortrag. Prächtige, farbenreiche Bilder entfalteten sich bei dem »Zigeunerleben« von Schumann. Mädchen der Mittel- und Oberklassen führten eine Tanzeinlage mit vielem Geschick sehr schön aus, während im Hintergrund der Chor malerisch gruppiert, seine Zigeunerweisen sang. Hatte schon ein Zögling mit seinen Dankesworten alle, die sich in Liebe der Waisenkinder angenommen haben, eine ernste Stimmung hervorgerufen, so wurde man tief ergriffen von der Ansprache des Herrn Rechtstrates Heilgemayr an die austretenden Zöglinge. Es waren Worte, die, warm vom Herzen kommend, die weichen Kinderherzen treffen mußten und ihnen in der Erinnerung bleiben werden. Die Preisverteilung, die den Kindern viel Freude brachte, hatte der Erste Bürgermeister Schmid übernommen. Unter den zahlreichen Gästen, Gönnern und Freunden des Hauses befand sich Oberbürgermeister von Borscht, der die Sorge um seine lieben Waisenkinder mit in den Ruhestand genommen hat. Die größte Überraschung aber war den Teilnehmern der Feier bis zum Schluß aufbewahrt. Der Altmünchener Schäfflertanz wurde nach allen Regeln der Kunst und Überlieferung von den Knaben der Oberklasse vorgeführt. Man wußte nicht, sollte man sich mehr wundern über die »ganz echten« Schäffler, vom weißen Strumpf und »Lapperlschuh« angefangen bis zum festsitzenden Barettchen, oder über die stramme und doch graziöse Schrittführung der schmucken Jungen. Man stimmte mit Freuden dem Münchner Kindl bei, das zu Anfang der Feier erschienen war und nach seiner Klage über die veränderten Zeiten zum dem Schlußsatz kam: »Da gehst ins Waisenhaus naus, da ist's doch am schönsten!«.

(Jahresbericht 1919/20)

Kostordnung aus dem Jahr 1923

Auswirkung der Inflation im Jahre 1923 auf den Speiseplan des Waisenhauses

Die städtische Waisenanstalt in München, erbaut in den Jahren 1896–99 nach den Plänen und unter der Leitung von Professor Stadtbaudirektor Dr. ing. h.c. Hans Grässel

Euer Hochwohlgeboren!   München, im März 1924.

Vor 300 Jahren wurde das Städtische Waisenhaus gegründet. Seit 25 Jahren wohnen die Waisen in ihrem neuen herrlichen Heim. Die Anstaltsleitung rüstet sich diese beiden Gedenktage festlich zu begehen. Das Doppelfest ist auf Samstag, den 29. März 1924 nachm. ½ 4 Uhr festgesetzt und wird im Festsaale des Waisenhauses abgehalten. Wir erlauben uns, Euer Hochwohlgeboren hiezu ergebenst einzuladen. Um freundlichen Besuch bittet die Anstaltsleitung

M. Josephine Mayrrock,   Heinz Hübner,
Oberin   Direktor

7. Aus harter Zeit

Festspiel von Franz Murschhauser / Musik von Prof. Wilh. Müller
Ort: Ein kaiserliches Lager vor München / Zeit: 1624

Personen:

Maximilian, Churfürst von Bayern . Eisenschink Anton	Hans Hackl, Handelsmann aus München Mannes Willi
Ein kaiserlicher Hauptmann . . . Darchinger Stefan	Hans Hackl jun., sein Sohn . . . Ellersdorfer Otto
Michael Pöppel, Regimentsschreiber . . Kraut Johann	Schmuhl, ein Jude . . . . Hencky Richard
Wenzel, ein Böhme Kreuzer Alois	Janos, ein Zigeuner . . . . Merk Franz
Muckerle, ein Schwabe } Spielleute Lutz Johann	Ambrusch, ein Zigeunerjunge . . . Spizeder Eduard
Franz, ein Oberbayer } im kaiserlichen Wimmer Josef	Generalprofoß . . . . Weber Fritz
Willibald, ein Franke } Heer Herzog Heinrich	Wirtin . . . . Rahm Emma
Steffen, ein Preuße Quaglio Albert	Wirt . . . . Kürzinger Dominikus

Mehrere Zigeuner und Zigeunerinnen, Landsknechte, Waisenkinder

Einladung und Festprogramm zur 25-Jahr-Feier

Körperpflege:

Die Körperpflege der Kinder, namentlich der täglich zweimaligen Reinigen der Zähne wurde sorgsamste Beachtung gewidmet.

Turnen, leichtathletische Übungen, Spiel und Wanderungen bildeten nicht nur vorzügliche Mittel zur Stählung und Kräftigung der Kinder, sondern auch angenehme Abwechslung in der Beschäftigung.

Im Winter wurde, soweit es die milde Witterung zuließ, gerodelt und mit Schlittschuhen gefahren.

Während der großen Ferien erhielten die Mädchen der 8.–10. Klassen und die Knaben der 5.– 8. Klassen im Dantebade Schwimmunterricht, der aber heuer von nur mäßigem Erfolge begleitet war. Wegen der andauernd schlechten Witterung war der regelmäßige Besuch des Bades zu den für den Unterricht festgesetzten Zeiten unmöglich; die Hälfte der Knaben, die an einer Ferienreise beteiligt war, kam erst ab 6. August zum Schwimmunterricht; die Neueingetretenen (Ramsau, Pfeffenhausen usw.) legten eine solche Wasserscheu an den Tag, daß an einen regelrechten Schwimmunterricht bei diesen überhaupt nicht zu denken war. Das Abschwimmen fand zudem an einem kalten, regnerischen Tage statt. Unter Berücksichtigung dieser Umstände ist das Ergebnis sogar als zufriedenstellend einzuwerten. Von den Mädchen wurden etwa ein Drittel Freischwimmerinnen, ein Drittel benötigte noch den Gürtel, das andere Drittel hatte keinen Erfolg. Von 41 Knaben wurden 19 Freischwimmer, 11 Gürtelschwimmer, 11 waren ungenügend.

Die Verpflegung der Kinder stand durchweg auf der Höhe und bot stets reiche Abwechslung. Besonders angenehm wirkte sich der Umstand aus, daß von der Einhaltung eines strengen Wochenturnus abgesehen wurde. Wer mit den Kindern des Waisenhauses in Berührung kam, rühmte deren frisches, gesundes und kräftiges Aussehen.

Dieser Umstand ist aber auch zum großen Teil auf die außerordentliche Mühewaltung des Herrn Sanitätsrates Dr. Albert Neger zurückzuführen, der die Kinder mehrere Male untersuchte und durch seine vorbauenden Maßnahmen eine äußerst geringe Belegung der Krankensäle erzielte. Auch die vorzügliche Zahnpflege durch Herrn Dr. Erhard trug ihren guten Teil dazu bei und muß rühmend hervorgehoben werden.

München, den 1. Juli 1926
gez. Heinz Hübner, (Direktor und Waisenvater)
(aus: Jahresbericht 1925/26)

Die Bettnässer:

Sie spielen mit wechselnder Intensität eine große Rolle. Die Ursachen sind verschiedene. Zum Teil Verwahrlosung der Kinder, die unter der Ungunst der häuslichen Verhältnisse nicht an Reinlichkeit gewöhnt waren und wo das Waisenhaus erst diese Aufgabe der Erziehung zur Reinlichkeit übernehmen muß. Das sind die guten und erfolgreichen Fälle.

In den meisten Fällen muß aber dieses Leiden als Folge einer minderwertigen konstitutionellen Anlage angesehen werden; ein Stehenbleiben des Kindes auf einer frühen Altersstufe. Fast nie sind unter den chronischen Bettnässern Kinder mit robuster Konstitution anzutreffen, fast immer sind es Kinder, welche durch körperliche Schwäche, durch blaßes Aussehen oder durch andere degenarative Merkmale (Schielen, Stottern, Neigung zu Ohnmachten, unfrisches Wesen) auffallen; dazu kommen dann noch andere der Körperkräftigung nicht günstige Momente, kam die wasserhaltige Nahrung der Kriegszeit, nicht hinreichend warme Kleidung, Mangel an Körperbewegung in frischer Luft.

Die wirtschaftliche Bedeutung des Leidens hinsichtlich des Zustandes der Bettwäsche ist nicht unerheblich.

Die Behandlung ist sehr schwer, oft sehr lange nicht erfolgreich und Besserung eigentlich nur durch drei Momente, deren Durchführung viel Geduld voraussetzt, zu erreichen:

1. die gesundheitliche Hebung der ganzen Persönlichkeit, des Körperzustandes, nicht zuletzt durch eine gehaltvolle, reichlich Eiweiß bietende Kost – Speisezulage –, ferner kräftigende Abreibungen;
2. durch Verabreichung nicht flüssiger oder breiiger, sondern trockener Kost am Abend und striktes Gebot, ab 4 Uhr nachmittags nicht mehr zu trinken; die Befolgung dieses Gebots muß unter Umständen durch Strafen erzwungen werden;
3. durch psychische Beeinflussung, welche in schwierigen Fällen in der bei Kindern leicht und ohne Schaden durchzuführenden hypnotischen Behandlung besteht; jedenfalls aber durch ein immer erneutes Hinwirken bei dem Kinde auf die notwendige Reinlichkeit.

Weihnachten 1926
gez. Dr. A. Neger (Waisenhausarzt)

25 Jahre Waisenhausarzt.
Eindrücke – Erfahrungen – Gedanken.

… Im ganzen sind in den 25 Jahren ungefähr 1 090 Kinder durch die Hand des Waisenhausarztes gegangen. Früher standen gleichzeitig 200, jetzt 235 Kinder in Beobachtung. Gestorben sind von diesen Kindern 12, darunter 10 an Tuberkulose …

Bei Durchsicht der Aufnahmebogen der zur Zeit im Waisenhaus untergebrachten Kinder konnte festgestellt werden, daß von 200 Kindern 80 entweder beide Eltern oder ein Elternteil an Lungenleiden verloren haben …

Diesen durch Tuberkulose belasteten Kinder gleichen in ihrer äußeren Gestalt und ihren Ernährungszustande andere Kinder, bei welchen nach der Familiengeschichte eine tuberkulöse Belastung von selten der Eltern nicht anzunehmen ist, wo aber durch gewisse andere Erkrankungen:, wie Syphilis, Trunksucht, konstitutionelle Minderwertigkeit des Nervensystems, eine Keimschädigung stattgefunden hat, und wo alle Medizin, alle Kostererhöhung nicht oder nur wenig die konstitutionelle Minderwertigkeit zu ändern vermag. Solche Kinder weisen körperliche und geistige Minderwertigkeiten auf, seelische Eigentümlichkeiten, ein schwaches Nervensystem, sie fallen leicht um, sie stottern, sie schielen (auch die Bettnässer gehören zu ihnen). Auch die Haut ist empfindlich; Wunden heilen schwer und langsam, Entzündungen verbreiten sich leicht über die Haut, neben dem ersten Furunkel häufen sich andere Furunkel.

… Es darf also nach dem Gesagten ausgesprochen werden, daß bei den Waisenhauskindern in der überwiegenden Mehrzahl es sich nicht um ein ausgesucht gutes, sondern eher um ein minderwertiges Material handelt …

veröffentlicht in: Münchner Wirtschafts- und Verwaltungs-Blatt; Beilage zur Münchner Gemeindezeitung; Jg. II, Nr. 4, Januar 1927. 25 Jahre Waisenhausarzt. Eindrücke–Erfahrungen–Gedanken

Zöglingstag am 11. Oktober 1925 mit Schwester Natalie und Schwester Serena.
Selbst als Erwachsene, durften die ehemaligen Mädchen und Knaben nicht gemeinsam feiern. Im Jahre 1925 kamen am 4. Oktober etwa 180 ehemalige Mädchenzöglinge und am 11. Oktober etwa 165 ehemalige Knabenzöglinge. Diese erzwungene Geschlechtertrennung wurde bei den Zöglingstagen erst nach dem Zweiten Weltkrieg aufgehoben.

… Es ist im Waisenhaus ein stetes Kommen und Gehen, und aus welchem Milieu kommen die Neulinge? Meistens sind es nicht wohlbehütete Kinder, sondern solche, welche durch die Macht der Armut und Krankheit in einen Zustand der Verwahrlosung gekommen sind, sie haben Dinge gesehen, vor denen das Elternhaus zu bewahren pflegt, sie haben getan, was ihren Trieben entsprach, vor allem hinsichtlich Mein und Dein, sie haben vor allem der gleichmäßigen Führung entbehrt.

Sie sind im höchsten Maße »ansteckend« und können in ihrem Unverstand wirken ebenso wie räudige Schafe, zumal wenn sie ihrer Anlage nach zu den späteren »Untermenschen« gehören. Mir hat vor allem, was ich im Waisenhaus in all den Jahren gesehen, das am meisten Eindruck gemacht, wie es die Schwestern ohne zu großer Strenge, ohne die oft allein wirksamen drastischen Mittel, welche das Elternhaus in unkontrollierbarem Maße zur Verfügung hat, verstehen, in immer wieder erneuter Arbeit das triebmäßige Leben einzudämmen. Nur die absolute Hingebung und das Einsetzen der ganzen Persönlichkeit für das Denken und Handeln der ihnen anvertrauten Seelen kann das schaffen, was von dem Waisenhauskind gemeinhin als selbstverständlich erwartet wird …

Weihnachten 1926
gez. Dr. A. Neger (Waisenhausarzt)

(aus: Münchner Wirtschafts- und Verwaltungsblatt, S. 34; Jg. II, Nr. 4)

Von den in München wohnhaften Lehrlingen sind meist Doppelwaisen in Lehrlingsheimen untergebracht. Die Sicherung der Unterbringung dortselbst ist nicht selten mit erheblichen Schwierigkeiten und Unkosten verbunden. Im Lehrlingsheim Morassistraße sollen Lehrlinge in Zukunft nur dann aufgenommen werden, wenn sie ein eigenes Bett mit doppelten Bezügen mitzubringen im Stande sind. Daneben wird über nennenswerte Rückstände der Lehrlinge bei der Rechnungsstellung über Bettbenützungsgebühr, Bett- und Leibwäschereinigung, Haarschneiden usw. geklagt …

… Es soll ein wirksames Gegengewicht gegen so viele sittliche Gefahren der Jungen in der Großstadt in ihrer Entwicklungszeit geschaffen werden. Sie sollen sehen, daß die richtige Betätigung in Licht, Luft, Wasser und Naturgrün gesünder und glücklicher erhält als Benzinwagen und Kinoluft und fühlen, daß der rechte Turner kein leidenschaftlicher Raucher und Trinker sein kann.

Im Zusammenhang mit der körperlichen Erziehung sei erwähnt, daß die Lehrlinge durchwegs auf Reinlichkeit in Kleidung und Wäsche halten und bei ihren Einkäufen mit den Kleiderunterstützungen fast durchwegs gediegenen Geschmack und richtiges Verständnis für ein gutes Äußeres zeigen.

aus: Bericht über den Lehrlings- und Gesellenhort für 1927/28 von Lehrlingsvater Herrn Lehrer Schauer

»Türme und Berge müssen in den Seelen der 14jährigen Waisen einstürzen, wenn sie von dem herrlichen Heim in der Waisenhausstraße so plötzlich in der empfänglichen Entwicklungszeit in solch entgegengesetzte Verhältnisse versetzt werden« (Lehrlingsvater Lehrer Schauer). Lehrlings- und Jugendheim, Morassistr. 14, Ansichtskarte um 1925

Am 4. September 1928 durften bei der Grundsteinlegung des Bibliothekbaues zum Deutschen Museum etwa 30 Mädchen und 30 Knaben des Waisenhauses an der Spitze des Festzuges in die Festhalle einziehen.
Burgl Schnöll, Zögling im Waisenhaus von 1923–29, erinnert sich (1. Reihe, 3. v. l.): »*Wir Kinder vom Waisenhaus waren im Zug und sangen ›Die Himmel rühmen des Ewigen Ehre‹. Wir standen dann direkt bei den Obrigkeiten wie Kronprinz Rupprecht, Kardinal Faulhaber, Hindenburg usw. Zum Schluß sangen die Kinder das Lied ›Wir treten zum Beten‹. Dieser Tag wird mir in steter Erinnerung bleiben«.*

```
STÄDT. WAISENHAUS MÜNCHEN
```

Schlußfeier 1929
VORTRAGSFOLGE

Erster Teil:
1. Präludium .... von Rachmaninoff
2. Vorspruch
3. Was ist des Deutschen Vaterland? Chor .... von G. Reichhardt

Dem Gedächtnis unserer Gefallenen:
4. a) Bekenntnis, Gedicht .... von K. Bröger
   b) Für uns, Gedicht .... von einem Oberterzianer
   c) Dir möcht ich diese Lieder weihen, Chor .... von C. Kreutzer

Dem Gedenken des zehnjährigen Friedens:
5. a) Kriegsende, Gedicht .... von G. Merkel
   b) Holder Friede, Chor .... von Romberg
6. Ansprache und Preisverteilung

Dem Vaterland und der Zukunft:
7. a) Auf deinen Höh'n .... Volksweise
   b) Den Söhnen des Vaterlandes, Gedicht ...... von E. Wildenbruch
   c) Meine Maschine, Gedicht .... von K. Klaeber
   d) Treue Liebe bis zum Grabe, Chor .... von B. Klein
8. Dank eines austretenden Zöglings
9. Schlußchor: Wir treten zum Beten .... Altniederländische Volksweise

Zweiter Teil:
JAN VON WERTH
Ein vaterländisches Spiel in zwei Aufzügen von Michel Becker

Programm zur Schlußfeier 1929

Was ist des Deutschen Vaterland?

1. Was ist des Deutschen Vaterland?
Ist's Preußenland? Ist's Schwabenland?
Ist's, wo am Rhein die Rebe blüht?
Ist's, wo am Zelt die Möwe steht?
O nein, nein, nein;
Sein Vaterland muß größer sein!

2. Was ist des Deutschen Vaterland?
Ist's Bayerland? Ist's Steyerland?
Gewiß, es ist das Osterreich
In Siegen und an Ehren reich?
O nein, nein, nein;
Sein Vaterland muß größer sein!

3. Was ist des Deutschen Vaterland?
Ist's Pommerland? Westfalenland?
Ist's, wo der Sand der Dünen weht?
Ist's, wo die Donau brausend geht?
O nein, nein, nein;
Sein Vaterland muß größer sein!

4. Was ist des Deutschen Vaterland?
So nennen mir das große Land!
Ist's Land der Schweizer? Ist's Tirol?
Dies Land und Volk gefiel mir wohl.
O nein, nein, nein;
Sein Vaterland muß größer sein!

5. Was ist des Deutschen Vaterland?
So nenne endlich mir das Land!
"So weit die deutsche Zunge klingt
Und Gott im Himmel Lieber singt".
Das soll es sein.
Das wackrer Deutscher nenne dein!

6. Das ganze Deutschland soll es sein.
O Gott vom Himmel sieh darein!
Und gib uns echten deutschen Mut
Daß wir es leben treu und gut.
Das soll es sein,
Das ganze Deutschland soll es sein!

Treue Liebe bis zum Grabe

1. Treue Liebe bis zum Grabe
Schwör ich dir mit Herz und Hand.
Was ich bin und was ich habe,
Dank ich dir, mein Vaterland.

2. Nicht in Worten nur in Liedern
Ist mein Herz zum Dank bereit.
In der Tat will ichs erwidern,
Dir in Not und Kampf und Streit.

3. In der Freude wie im Leide
Ruf ich's Freund und Feinden zu:
Ewig sind vereint wir beide
Und mein Trost, mein Glück, bist du.

4. Treue Liebe bis zum Grabe
Schwör ich dir mit Herz und Hand.
Was ich bin und was ich habe,
Dank ich dir, mein Vaterland.

Bericht von Anna Hausner, von 1929 bis 1940 Zögling im Waisenhaus (Auszüge)

Am Morgen des 1. September gingen Vater und ich zu Fuß von Giesing nach Neuhausen. Drei Stunden brauchten wir, um den anderen, weit entfernten Stadtteil zu erreichen. Den Schulranzen nahm ich mit, auf meine Puppe im rosa Kleid und den Schirm mit dem Katzenkopf wollte ich auch nicht verzichten. Vater nahm beides für mich mit. Im Waisenhaus angekommen, nahm uns Frau Oberin freundlich in Empfang und zeigte uns das Haus mit dem weitläufigen Gelände.

Als Vater sich verabschiedete, war ich ein Zögling des Waisenhauses. 7 Jahre war ich alt, als mein neues Leben dort begann. 10 1/2 Jahre Aufenthalt sollten es in diesem Haus werden.

Um ganz dazu zu gehören, wurde ich neu eingekleidet. Damit jedes Kind seine eigene Kleidung wieder bekam, wurde alles numeriert. Ich war die Nr. 87! Bei der Kleidung war für alles gesorgt – alles war einheitlich. Nun war ich also ein richtiges Waisenhauskind!

Es dauerte einige Zeit, bis ich mich eingewöhnt hatte. Ich mußte lernen, mich dem allgemeinen Tagesablauf anzupassen. »Schweigen und Ordnung«, das waren die obersten Gebote bei so vielen Kindern! Nach unseren Gefühlen hat uns niemand gefragt.

Das Waisenhaus empfand ich als schönes, großes Haus, fast wie ein Dorf, weil dort alles vorhanden war. Der Vorgarten mit den vielen Rosen bot im Sommer einen herrlichen Anblick. Beim Eintritt in das Vestibül mußte man sich erst einmal orientieren: Links ging es in die Knaben-, rechts in die Mädchenabteilung. In der Mitte führte ein Eingang zum Festsaal, links und rechts befand sich je ein imposanter Treppenaufgang, und über dem Festsaal im 1. Stock lag die Hauskapelle. Der große Speisesaal – ein Querbau – war für Buben und Mädchen gleichermaßen gut zu erreichen. Von der Mädchenseite aus über den Gang gelangte man in die Küche. Dort standen die großen Kessel, in denen es dampfte und brodelte. Für 200 Kinder, für die Matres, Schwestern und für mehrere Angestellte, Näherinnen und Schuster, wurde hier täglich gekocht.

Die Aufenthaltsräume waren großzügig angelegt. Wir Kinder – Buben und Mädchen – wurden streng getrennt, sogar die Geschwister. Die Einteilung erfolgte in drei Gruppen: Die Kleinen (1.–4. Klasse), die Mittleren (5.–8. Klasse), die Großen (14–16jährigen Hauswirtschaftsschülerinnen). Über allem stand der Herr Direktor Käsbauer.

Jeder Schlafsaal in 1. und 2. Stock bot Platz für 16 Betten. Zu jedem Bett gehörte ein Hocker, und am Gang hatte jedes Kind seinen Kleiderschrank. In der Ecke des Saales, hinter einem weißen Vorhang, schlief die Mater, die tagsüber die Kinder betreute. Durch die Waschgelegenheiten waren die Schlafsäle miteinander verbunden.

Erst nach dem täglichen Kirchenbesuch gab es Frühstück aus einer Zinnschüssel: Milch und trocken Brot. Die Milch hatte einen blauen Rand und immer eine Haut, die mir gar nicht schmeckte. Wir nannten sie »blauer Heinrich«. Auch für die Schule gab es immer nur trockenes Brot mit; nur einmal im Jahr nach der Fronleichnamsprozession gab es ein Butterbrot mit Schnittlauch!

Der Speiseplan für uns Kinder hatte immer eine bestimmte Reihenfolge. Dienstags, donnerstags und am Samstag gab es Suppenfleisch mit Gemüse. Das war ja alles gut und schön, wenn nur das Fett an dem Stückchen Fleisch nicht gewesen wäre. Mein Essen war längst kalt, die anderen Kinder waren schon weg, es war Zeit für den Nachmittagsunterricht – und ich saß immer noch vor meinem vollen Teller. Die Backen hatte ich vollgestopft, und ich konnte einfach nicht runterschlucken. Aber die Regel im Waisenhaus besagte: »Was auf den Tisch kommt, wird gegessen!« Eine gute Seele vom Küchenpersonal hat sich dann meiner erbarmt, indem sie meinen Teller »aufräumte«. Eilig lief ich zur Toilette, spuckte alles aus, und kam gerade noch rechtzeitig zum Unterricht.

Das Waisenhaus war ein ganz großer, vielfältiger Haushalt. Wir Kinder mußten auf unsere Art dazu beitragen, daß dieser Haushalt funktionierte. Sämtliche Strümpfe, die von den 200 Kindern benötigt wurden, mußten wir Mädchen aus schwarzer Baumwolle selbst stricken. Die Strumpflängen wurden auf der Maschine, die Füße mußten von Hand angestrickt werden. Es war Pflicht, einmal im Monat ein Paar solcher Strümpfe abzuliefern.

Vor manchen Arbeiten hätte ich mich am liebsten »gedrückt«, z.B. das Schuhe putzen. Zu unserer Anstaltskleidung trugen wir nur schwarze Schuhe. Die Schuhkrem, einfach die ganze Putzerei war eine »schwarze« Angelegenheit. Ich wollte nicht ständig schmutzige Hände haben. Einmal probierte ich es aus, schlampig zu arbeiten, dafür aber saubere Hände zu haben. Bei der Kontrolle wurde festgestellt: »Schlecht geputzt!« Weil ich »nachmaulte«, bekam ich auch gleich noch eine Watschn. Schlecht putzen und dann noch maulen, das war zuviel für Mater Sylvana. Das war meine einzige handfeste Strafe in den ganzen 10 Jahren.

Kinder als »Besitzstörungen« –
ein Beispiel von »wahrer Kinderfreundlichkeit« und wie Erwachsene damit umgehen!

1. Brief: (Abschrift)

Dr. Wilhelm Schmidt München, den 30. Juni 1930
Regierungsrat
Waisenhausstr. 4

Sehr geehrter Herr Direktor!

Am gestrigen Sonntag – 29. Juni 1930 – waren Kinder des Waisenhauses auf dem an unser Grundstück anstoßenden Spielplatze mit Ballspielen beschäftigt. Trotz des hohen Drahtgitters, das ein Herüberwerfen von Gegenständen verhindern soll, flogen die Bälle auf unser Grundstück, in die Blumenbeete herüber. Zweimal gaben wir die Bälle zurück, zwei weitere Bälle habe ich zurückbehalten. Einen größeren Ball, der herüberflog, holten sich die Jungen selbst; sie stiegen – anscheinend ohne Widerspruch ihrer Aufsicht – über den Gartenzaun, durch unsere Blumenbeete und wieder zurück. Weder das herüberschleudern von Bällen noch auch das Herübersteigen war, wie auch Ihnen selbst bekannt sein wird, gestern etwa das erste Mal. Das erstere beweisen das etwa halbe Duzend Bälle, das sich in meinen Händen befindet, das letztere kann durch mein Personal bestätigt werden. Ich brauche nicht zu bemerken, daß es sich hier um Besitzstörung handelt, die sich Grundstückseigentümer nicht gefallen zu lassen braucht, und ich lege Wert darauf, daß diesen Unannehmlichkeiten einmal ein Ende gemacht wird. Ich bitte Sie dafür Sorge zu tragen, daß die Dinge unterlassen werden. Andernfalls würde ich mich, was ich selbst sehr bedauern würde, genötigt sehen, auf anderem Wege Garantien für Unterlassung weiterer Besitzstörung herbeizuführen.
Mit vorzüglicher Hochachtung, Dr. Schmidt

2. Brief: (Abschrift)

Städt. Waisenhaus München, den 7. Juli 1930

Sehr geehrter Herr Regierungsrat!

Ihren Brief vom 30. Juni habe ich erst nach meiner Rückkehr aus dem Urlaub erhalten, weswegen ich die Verspätung meiner Antwort zu entschuldigen bitte. Ich habe wegen des Ballspielens wiederholt Maßnahmen getroffen, die eine Besitzstörung oder sonstige Belästigungen verhindern sollten. Trotz größter Vorsicht läßt es sich nicht vermeiden, daß zuweilen ein Ball auch in Anwesenheit der Aufsichtsperson durch die Lücken des Zaunes hindurchschlüpft, ähnlicherweise wie Ihr Hund zu uns herüberstreift. Doch sind diese Fälle sehr selten und ich habe unsere Kinder immer veranlaßt, in der höflichsten Weise sich zu entschuldigen. Ein Hinübersteigen wurde in keinem Falle gestattet und wurde auch am 29. Juni nicht bestätigt. Der genannte Ball wurde von drüben herübergegeben.
Somit geschah von unserer Seite alles um Unannehmlichkeiten soweit eben möglich hinten anzuhalten. Trotzdem mußte ich von Anfang an beobachten, daß Ihrerseits die so notwendige gesundheitliche Stärkung unserer 230 Kinder durch die Schaffung des Rasenspielplatzes unangenehm empfunden wurde. Ihre wiederholt abgeneigte und der Form nach nicht immer zu billigende Stellungnahme, wie auch Ihre Drohung, weitere Schritte gegen uns zu unternehmen, müssen daher befremden, können mich aber nicht abhalten, die zur Gesunderhaltung unserer Kinder notwendige Freiluftbetätigung über Gebühr einzudämmen. Ist doch die Benützung unseres Rasenspielplatzes ohnehin umständshalber auf 10–12 Stunden in der Woche eingeschränkt. Die übrige Zeit in der Woche und bei schlechter Witterung und Jahreszeit ganze Monate liegt der Platz still und verlassen und stört jedenfalls auch Sie bedeutend weniger, als wenn, wie ursprünglich geplant, ein Lehrlingsheim oder eine Schule mit Straßenführung sowohl Ihr wie unser Besitztum viel wesentlicher betroffen hätte.
Ich darf somit hoffen, daß Sie unser Bemühen, jegliche Störung zu meiden, anerkennen, anderseits aber mit gütigem Verstehen der jugendlichen Nachbarschaft auch ein Recht auf Sonne, Grün und Bewegung einräumen, selbst wenn es vorkommen sollte, daß sich ein Ball verirrt, was wir mit bestem Willen verhüten wollen.
Mit vorzüglicher Hochachtung, Direktor Käsbauer

3. Brief: (Abschrift)

Dr. Wilhelm Schmidt
Regierungsrat
Waisenhausstr. 4   München, den 8. Juli 1930

Sehr geehrter Herr Direktor!

Ihr Brief vom gestr. Tag bedarf in einigen Punkten der Richtigstellung:

1. Ihre Jungen sind schon wiederholt, zuletzt am 29. Juni, in unseren Garten herübergestiegen. Dafür stehen – abgesehen von den Fußtritten in den Blumenbeeten – Zeugen zur Verfügung, für den letzten Fall ein gerade bei uns weilender Besuch. Die Kinder sind herübergestiegen, um einen großen Ball, der noch weniger als die kleinen Bälle durch die Lücken des Zaunes hindurchschlüpfen kann, sich selbst zu holen. Daß den Kindern das Herübersteigen gestattet wurde, habe ich nicht gesagt; ich bin aber der Meinung, daß Aufsichtspersonen es hätten merken sollen. Für die frühere Zeit geben Sie das Herübersteigen der Kinder selbst zu.
2. Am 29. Juni ist nicht etwa ein Ball (»der genannte Ball«) herübergeworfen worden. Ein Ball wurde von den Jungen, wie erwähnt, selbst geholt, ein zweiter wurde ihnen von meinem Hausmeister und ein dritter von mir den Schwestern zurückgegeben; das sind drei Bälle und zwei weitere wurden hernach noch von mir im Garten gefunden. Von einer Seltenheit der Fälle kann man demnach nicht gerade reden.
3. Ich gönne den Kindern ihre Bewegung im Freien, selbst wenn die Auswirkung für den Nachbarn oft nicht gerade angenehm ist; ich habe mich auch niemals gegen den Lärm der Kinder gewendet, nicht einmal dann, wenn er von Kommandos und den schrillen Lauten einer Trillerpfeife übertönt wurde, in der ich ein »Bemühen, jeglicher Störung zu vermeiden«, nicht gerade erblicken kann. Aber dagegen wende ich mich auch weiterhin, daß ein Übergreifen auf unser Grundstück stattfindet; denn das Herübersteigen der Kinder und das Herüberwerfen der Bälle hat mit der notwendigen Freiluftbewegung der Kinder nichts zu tun. In diesem Zusammenhang möchte ich noch bemerken, daß die Form meiner Stellungnahme nicht Ihrer Billigung oder Mißbilligung unterliegen kann, ferner daß in der Ankündigung der Anwendung zulässiger Rechtsbehelfe wohl kaum eine befremdliche Drohung zu erblicken ist.
4. Wenn unser Hund auf das Nachbargrundstück gestreift ist, so hat das seine Ursache wohl in einer an dem Zaune bestehenden Lücke, deren Beseitigung an sich mir nicht mehr wie dem Nachbarn obliegt; ich werde aber durch eine Drahtabsperrung dafür sorgen, daß ein Hinüberstreifen des Hundes künftig unterbunden ist.

Mit vorzüglicher Hochachtung,   Dr. Schmidt

Wie dieser Fall der »Besitzstörung« letztendlich geregelt wurde, ist leider nicht bekannt, doch ähnliche Fälle waren und sind immer wieder Thema zwischen Heimleitung, Nachbarn und Kindern – gewissermaßen Dauerbrenner im »kinderfreundlichen« München.

Dreitagewanderung von 32 größeren Knaben zur Jugendherberge Scharling in den Ferien 1930, in der Mitte (mit Fernglas) Direktor Oskar Käsbauer; Aufnahme vom 26.8.1930

Trotz der Knappheit der Mittel konnte während der Ferien ein frohes Jugendwandern in die nähere und weitere Umgebung durchgeführt werden, wobei die Zöglinge je nach Alter, Reife und Leistungsfähigkeit die Schönheiten der nächsten Umgebung Münchens, dann aber auch die Reize der oberbayrische Heimat kennenlernten. Durch ein besonderes Entgegenkommen des Reichsverbandes für Jugendwandern war ein 3-tägiger Aufenthalt der große Knaben in der Jugendherberge Scharling möglich, von wo aus bei herrlichstem Wetter Bergwanderungen den Jungen die Schönheit unserer Alpen vor Augen führten. Viele sahen zum erstenmal in ihrem Leben eine Berg! Die Notwendigkeit der selbstständigen und eigenverantwortlichen Befriedigung der Alltagsbedürfnisse während dieser Dreitagewanderung war gerade für unsere umhegten Waisenkinder von ungemein erzieherischem Wert, andererseits boten die Wanderungen im besonderen Maße Gelegenheit, das persönliche Vertrauensverhältnis zwischen Erzieher und Zögling unaufdringlich zu fördern.

(aus Jahresbericht 1930/31)

Liedertexte

Hymne an die Arbeit. (Heinrich Seidl)

Arbeit, Arbeit Segensquelle!
Hell und Ehre deiner Kraft,
die aus Finsternis die Helle,
Edles aus Gemeinem schafft!
Aus dem Wirken quillt das Rechte,
Wehe, wenn die Tat erschlafft!

Mensch, was immer dich auch quäle,
Arbeit ist das Zauberwort,
Arbeit ist des Glückes Seele,
Arbeit ist des Friedens Hort!
Deine Pulse schlagen schneller,
deine Blicke werden heller,
und dein Herz pocht munter fort.

Völker, laßt das Murren, Klagen
Über Götzendienerei!
Wollt ihr einen Gotzen schlagen,
schlagt den Müßiggang entzwei!
Nur die Arbeit kann erretten,
nur die Arbeit sprengt die Ketten,
Arbeit macht die Völker frei!

STÄDTISCHES WAISENHAUS MÜNCHEN

Schlußfeier 1931

Leitgedanke: Arbeit

VORTRAGSFOLGE

1. Deutschmeister Regimentsmarsch für Violine und Klavier — Wilhelm Jurek
2. Begrüßungsvorspruch
3. Hymne an die Arbeit, dreistimmiger Chor — Hans Mayr
4. a) Botschaft des Brotes, Gedicht — Karl Schneller
   b) Bauernlied, Chor der Kleinsten — Mährisches Volkslied
5. a) Die traurige Geschichte vom dummen Hänschen — R. Löwenstein
   b) Schlaraffenland, Gedicht — Hans Sachs
6. Der Schmied, Lied mit Zwergenreigen — Richard Dost
7. Erlebnis, Gedicht — Heinrich Lersch
8. Wir sind jung, dreistimmiger Chor — Markus Koch
9. Herr, wir geloben Dir! Sprechchordichtung — Leo Weigand
10. Preisverteilung
11. Arbeit, Gedicht — Ernst v. Wildenbruch
12. Schlußchor: Psalm 23, vierstimmig — Franz Schubert

Wir sind jung. (Jürgen Brand)

Wir sind jung, die Welt ist offen,
o du weite, schöne Welt!
Unsre Sehnsucht, unsre Hoffnung
steht hinaus in Wald und Feld.
Bruder laß den Kopf nicht hängen,
kannst ja nicht die Sterne sehn!
Aufwärts blicken! Vorwärts drängen!
Wir sind jung und das ist schön!

Liegt dort hinter jenem Walde
nicht ein fernes, fremdes Land?
Blüht auf grüner Bergeshalde
nicht das Blümlein Unbekannt?
Laßt uns schweifen ins Gelände,
Über Wälder, über Höhn!
Wo sich auch der Weg hinwende,
wir sind jung und das ist schön!

Auf denn! Und die Sonne zeige
uns den Weg durch Feld und Hain!
Geht der Tag darob zur Neige
leuchtet uns der Sterne Schein.
Bruder, schnall den Rucksack über!
Heute solls ins Weite gehen.
Regen, Wind, wir lachen drüber.
wir sind jung und das ist schön!

Kurat Ludwig Hoch (1895–1944), seit 1.1.1924 im Waisenhaus, in Mitten seiner Zöglinge. Der Dichter und Theaterstück-Schreiber Ludwig Hugin (= Ludwig Hoch) wirkte bis zu seinem Tode, bei dem Bombenangriff am 11.7.1944, als Waisenhauskurat. Aufnahme April 1931

»Nachmaulen, Fluchen und Schimpfen sind gewöhnliche Ausdrücke und zeigen einen schrecklichen Mangel an Beherrschung und das religiöse Leben verläuft so sehr gewohnheitsmäßig, daß die Gefahr innerer und äußerer Unwahrhaftigkeit (Scheinheiligkeit) sehr nahe liegt...« *Aufnahme März 1931* aus: Protokoll über die pädagogische Konferenz vom 10. Mai 1927

Zeichnen der großen Knaben, Aufnahme 1930

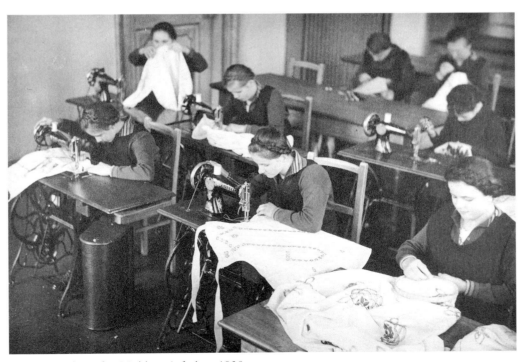
Näharbeiten der großen Mädchen, Aufnahme 1930

Die mittleren Buben im »Freizeitdress«, Aufnahme September 1932

Die großen Knaben, Aufnahme September 1932

Lehrer Karl Thiel mit der 7./8. Klasse vor der Dom-Pedro-Schule; die Schüler aus dem Waisenhaus sind durch ihre Einheitskleidung sofort zu erkennen; Aufnahme 1931

Eine 6. Klasse vor der Dom-Pedro-Schule mit Waisenhauskindern; Aufnahme 1933

Erinnerungen an meine Schulzeit

Gleich hinter dem Waisenhaus lag die Dom-Pedro-Schule. In jeder Volksschulklasse nahmen etwa 10 Kinder vom Waisenhaus am Unterricht teil. Durch unsere Anstaltskleidung waren wir von den anderen Schülerinnen leicht- zu unterscheiden. Bei mir entwickelte sich sehr früh der Ehrgeiz, durch gute schulische Leistungen Anerkennung zu gewinnen. Dieser Vorsatz begleitete mich durch die ganzen acht Klassen.
Nicht an die kleinste Begebenheit kann ich mich während der ersten beiden Jahre im Waisenhaus und der Schule erinnern. Vielleicht will ich es auch gar nicht! Eine unsichtbare Mauer habe ich wohl zum Schutz um mich gebaut. Ich ließ nichts an mich heran, weder Anteilnahme noch Mitleid, und geben konnte ich auch nichts. Ich war ein zurückgezogenes, ruhiges und schüchternes Kind. Noch nicht einmal die Lehrerin der 1. und 2. Klasse fällt mir ein. An meine anderen Lehrerinnen dagegen, Frl. Färber, Frl. Dinges und Frl. Bollwein, kann ich mich noch genau erinnern. In allen Fächern erzielte ich gute Fortschritte und das Lernen machte mir viel Spaß.
(Anna Hausner, 1929–40 als »Zögling« im Waisenhaus)

Die großen Knaben zu Besuch bei Sanitätsrat Dr. Neger in Irschenhausen; Aufnahme 18.8.1932

Bemerkenswerte Ereignisse und Anstaltsfeste vom 1. April 1932 bis 31. März 1933
(Abschrift aus Jahresbericht von Waisenvater Oskar Käsbauer)

8. April 1932	feierten wir den Namenstag der Mater Oberin.
12. Mai 1932	Franziska Buchmeier erlag im Blütenalter von 15 Jahren einer offenen Tuberkulose.
11. Juni 1932	Ein fröhliches Kinderfest der Dom-Pedro-Schule im Concordia Park machte den Waisenkindern viel Spaß. Wir sangen Wanderlieder, beteiligten uns an Wettspielen und jedes Kind durfte sich um 10 Pf. eine Freude kaufen.
12. Juni 1932	Das bayerische Turnfest erregte das besondere Interesse unserer sportfreudigen Buben.
20. Juli 1932	Die ersten Tagesfußwanderung führte 70 Knaben über Nymphenburg-Obermenzing, Blutenburg in den Allacherforst und zurück mit Bad und kunsthistorischen Belehrungen.
25. Juli 1932	Die kleinen Buben und Mädchen machten eine Halbtagswanderung von Hellabrunn über die Floßlände-Hinterbrühl-Großhesseloherbrücke nach Geiselgasteig.
27. Juli 1932	70 Knaben wanderten ins Lochhamer Gehölz über Großhadern nach Krailling-Maria Eich-Pasing; 70 Mädchen wanderten von Großhesselohe ins Gleisental und zurück; die mittleren und großen Knaben machten eine Tageswanderung von Großhesselohe über Wörnbrunn ins Geißental, dann nach Deisenhofen über Furth nach Großhesselohe.
11. August 1932	Die kleinen Mädchen und Knaben wanderten nach Großhadern in die Wälder.
18. August 1932	80 Knaben wanderten von Grünwald über Bayerbrunn nach Irschenhausen zum Herrn Sanitätsrat Dr. Neger, durften dort Scheibenschießen mit Preisverteilung und kehrten hochbefriedigt über die eigenen Erfolge zurück.

11. September 1932	Allgemeine Namensfeier für die Schwestern: Aufführung des Märchenspieles »Prinz Heini« und des Lustspieles »Das verhexte Haus«.
9. Oktober 1932	Zöglingstag für die ehemaligen männlichen Zöglinge.
16. Oktober 1932	Zöglingstag für die ehemaligen weiblichen Zöglinge. In zahlreichen Besuchen kehrten die ehemaligen Zöglinge des Hauses in ihr Jugendheim zurück, erfreuten sich an den Darbietungen der heutigen Jugend, welche Chöre, deklamatorische Vorträge und das Lustspiel »Das verhexte Haus« zur Aufführung brachten. Nach der kleinen Feier erfolgte ein gemütliches Beisammensein im Speisesaal und Garten des Hauses.
5. Dezember 1932	St. Nikolaus durchwanderte die einzelnen Klassen, lobte und tadelte und brachte Süßigkeiten.
24. Dezember 1932	Die Weihnachtsfeier am heiligen Abend wurde im ersten Teil vom Rundfunk übertragen und dadurch Mittel für den Gabentisch gewonnen. Nach dem Einzug der Kinder erfolgte der Ablauf des Festes in der Gliederung: »Adventsehnen«, »Verkündigung des Erlösers«, »Frohbotschaft der Erlösung«, »Bescherung«, »Dank an der Krippe«. Die Künder berichtete jeweils das biblische Geschehen, ein lebendes Bild vertiefte das Gehörte, während gleichzeitig altdeutsche Chöre hiezu erklangen. Ein Sprecherin kündete seherisch die Zusammenhänge mit der Gegenwart, Gemeinschaftschöre gaben als Abschluß dem inneren Erlebnis wuchtigen Ausdruck. Nachts 12 Uhr vereinigte sich das ganze Haus zur religiösen Weihnachtsfeier in der stimmungsvollen Weihnachtskapelle, in der ebenso wie vor dem Haus am Kanal der Christbaum im hellstem Kerzenglanz erstrahlte.
6. Januar 1933	26 Knaben durften die Geigermette, ein Werk unseres H.H. Kurat in der Tonhalle besuchen.
15. Februar 1933	Herr Schneidermeister Maierthaler erlag einer Grippe.
19. Februar 1933	Zauberkünstler Lupini unterhält die Kinder durch interessante Vorführungen.
26. Februar 1933	Knaben und Mädchen veranstalten aus eigenen Kräften lustige Fastnachtspiele.
8. April 1933	Die Schlußfeier unter dem Leitgedanken »Freude« fand statt. Der Marsch »Mein Regiment«, vorgetragen von den Violinschülern, eröffnete die Feier. Ein Schneeglöckchen Gedicht und der Chor »Frühlingsfeier« von Olversleben ließ in den Herzen die Freude aufkeimen. Dann rückten die Kleinsten an: »Wie soll ein Kinderherzchen sein« kam zum Vortrag, darauf folgten die Lieder der Frösche und Heinzelmännchen. Hampelmannlieder und Hampelmannreigen der größeren Zöglinge gestaltete das Thema in anderer Form. Zur besinnlichen Freude führten das Gedicht »Weißt Du's« und der Chor »Märzschnee«, die beide der Überwindung des Leidvollen dienten. Aus Stiftungen gelangten 1 934 M und aus der Sammelkasse 212 M zur Verteilung in Form von Preisen an würdige interne und ehemalige Zöglinge. Der Chor »Ein Herz voll Frieden« von Mendelsohn beendigte den ersten Teil. Im zweiten Teil wurde das heitere Spiel »Wer ißt mit« dargeboten. Die Feier war umrahmt von einer herrlichen Ausstellung der Zöglingsarbeiten, die ein glänzendes Zeugnis für die Leistungen der Kinder ablegte.

Erinnerungen an die schlechte Zeit

Ich erinnere mich auch an die ganz schlechte Zeit – 1932. Ich war gerade 10 Jahre alt. 6 Millionen Arbeitslose gab es in Deutschland; ich weiß nicht, wie viele es in München waren. Zu dieser Zeit wurden im Waisenhaus täglich für die Ärmsten 300 Teller Suppe gekocht und ausgeteilt. Meistens waren es Männer, die über einen Teller warme Suppe froh waren. Zwei Mädchen – einmal war auch ich dabei – trugen die großen Tabletts ins Vestibül. Jeder Hungrige durfte sich von unserem Tablett eine Schüssel Suppe mit Brot nehmen. Da sah ich meinen Vater!!! Er war also auch einer der vielen Hungrigen.
(Anna Hausner, 1929–40 als Zögling im Waisenhaus)

Die Erstkommunikanten aus dem Waisenhaus, 19.3.1932.

Das religiöse Leben im Hause wurde in besonderem Maße gepflegt und dabei der Gefahr einer quantitativen mechanischen Verflachung des religiös sittlichen Lebens durch inständiges Bemühen nach Verinnerlichung und seelische Vertiefung entgegenzuwirken versucht. Selbstbeherrschung, Selbst-Überwindung, Opferwille, Pflichttreue und Gewissenhaftigkeit sollten durch ein wahrhaft innerlich religiöses Leben die tiefste Grundlegung im Göttlichen erfahren.

(aus: Jahresbericht 1932/33)

Die inzwischen aufgebrochene völkische Entwicklung löste in den Kindern Begeisterung und frisches Wollen aus, das anläßlich der nationalen Festtage (21. März usw.) besonders freudig zum Durchbruch kam. Die Willensentwicklung der Kinder erhielt dadurch neue wertvolle Impulse und Zielrichtungen.

(aus: Jahresbericht 1932/33)

Erstkommunikanten, 19.3.1933

III. Die Anstalt unterm Hakenkreuz

Erziehung im Nationalsozialismus

Daß es keine größeren Schwierigkeiten bereiten würde, auch das Waisenhaus »gleichzuschalten«, war klar. Zucht und Ordnung herrschte schon seit eh und je. Nationalsozialistisches Gedankengut wurde den Kindern nicht nur durch Liedertexte bei diversen Schlußfeiern schon vor 1933 »untergejubelt«. Zudem erwies sich der Waisenvater und Direktor Oskar Käsbauer, seit 1. November 1926 im Amt, als ein besonders linientreues Parteimitglied, was er vor allem durch seine alljährlich bürokratisch abgefaßten Berichte an die Stadtverwaltung stolz dokumentierte und extra hervorhob.

Störend für die nationalsozialistische Stadtverwaltung und den weltlichen Heimleiter wirkte nur die »Frömmelei und Bigotterie der Englischen Fräulein«. Doch aus Kostengründen (Kriegsvorbereitungen und Kriege sind teuer!) wurde zu diesem Zeitpunkt noch von einer Verweltlichung des Waisenhauses abgesehen und die billige Arbeitskraft der Ordensschwestern weiterhin in Anspruch genommen. Allerdings kündigte am 5. März 1935 der Stadtrat die mit dem Orden getroffenen vorherigen Vereinbarungen und regelte die Verwaltungs- und Dienstordnung des städtischen Waisenhauses neu.

Mit sofortiger Wirkung wurde die pädagogische Leitung von der ökonomischen Verwaltung der Anstalt getrennt. Die Leitung und die Verantwortung für alle Erziehungsmaßnahmen wie für die ordnungsgemäße Erledigung des Verwaltungsdienstes wurde dem Direktor übertragen; die Führung der Hauswirtschaft, die Fürsorge und Pflegearbeit im Haus sollte aber weiterhin dem Orden der Englischen Fräulein zuerkannt bleiben.

Direktor Käsbauer bestätigte in seinem Jahresbericht 1938/39, daß »das Institut der Englischen Fräulein sich allen Anordnungen der Stadtverwaltung und Parteidienststellen in weitgehenster Weise angepaßt und sich in nimmermüder Hingabe an das Wohl der Kinder deren aufrichtigen Dank erworben habe.«

Noch bevor eine neue Verwaltungsordnung von offizieller Seite verfaßt worden war, schrieb Direktor Käsbauer Jahresberichte mit »schwulstigen Lobhudeleien« auf das nationalsozialistische System – so z.B. am 15. Juni 1936:

»Die Waisenhauserziehung in der Hauptstadt der Bewegung wird von der deutschen Volksgemeinschaft getragen und mündet in sie ein. Dabei erlebt das Waisenkind fühlbarer als andere Kinder die Kraft der Volksverbundenheit und Liebe. Im Vertrauen auf diese Betreuung durch die Hauptstadt der Bewegung empfindet es der Berichterstatter und seine Gefolgschaft als besondere Ehre, in aufopfernder, hingebender, nimmermüder Arbeit die Waisenkinder zu tüchtigen und brauchbaren Gliedern der deutschen Volksgemeinschaft zu erziehen. Im Arbeitserfolg des Hauses, der in allen Lebensaltern und Berufsschichten eine Reihe tüchtiger Männer und Frauen aus dem Kreise ehemaliger Zöglinge umfaßt, entfaltet sich der schönste Dank an die Wohltäter, Förderer und Freunde des Waisenhauses. Dieser Dank gilt im Besonderen für das vergangene Jahr Herrn Oberbürgermeister Fiehler, seinen Referenten Herrn Stadtschulrat Bauer, den besonderen Sachverwaltern des Hauses Herrn Verwaltungsrat Ratsherrn Klob und Herrn Direktor Schäfer vom Stadtjugendamt sowie allen treuen Helfern, Mitarbeitern und Förderern des Hauses. Die Rückschau auf das vergangene Jahr läßt erwarten, daß die vollwertige, unschuldig in Not geratene verwaiste Jugend als würdigster Gegenstand stadtväterlicher Betreuung und charitativer Nächstenliebe das ihr geschenkte Vertrauen auch fernhin durch Bewährung im praktischen Leben lohnen wird.«

Die neue »Verwaltungsordnung für die Waisenstiftung der Hauptstadt der Bewegung«, vom Bürgermeister Fiehler am 22. Juli 1937 unterzeichnet, legte dann den nationalsozialistischen Erziehungszweck und -stil, aus Sicht des Stadtjugendamtes, noch einmal schriftlich fest. Dort stand u.a. geschrieben:

»Die städtische Waisenhausstiftung hat den Zweck, hilfsbedürftigen verwaisten Münchner Kindern auf der Grundlage der nationalsozialistischen Weltanschauung die erforderliche Pflege und Erziehung zu bieten und sie zu Menschen heranzubilden, die bereit sind, in der deutschen Volksgemeinschaft alle Pflichten und Opfer für das deutsche Volk auf sich zu nehmen ... Das Waisenhaus wird als Einrichtung nationalsozialistischer Gemeinschaftserziehung betrieben ...«

Der Direktor des Stadtjugendamtes, Heinrich Schäfer, übermittelte bereits im Monat zuvor, am 12. Juni 1937, in einem Brief an die Waisenhausleitung: »Es ist dafür Sorge zu tragen, daß nur gutgeartete Kinder deutschen und artverwandten Blutes, die nach ihrer körperlichen, geistigen und sittlichen Verfassung sich für das Leben in einer Anstalt eignen, in das Waisenhaus kommen.«

»Es wird dem Führerprinzip zum Durchbruch verschafft«, hieß es in der Verwaltungsordnung vom 22.7.1937. Die Waisenhausleitung schaffte auch deshalb für 400 M Führerbildnisse an und hängte sie im Speisesaal und in den Tagesräumen der Kinder auf. Zu guter Letzt wurde der Empfangsraum des Waisenhauses mit einer »künstlerischen Büste des Führers geschmückt«.

»Das Erziehungswerk findet seine Vervollkommnung in der Willensbildung und charakterlichen Ertüchtigung, verbunden mit der Erziehung zu Verantwortungsfreudigkeit und Stolz auf das deutsche Volkstum. Die Anstalt pflegt Gemeinschaftsgeist und Kameradschaft mit allem was dazu gehört: Ein- und Unterordnung, Rücksichtnahme auf andere und teilnehmendes Gefühl, Selbstzucht, opferwilliges Entsagen, Bereitschaft zum Ertragen von Entbehrungen, Treue, Hilfsbereitschaft, Wahrhaftigkeit, Ehrlichkeit, Gewissenhaftigkeit, Zuverlässigkeit, Anerkennung von Autorität, Gefühl für Blut und Boden, Liebe zur Familie, Heimat und Vaterland usw. ...« – mehr als »hohle Worte« einer Verwaltungsordnung, die leider auch im Waisenhaus als »Pseudorichtlinien« für die Erziehung der Kinder dienten.

Heimordnung des Städt. Waisenhauses
(Abschrift aus dem Jahre 1933)

1. Unser Haus hat die Aufgabe, uns so weit wie möglich Heim und Familie zu ersetzen und uns zu guten, brauchbaren und selbständigen, christlichen und deutschen Menschen zu erziehen. Liebe und Familiengeist soll das oberste Gesetz unseres Hauses sein.
2. Gott führt mich an seiner Vaterhand. Ich erfahre täglich seine Güte. In Gebet und Kirchgang und in meinem ganzen Verhalten zeige ich mich als sein Kind.
3. Meine Erzieher bemühen sich, mir an Stelle der lebenden oder verstorbenen Eltern Vater und Mutter zu sein. Ich soll innen daher kindliches Vertrauen entgegenbringen, ihnen folgen und an meiner Erziehung selbst mehr und mehr mitarbeiten.
   Jedem Erwachsenen im Haus begegne ich mit Anstand und Höflichkeit.
4. Die anderen Kinder im Haus betrachte ich als meine Geschwister. Ich soll gut, hilfsbereit und verträglich zu ihnen sein. Der Rohe und der Wehleidige stört die Freude der Gemeinschaft, der Frische und Fröhliche belebt sie. Es ist edel, dem Schwachen und Kleinen zu helfen.
5. Unser Haus ist unser Heim. Ich soll und kann mithelfen, daß es heimlich und gemütlich darin ist. Dazu gehört Ruhe, Ordnung und Sauberkeit. Lärm und Unordnung ist ungemütlich.
6. Im Haus, auf den Gängen und Stiegen darf ich nicht schreien, lärmen oder laufen. Ich muß den Boden, die Wände, die Zimmer, die Aborte sauber halten.
   Im Garten, Park und Spielplatz meide ich jede Zerstörung.
   Ich darf keine Abfälle fallen- oder liegenlassen.
   Vor dem Eintritt ins Haus reinige ich mir die Schuhe.
   Ich darf nicht aus- und ein-laufen.
   Jedes Ding hat seinen bestimmten Platz. In meinem Fach und Schrank halte ich Ordnung.
7. Sauber halte ich vor allem auch mich selbst und meine Kleidung. Unreinlichkeit erzeugt Krankheit.
8. Ich halte die Tagesordnung pünktlich ein. Ich erfülle gewissenhaft meine Schul- und Lernpflicht. Für Mitarbeit im Haus zeige ich mich willig. Ich meide den Müßiggang. Die Freizeit benutze ich für gesundes, frohes Spiel im Freien oder vernünftige Beschäftigung im Haus.
9. Die Tischzeit vereinigt alle Kinder und erfordert deshalb eine besonders straffe Ordnung. Ich gehe mit meiner Gruppe in den Speisesaal. Das Essen beginnt in aller Ruhe, bis der Erzieher das Zeichen zum freien Tischgespräch gibt. Durch Schreien, Lärm und Ähnliches entferne ich mich selbst von der gesitteten Tischgesellschaft. Die Art das Essens unterscheidet den Menschen deutlich von anderen Wesen. Ich bemühe mich, natürlich und anständig essen zu lernen.
10. Der Abend gehört der ruhigen Besinnung in Musik und Buch, im Basteln und Spiel oder im gemeinsam gestalteten Feierabend.
    Im Schlafraum ist vor dem Wecken und nach dem Gutenacht-Gruß des Erziehers völlige Ruhe.
    Beim Waschen und Anziehen am Morgen zeige ich mich frisch und selbständig.
11. Außer Haus begebe ich mich nur im Auftag oder mit Einverständnis meines Erziehers. Durch anständiges, höfliches Benehmen zeige ich überall den guten Geist in unserem Heim. Ich benütze jede Gelegenheit, um auch außer Haus meinen Verstand und meine Selbständigkeit zu bilden. Von allen Erlebnissen berichte ich meinen Erzieher. Alle Besuche führe ich zu ihm. Ich zeige ihm meine Briefe.
12. Größere Knaben und Mädchen werden laufend als Ordner, das heißt Mithelfer und Erzieher bestimmt. Die Gruppen sollen die Ordner nach Möglichkeit selber wählen. Die Ordner wechseln in der Regel alle zwei Wochen.
13. Die größeren Kinder sollen wie ältere Geschwister den Kleinen in allem ein gutes Beispiel geben. Sie sollen nach ihren Kräften sich mitverantwortlich fühlen für die Ziele das Hauses und für die Entstehung einer schönen Heimgemeinschaft.

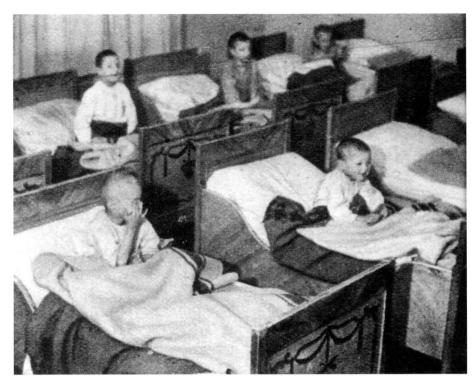

»Im Schlafraum ist vor dem Wecken und nach dem Gutenacht-Gruß des Erziehers völlige Ruhe. Beim Waschen und Anziehen am Morgen zeige ich mich frisch und selbständig.«

»Sauber halte ich vor allem auch mich selbst und meine Kleidung. Unreinlichkeit erzeugt Krankheit.«

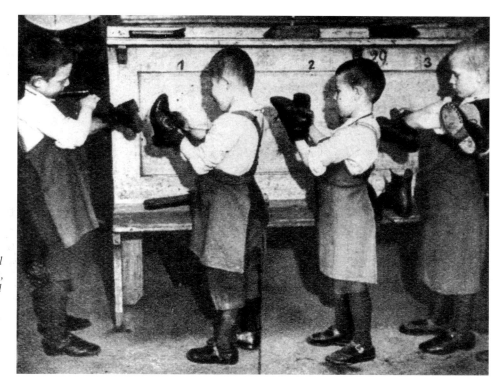

»Unser Haus ist unser Heim. Ich soll und kann mithelfen, daß es heimlich und gemütlich darin ist. Dazu gehört Ruhe, Ordnung und Sauberkeit. Lärm und Unordnung ist ungemütlich.«

»Ich halte die Tagesordnung pünktlich ein. Ich erfülle gewissenhaft meine Schul- und Lernpflicht. Für Mitarbeit im Haus zeige ich mich willig. Ich meide den Müßiggang.«

Erziehung im Nationalsozialismus

»Die Tischzeit vereinigt alle Kinder und erfordert deshalb eine besonders straffe Ordnung. Ich gehe mit meiner Gruppe in den Speisesaal. Das Essen beginnt in aller Ruhe, bis der Erzieher das Zeichen zum freien Tischgespräch gibt. Durch Schreien, Lärm und Ähnliches entferne ich mich selbst von der gesitteten Tischgesellschaft. Die Art das Essens unterscheidet den Menschen deutlich von anderen Wesen. Ich bemühe mich, natürlich und anständig essen zu lernen.«

»Die Freizeit benütze ich für gesundes, frohes Spiel im Freien oder vernünftige Beschäftigung im Haus.«

Gott führt mich an seiner Vaterhand. Ich erfahre täglich seine Güte. In Gebet und Kirchgang und in meinem ganzen Verhalten zeige ich mich als sein Kind.

»Der Weg zum Christ«, Theaterspiel im Waisenhaus, Weihnachten 1935

Denkschrift zur Überprüfung der Waisenhausverhältnisse
(verfaßt von Oskar Käsbauer am 6.9.1934/ Auszüge)

… Es ist auf Dauer für einen im Lebenskampf gehärteten Mann als Waisenvater verletzend, daß an seiner Statt die der Weltabgeschiedenheit zugewandte klösterliche Frau alle Gäste und Besuche empfängt, Führungen durch das Haus geleitet, alle Post und Gaben für die »städtische« Anstalt in Empfang nimmt und direktoriale Befugnisse ausübt. In einer Familie soll neben der Mutter, zumal den größeren Kindern gegenüber und vor allem nach außen die Persönlichkeit des Vaters bestimmend wirken. Im Waisenhaus der Stadt München tritt der wirkliche Familienvater gegenüber dem ehe- und kinderlosen Matrimonium gänzlich in den Hintergrund. Dies ist umsoweniger gerechtfertigt, als Gewohnheit und Tradition bei klösterlichen Frauen ohnehin einen unbewußten Gegensatz zu Fortschrittlichkeiten jeder Art mit sich bringt. Der Weg zur körperlichen Ertüchtigung wird von einem bewährten Kompanieführer des Weltkrieges zweifellos entschiedener bestritten als von einer aller Körperkultur abgewandten klösterlichen Leitung.

In einer Epoche ausgesprochener Männlichkeit muß es ferner befremden, daß der gesamte Schriftverkehr des Stadtrates, sowie alle Anordnungen des Stadtrates, wie z.B. Hakenkreuzbeflaggung und ähnliches an die klösterliche, der Kirche verteidigten Ordensfrauen ergehen, während der »städtische«, auf den Führer vereidigte Direktor hiebei ausgeschaltet bleibt. Dazu handhabt und unterzeichnet die klösterliche Anstaltsleitung die Beschaffung aller Lebensbedürfnisse der Waisenkinder auf Rechnung der Stadt unter Ausschluß jeglicher Mitwirkung oder Gegenzeichnung des »städtischen« Direktors bei gleichzeitiger Betonung des »klösterlichen« Charakters der Anstalt.
Selbst taktvollste Zurückhaltung und kluge Rücksichtnahme des Waisenvaters auf klösterliche Meinungen und Gepflogenheiten vermag unter den gegebenen Verhältnissen Konflikte nicht auszuschalten, die nicht nur das dienstliche sondern vor allem auch das familiäre Leben des Waisenvaters betreffen. Bei tatsächlicher Durchführung der bestehenden Ordensregeln müßte sich der städtische Direktor sogar alle drei Jahre einer neuen »Vorsteherin« anpassen, wobei nicht übersehen werden kann, daß auf die Dauer die erziehliche Autorität eines freien Mannes nicht klösterlichen Maßstäben unterworfen werden kann.

Thema: »Die sexuelle Frage und ihre pädagogische Behandlung im Waisenhaus«
(aus einem Protokoll über eine pädagogische Konferenz vom 27.10.1936; Auszüge)

Der Direktor führt aus: Das Glück oder Unglück der kommenden Generationen hängt auch davon ab, welche Idee und Auffassung wir und unsere Kinder von der Heiligkeit der Geschlechter haben …

Die Bewahrung und Behütung vor schädlichen Einflüssen ist eine grundsätzliche Voraussetzung für richtige sexuelle Erziehung. Die Unterbindung des Streunens, das Alleinseins auf den Aborten, der Bildung von Gruppen an unbewachten Orten muß ein besonderes Augenmerk zugewendet werden. Alles sehen und sorgfältig bewachen heißt noch nicht, alles besprechen und sich in alles hineinmischen und die Kinder bis ins Kleinste auszufragen, so daß sie dadurch erst aufmerksam werden. Auch hier bedeutet die Ablenkung mehr als die Hinlenkung. Überwachung des Lesestoffes, der Freundschaften sind am Platz. Eine übertriebene Ängstlichkeit und Strenge im Verkehr der Geschlechter untereinander ist aber falsch. Die Geschlechter sollen sich eine gewisse Sicherheit gegeneinander aneignen, daß sie imstande sind, ruhig über den inneren Wert des anderen zu urteilen. Solch ein Verkehr wirkt bei unverdorbenen Menschen günstig und veredelnd!

Der Verführung und inneren Gefahren sind ein besonderes Auge zuzuwenden:
a.) Bilder, Lesestoff unserer Jugend überwachen.
b.) Reden, Spott und falsche Wert-Maßstäbe beachten. An den Gesprächen können wir unauffällig erkennen, wie es um die geschlechtliche Frage steht.
c.) Kleidung, Benehmen beachten (auch beim Spiel!). Bei den Mädchen die Gefall- und Putzsucht auf das rechte Maß beschränken. Verführungsstätten und -Möglichkeiten besonders scharf beaufsichtigen (Aborte, Keller, Schlafplätze). Bei Aufdecken von Liebesbriefen wird es Zeit zur Aufklärung.

Die Aufklärung ist nicht im medizinisch wissenschaftlichen Sinn nötig, sondern soll vor allem zur richtigen Werkerkenntnis und dem Aufbau der sexuellen Probleme in der Gesamtpersönlichkeit verhelfen. Sie kann nur nach sorgfältiger Überlegung, was der Jugendliche seinem Alter, seiner Reife, den Gefahren und Umständen entsprechend braucht, verfolgen. Daher ist keine Beschreibung von Organen, kein Vergleich mit der Tierwelt nötig – im Gegenteil, niedrige Vorstellungen sollen vermieden werden. Im Anschluß an die Aufklärung soll Sinn und Tragweite des 6. Gebotes dargelegt werden, damit keine falschen Begriffe und Zweifel bestehen. Ziel der Aufklärung ist richtige Auffassung und Einstellung vom Geschlechtsleben. Daher geschieht die Aufklärung nicht auf einmal, sondern stückweise – nicht nach Alter, sondern nach Notwendigkeit und vor allem im Zusammenhang mit der inneren sittlichen Festigung der gesamten Persönlichkeit.

… Der Kurat des Waisenhauses ergänzt die Ausführungen, daß nicht Aufklärung, sondern »Verklärung«, insbesondere durch die religiöse Wertauffassung nötig sei, womit das sexuelle Gebiet in das »Sakramentale« gehoben und veredelt wird.

Einladung zur Schlußfeier 1936

In der Anstaltsküche, Aufnahme 1936: »Im Rahmen ihrer Leistungsfähigkeit werden die Zöglinge auch zu Arbeiten für die Gemeinschaft und zu Verrichtungen herangezogen, welche nicht unmittelbar ihnen, sondern dem ganzen Haus zugute kommen.« (Verwaltungsordnung von 1937)

Die großen Mädchen, Aufnahme 1936

Erstkommunikantinnen und Erstkommunikanten aus dem Waisenhaus, Aufnahme vom 22.3.1936

Religiöse Erziehung: Die Anstalt hält die Zöglinge zur gewissenhaften Erfüllung der ihnen obliegenden religiösen Pflichten (häusliche Andacht, Besuch der Pfarrkirche, Empfang der hl. Sakramente) nach Maßgabe der von den kirchlichen Obrigkeiten für Volks- und Fortbildungsschüler gegebenen Vorschriften an. Die religiöse Erziehung soll der Verinnerlichung und der sittlichen Festigung dienen, darf aber nicht in Frömmelei und Gewissenszwang ausarten.
(aus: Verwaltungsordnung vom 22.7.1937)

Erziehung im Nationalsozialismus

16. bis 31. Juli 1936: Ferienaufenthalt der kleinen und größeren Mädchen im Schullandheim Haag

Das verwaiste Kind und seine Stellung in der Volksgemeinschaft (Auszüge)
Vortrag von Waisenhausdirektor Oskar Käsbauer
(gehalten am 7.6.1937 in der Volksbildungskanzlei)

… Die Geschichte der Völker aber belegt die gesetzmäßige Wechselwirkung von Individuum und Gemeinschaft in ganz deutlicher Weise: 1914 erlebte das deutsche Volk als wirkliche Volksgemeinschaft: Jeder einzelne gab, opferte, ordnete sich ein, wurde produktiv und selbstlos im Dienste der Gemeinschaft. Als jedoch im Laufe des Krieges einzelne ihren Vorteil suchten und damit ichhaft wurden, zerfiel die Gemeinschaft im größten Umfang: Der Mut und die Opferwilligkeit des Einzelnen wie der Gemeinschaft sank. Nur an der Front, wo sich die Urgemeinschaft der Blutskameraden kristallisierte, blieb die alte treue restlose Hingabe, die Kraft zum Opfer, die Haltung der Ehre und Pflicht sogar durch den Zusammenbruch hindurch. Viele verschüttete Gemeinschaftserlebnisse sind heute in unserem Vaterland wieder lebendig geworden. Die Erkenntnis, daß die Sippe als eine Gemeinschaft der Blutsverbundenheit für alle Zeiten zusammengehört, gab und gibt allen Völkern, denen diese Gemeinschaftshaltung aus dem Blute heilig ist, eine charakterformende Kraft, die zu einer unerhörten Kraftentfaltung befähigt. Kinderreichtum, Opfertod fürs Vaterland sind die letzten und höchsten Leistungen solchen Gemeinschaftserlebnisses.

… Ferner widerspricht es dem Sinn der Volksgemeinschaft, wenn Stiftungen entgegen dem Willen ihrer Stifter und Wohltäter ihrem Zweck dadurch entfremdet werden, daß in überwiegendem Maße Minderwertige, Verwahrloste, Lungengefährdete, entartete und schwierige Kinder die oft ganz hervorragenden Hilfen einer Stiftungsanstalt genießen, während das normale verwaiste Kind in irgend einer Pflegestelle vergeblich auf die Förderung besonderer Anlagen und Talente wartet.

… Anormale und erbkranke Waisenkinder gehören natürlich nicht in die Fürsorge des Normalkindes, sondern eben in die für abnormale Kinder geschaffenen Heil- und Pflegeanstalten …

… Eine besondere Stellung im Rahmen der Waisenpflege nahmen die unehelichen Waisenkinder ein. Sie sind nicht nur oft erbmäßig durch die Ängste und Sorgen der unehelichen Mutter während der Schwangerschaft durch Nervosität und konstitutionelle Schwäche belastet, sondern auch mit fortschreitendem Alter durch das Rätsel ihrer Herkunft vor schwerwiegende Probleme gestellt. Gerade die Ahnen- und Sippenvorschung, die heute schon schulmäßig das Interesse der Kinder auf diese Frage lenkt, schafft in solchen Kindern die ewige Unruhe und Suche nach dem Ursprung ihres Lebens und eine tiefe Kümmernis und Skepsis gegenüber ihrer Umwelt.

Der Gabentisch unterm Hitlerbild mit Hakenkreuz, Weihnachten 1937

24.12.1937: Weihnachtsfeier innerhalb der Waisenhausfamilie ohne Einladung der bisher üblichen Gäste: Die Feier schlug eine Brücke aus Zeit- und Sonnwende über die alten Sitten und Gebräuche unserer Vorfahren zur Weihenacht des Christfestes. Ein Präludium mit Melodram von Kistler stimmte zur Feier ein mit dem Wahlspruch: »Das Ewige ist stille, laut die Vergänglichkeit, schweigend geht Gottes Wille hin durch den Erdenstreit.« Der Waisenvater erzählte hierauf von Zeit und Sonnenwende und ihrem innersten Sinn. Eine Szene mit Nacht und Sternenreigen veranschaulichte das Sehnen nach Licht und Erlösung, während der Chor von Beethoven »Heilige Nacht o gieße du« erklang.
Den zweiten Teil »Von alten Sitten und Gebräuchen« leitete das Impromptu von Franz Schubert ein, worauf der Waisenvater altes Brauchtum aus dem Kalender entrollte, auf das Sinnbild des lebendigen Grünschmuckes, des Lichtes und Feuers hinwies und in einer Szene vom Brauchtum der Liebe den beglückenden Sinn weihnachtlichen Schenkens durch die Gestalten Elisabeth und Nikolaus vertiefte. Das Lied »Groß ist Liebe« von Haas beendete diesen Feierabschnitt.
Mit dem Adventgesang »O öffnet Himmel euch« führte der Waisenvater durch die erwartungsvolle Kalenderzeit zum Christfest, das mit dem Gesang »Christ ist geboren« von Hildach zum Krippenbild sich öffnete und mit dem Schlußgesang »Ehre sei Gott« von W. Müller die Feier beendete.

(aus: Jahresbericht 1937/38; gez. Oskar Käsbauer, Waisenhausdirektor)

Gedicht zur Schlußfeier 1938

1. Vorspruch:

Des Volkes junge Mannschaft steht
und meldet sich zur Stelle!
Wir stehn geeint, denn brausend geht
durch all die Jugend, die hier steht
des gleichen Blutes Welle.
Wir schreiten eng zusammen
den Weg, den Gott uns zeigt
bis rein aus unsern Flammen
das künft'ge Deutschland steigt!
So stehn wir Jungen hier zu Hauf,
stehn, des Befehls gewärtig.
Rufst, Führer, du zum Sturme auf,
beginnen jubelnd wir den Lauf,
zum Sturm, zum Siege fertig!
Dann wird zur Freude uns die Pflicht;
hemmt uns auch oft ein Widerstand –
wir stürmen fort ins helle Licht
zum Opfer für das Vaterland!

2. Bekenntnis:

Wir groß und weit auch sei die Welt
Wir sind von Gott hineingestellt
nach Deutschland und sonst nirgendwo,
das macht uns glücklich, macht uns froh!

Und ist auch jung noch unser Blut
wir schreiten froh mit frischem Mut
ins neue Leben stolz hinein:
das Vaterland muß unser sein!

Und wir gehör'n dem Vaterland!
mit Gut und Blut, mit Herz und Hand!
In Deutschland und sonst nirgendwo
da sind wir glücklich, sind wir froh!

Über diese Jahresschlußfeier berichtete der »Völkische Beobachter«:

»Die Anstaltsschlußfeier im städt. Waisenhaus war eine nationale Weihestunde. Die zahlreichen Liedervorträge und Deklamationen zeugten, daß die Zöglinge im Geist der Volksgemeinschaft zu frischer Lebensbejahung und zu rüstigem Schaffen erzogen werden. Von großer Anmut waren die Tänze der Mädchen, erhebend die geschickt zusammengestellten Mahnworte unvergänglicher Deutscher von der Edda bis zum Führer und Reichskanzler Adolf Hitler. Oberlehrer Gottschaller, der als Vertreter des zum Heeresdienst einberufenen Direktor Käsbauer die Feier leitete, dankte allen Behörden und Stellen, allen Gönnern und Stiftern des Hauses für die erwiesenen Wohltaten und gab dann die Namen der Zöglinge bekannt, die aus den verschiedenen Stiftungsfonds Geldpreise für ihre Leistungen erhielten.

Mittlere Mädchen, Aufnahme 1938

Kleine Mädchen, Aufnahme 1938

Erziehung im Nationalsozialismus

Daß die Ernährung an dieser Anstalt keine körperlich auch nur mittelmäßige Entwicklung der Jugend garantieren kann, liegt auf der Hand.
(Feststellung des Städt. Gesundheitsamtes vom 22.9.1938)

Der Kalorienbedarf der Zöglinge ist an allen Wochentagen reichlich gedeckt mit Ausnahme von Montag und Freitag, wo er etwas knapp sein dürfte, da das Kalorienangebot mindestens 10% höher sein soll, als der unbedingt nötige Bedarf. Hauptmahlzeiten mit Frischfleisch werden geboten am Dienstag, Donnerstag, Samstag und Sonntag Mittag. Es errechnet sich pro Kopf 2 mal 103 g und 2 mal 113 g, die erstere Zahl ist als recht knapp zu bezeichnen insbesondere deshalb, weil es sich um das Frischgewicht von Ochsenfleisch handelt, das beim Kochen noch wesentlich verliert.
Mahlzeiten mit Wurst sind am Montag-Mittag, Montag- und Sonntag-Abend verzeichnet. Von der am Montag-Mittag gebotenen Lyoner Wurst treffen pro Kopf 65 g, eine Menge, die unschwer als Brotbeilage zur Vormittagsbrotzeit verzehrt wird, als Mittagessen, insbesondere zu Sauerkraut ungenügend und geschmacklich abzulehnen ist. Als Mittagsmahlzeit wäre diese Wurstsorte lediglich in Erbsen oder Linsensuppe als Eintopfgericht diskutabel. Gänzlich unzureichend ist auch die Montag-Abendmahlzeit bei der pro Kopf 15 g Leberwurst verzehrt werden. Diese Mahlzeit ist als Hungerration zu bezeichnen, was umsomehr ins Gewicht fällt, als auch die Mittagsmahlzeit ungenügend war in Bezug auf die Fleischration. Gleichfalls nur als Brotzeitration ist die Gabe von 60 g Wienerwurst am Sonntag-Abend zu werten, es dürfte pro Kopf noch nicht 1 Paar Würstel treffen.
Mehlspeisen sind am Mittwoch-Mittag, Dienstag-Abend, Freitag-Mittag und Abend, Donnerstag- und Samstag-Abend aufgeführt, sie scheinen geschmacklich zu genügen.
Käse gibt es am Mittwoch Abend.
Auffallenderweise wird keinmal die Woche Fisch gegeben, was selbst unter Berücksichtigung der Sommerzeit in Anbetracht des Nährwertes bei billigem Preis und der Lebensmittelmarktlage zu bedauern ist. Die Versorgung mit Hochseefischen ist auch in Sommerszeiten in unseren Großstädten so einwandfrei, daß eine wöchentliche Fischmahlzeit von jeder öffentlichen Anstalt verlangt werden sollte.

Höchst mangelhaft ist die Verwendung von Milch, Butter und Eiern, Lebensmittel die wichtige und kaum ersetzbare Vitaminträger sind. Die tägliche Milch-Ration beträgt fürs Kind 0,29 l, im Hinblick auf die Ernährungsverhältnisse an der Anstalt wäre die doppelte Menge wünschenswert, wenigstens sollte pro Kopf ein halber Liter treffen.
Butter errechnet sich pro Kopf nur in Spuren, die völlig unzureichend sind: 3,7 g pro Kind. Das 15–20 fache wäre wünschenswert. An Ei bekommt jeder Zögling täglich 0,15. Das küchentechnisch die Herstellung der fast täglich (6x wöchentlich) gebotenen Mehlspeisen mit so wenig Ei pro Kopf möglich ist, muß bewundert werden. Als weiterer Vitaminträger kommt das Gemüse in Betracht, dessen Verwendung der Aufstellung nach knapp sein dürfte, jedoch muß zugestanden werden, daß die Gemüsebeschaffung tatsächlich schwierig sein kann. Im Hinblick auf die schwierige Gemüseversorgung und deren hohen Preis sowie darauf, daß erfahrungsgemäß in Anstalten zubereitetes Gemüse in seinem Vitamingehalt stark beeinträchtigt ist, sollte in der Abendkost gelegentlich, vielleicht 2 x wöchentlich Tee mit Zitrone erscheinen. Nachdem die Kost der Anstalt kalorisch an 2 Tagen als knapp, an den übrigen Tagen als zwar ausreichend, aber qualitativ, wahrscheinlich auch geschmacklich, unzulänglich bezeichnet werden muß, wäre dringend zu fordern, daß das erste Frühstück morgens wenigstens durch Brotaufstrich, Marmelade ev. selbsteingemachte Früchte, womöglich Butter, wenigstens aber Margarine oder Schweinefett reichlicher gestaltet wird. Es wäre fernerhin in dieser Anstalt ein 2. Frühstück am Vormittag wichtig, bestehend in einem Glas Milch und einem Stück Brot. Die Nachmittagsvesper könnte wegfallen, eine unphysiologische und in unserer Zeit mehr und mehr in Wegfall kommende Mahlzeit, die in den Anstalten, offenbar durch Klostergebräuche, noch gelegentlich angetroffen wird.
Daß die Zusammenstellung der Hauptmahlzeit nicht immer günstig sind, wurde bei der Fleischversorgung schon besprochen. Recht wenig Nutzen ist auch z.B. von der Suppe am Sonntag Abend zu erwarten, die aus Buchstaben-Nudeln und Suppenwürze besteht, eine gute dicke Kartoffelsuppe wäre dieser geschmacklich und dem Nährwert nach weit überlegen, auch käme in ihr die Unzulänglichkeit eines Paar Wiener Würstel nicht so zur Geltung.

(aus einem Bericht des Städtischen Gesundheitsamtes vom 22.9.1938)

Klasse der Dom-Pedro-Schule mit einigen Waisenhauskindern und Lehrerin Frau Kastner, Aufnahme 1936

Geistige Förderung, Unterricht und Beschäftigung

Die geistige Förderung der Waisenkinder erfolgte in der deutschen Gemeinschaftsschule, besonders begabte Kinder konnten mit Hilfe von Stiftungsmitteln höhere Lehranstalten besuchen. Die Belegung der 20 Minuten entfernten Hilfsschule bedeutet eine besondere Belastung für den Betrieb, da gerade für geistig schwache Kinder die notwendige Überwachung des Schulweges und der Schulzeit schwierig ist.

Im Einzelnen verteilen sich die Kinder auf folgende Schulen:

Volksschule am Dom Pedro Platz	99 Kn	69 Mdch
Kindergarten am Dom Pedro Platz	3 Kn	3 Mdch
Hilfeschule am Winthirplatz	1 Kn	4 Mdch
Hauswirtschaftliche Berufsschule	–	17 Mdch
Hans Schemm Aufbau Schule	2 Kn	1 Mdch
Riemerschmid Handelsschule	–	5 Mdch
Städt. Mittelschule f. Mädchen	–	2 Mdch
Lyceum	–	2 Mdch

Das vergangene Schuljahr brachte mit seinem Halbtagesbetrieb und mit der militärischen Belegung der Dom Pedro Schule eine außergewöhnliche Beanspruchung des Erziehungspersonals. So sehr einerseits die freie Schulzeit der körperlichen Ertüchtigung in Freiluftbewegung gewidmet wurde, umso straffer wurde andrerseits die tägliche Lernstunde zu Hause durchgeführt, um der sich steigernden Zerstreuung der Kinder und der dadurch bedingten Schwächung des Leistungswillen entgegenzuwirken. Aufschlußreich ist in diesem Zusammenhang das Leistungsergebnis der Schulzeugnisse, das deutlich die Schwächen der Zerstreuung (im Rechnen und Deutschunterricht), aber auch die Fruchtbarkeit der häuslichen Bemühungen des Waisenhauses (in Fleiß und Betragen und in den Fertigkeiten) nachweist.

(aus Jahresbericht 1938/39, erstattet von Direktor Käsbauer)

Allgemeine Voraussetzungen für die Gewährung von Stipendien und Stiftungsgeldern
Es wird ersucht, würdige und bedürftige Lehrlinge, bzw. Lehrmädchen vorzuschlagen und geeignete Anträge begutachtet bei der Abteilung Stiftungen einzureichen. Die allgemeinen Voraussetzungen müssen dabei gegeben sein, d.h. die Betreffenden müssen gesund, körperlich tüchtig und widerstandsfähig, rassenbiologisch und charakterlich wertvoll sein. In Frage kommen nur deutsche Reichsangehörige, arischer Abstammung. Die Zugehörigkeit zu einer nationalen Organisation ist anzugeben.
am 28. Oktober 1935
Stadtjugendamt München, Stiftungen
gez. Schäfer

Hosp Anna, geb. 15.2.1924, **Doppelwaise,** Vater war Brauereiarbeiter,
im Waisenhaus vom 19.8.34 bis 7.5.1943, Mitglied bei D.A.F., Pol. Beurteilung läuft.
Anni erfreute schon als Zögling durch ihre bescheidene Art, durch ihren Fließ und ihre Zuverlässigkeit. Sie bewährte sich auch im Leben. Seit ihrem Austritt ist sie in der Maschinenstickerei Buchner tätig und erwarb sich dort vollste Zufriedenheit der Geschäftsleitung. Im Herbst 1943 verheiratete sie sich gelegentlich des Urlaubs ihres Bräutigams.
Es wird gebeten, ihr nachträglich den Aussteuerpreis durch Wahl zukommen zu lassen.

(Begründung der Heimleitung für den Aussteuerpreis aus der Brasilianischen Stiftung für 1944)

Verleihung eines Aussteuerpreises aus der Brasilischen Stiftung.

Seine Durchlaucht der Herzog Dimitri von Leuchtenberg als Chef des Herzoglichen Hauses hat beschlossen, dem ehemaligen Zögling des städtischen Waisenhauses, München, Waisenhausstr.20,

Fräulein Anna H o s p
geboren 15.2.1924

für das Jahr 1944 einen Aussteuerpreis aus der Brasilischen Stiftung in Höhe von

400.-- RM (vierhundert Reichsmark)

zu verleihen.

Anspruch auf Auszahlung dieses Preises hat das bedachte Mädchen erst bei Eingehung einer Ehe. Die Aussteuer wird durch den Oberbürgermeister der Hauptstadt der Bewegung als Kapital angelegt. Die Preisträgerin ist aber berechtigt, die alljährlich anfallenden Zinsen abzuheben, andernfalls sie zum Aussteuerkapital geschlagen werden.

Hierüber vorstehende Bestätigung.

München, den 2.August 1944.

Der Chef des Herzoglich Leuchtenberg'-
schen Hauses:
i. A.
Luise Sallmann-Merz

Die Hitler-Jugend im Waisenhaus

»Eignen sich die Zöglinge zum Eintritt in die Hitler-Jugend oder den Bund Deutscher Mädel, dann leitet die Anstalt die für den Anschluß an die Bewegung notwendigen Schritte ein«, so lautete eine Verwaltungsordnung für die Waisenstiftung vom 22. Juli 1937, herausgegeben vom Stadtjugendamt der »Hauptstadt der Bewegung« und unterzeichnet von Bürgermeister Fiehler. Die Eltern oder Verwandten (so weit vorhanden), geschweige denn die Kinder, wurden natürlich nicht gefragt, ob sie die Mitgliedschaft in der HJ befürworten. So war es z.B. für den Lehrlingsvater, Herrn Hauptlehrer Hans Schauer, und vor allem für Direktor Oskar Käsbauer eine Selbstverständlichkeit, daß möglichst bald alle Zöglinge der HJ angehörten. Bereits im Jahresbericht 1933/34 berichtete Hauptlehrer Schauer:

»Von den Jungen ist der größte Teil der Hitler-Jugend angehörig. Die Gehilfen wandern ab in die Reichswehr, SA, Landespolizei, Marine und zu den Fliegern. Dazu befähigt sie nicht nur die innere Haltung, sondern auch ihre gesunde körperliche Ausbildung … Nur notdürftige Ausrüstung für die Hitler-Jugend, bzw. deren völliges Fehlen werden es notwendig und gerechtfertigt erscheinen lassen, wenn der Lehrlingsvater 1934/35 eine einmalige Kleiderbeihilfe für die HJ Angehörigen verwendete. Nachdem die Jungen sich gerne und mit Eifer zur Hitler-Jugend bekennen, darf durch einen äußeren Mangel nicht länger das ›Odium des Waisenkindes‹ in Reih und Glied hinter ihnen stehen …«

Direktor Käsbauer führte in seinen Jahresberichten ab dem Jahre 1936/37 ein eigenes Kapitel mit der Überschrift »Die Zusammenarbeit mit der Hitler-Jugend« ein. Dort berichtete er u. a. stolz:

»Schon mit der Machtergreifung 1933 hatte der Berichterstatter die in der Jugend aufbrechenden Kräfte in voller Aufgeschlossenheit der nationalen Bewegung zugeführt. Die 100% Erfassung der Knaben durch das Jungvolk erfolgte im Januar 1935, die der Jungmädel und BDM Zugehörigen ebenfalls 100% im Februar 1936. Seitdem marschiert die gesamte Waisenhausjugend des städt. Waisenhauses München restlos in der Jugendorganisation des 3. Reiches.«

Zwei Jahre später, im Jahre 1938/39, schließt Käsbauer einen ähnlich lautenden Bericht mit folgenden salbungsvollen Worten:

»Somit erwies sich die Waisenhausjugend als zuverlässige, einheitlich disziplinierte Gruppe innerhalb ihrer Gliederungen, die von der Betriebsgemeinschaft des Waisenhauses in jeder Hinsicht unterstützt, in strammer Gewöhnung und mit jugendlicher Hingabe in den Reihen der Jugend des Führers marschierte.«

Wie sehr die NSDAP die Waisenhauskinder für ihre Zwecke mißbrauchte geht aus den Jahresberichten und den darin sehr ausführlich aufgelisteten »bemerkenswerten Ereignissen« der jeweiligen Jahre hervor. Von Jahr zu Jahr verstärkte sich das Engagement der Hitler-Jugend für den Parteiapparat. Der Einfluß des Ordens auf die Erziehung der Kinder wurde, besonders bei den Knaben, praktisch ganz zurückgedrängt. Noch einmal startete, Anfang 1938, Direktor Käsbauer einen Versuch, die Verweltlichung des Waisenhauses durchzusetzen. Der Oberbürgermeister sollte den Vertrag mit den Englischen Fräulein kündigen, damit eine »völlige Neuordnung des Betriebes« gestartet werden könne. Doch erneut scheiterte der Heimleiter mit seinem Antrag an die Stadtverwaltung. Der Direktor des Stadtjugendamtes, Heinrich Schäfer, ließ zuletzt am 18. Mai 1938 eindeutig und schriftlich übermitteln: »Wegen der finanziellen Lage der Stadt besteht zur Zeit keine Möglichkeit das Personal des städt. Waisenhauses zu verweltlichen.«

Großdeutsche Propagandaveranstaltungen, Luftschutzübungen und militärischer Drill im Rahmen von HJ- und Parteiveranstaltungen, im und außerhalb des Waisenhauses, wurden immer mehr zu unheilvollen Vorboten – die Kriegsvorbereitungen waren 1938/39 schon im vollen Gange. Direktor Käsbauer beschreibt die Stimmung in München und auch im Waisenhaus sehr deutlich in seinem letzten ausführlichen

Bericht, am Ende des Schuljahres 1938/39, vom 22. Mai 1939 – also etwa ein Viertel Jahr vor Kriegsbeginn. Dort berichtet er der Stadtverwaltung u.a.:

»Besonders eindrucksvoll gestaltet sich die Teilnahme der Kinder an den Großveranstaltungen der Partei, der HJ und der Stadt, sowie an den gewaltigen politischen Geschehnissen der Schöpfung des großdeutschen Reiches. Im Rahmen des Festsommers der Hauptstadt der Bewegung wirkten die Kinder durch Aufführung des Schäfflertanzes bei den Kinderfesten mit und erfreuten sich dabei an den vielen Belustigungen. Am Tag der deutschen Kunst wurde das Waisenhaus in künstlerischem Schmuck beleuchtet und beim Fest der Amazonen angestrahlt. Beim Kreistag München im März 39 durften die Mädchen bei der Eröffnungsfeier singen und bei der Siegerehrung durch Keulenvorführungen mitwirken. Den 9. November erlebten sie beim denkwürdigen Marsch zum Mahnmal und den 1. Mai bei den Großkundgebungen der HJ. Die Heimkehr Deutschösterreichs ins Mutterland beeindruckte die Kinder umso tiefer als gleichzeitig der Anstaltsleiter militärische Dienste leistete und die Eingliederung des Sudetenlandes, wie die staunenswerte Gewinnung des Protektorats Böhmen-Mähren und die Rückgliederung des Memellandes wurde aus Presse und Rundfunk den Kindern eindringlich zum Bewußtsein gebracht. Luftschutzübungen im Haus ergänzten die politische Schulung der Kinder nach der praktischen Seite …«

»Somit erwies sich die Waisenhausjugend als zuverlässige einheitlich disziplinierte Gruppe innerhalb ihrer Gliederungen, die von der Betriebsgemeinschaft des Waisenhauses in jeder Hinsicht unterstützt in strammer Gewöhnung und mit jugendlicher Hingabe in den Reihen der Jugend des Führers marschiert,« lautete das Fazit von Oskar Käsbauers, »dem Waisenhausvater«.

Nachmittagswanderung der Kleinen: Grünwald-Georgenstein-Baierbrunn und zurück am 8. August 1935
»Die Bildung eines Jungvolkfähnleins, einer Jungmädel und BDM-Schar gewährten den Kindern Anschluß an die lebendige Gegenwart und öffnete jedem Waisenkind die Möglichkeit der Bewegung mit Opferwillen und Hingabe zu dienen …« (Oskar Käsbauer am 15.6.1935)

Bemerkenswerte Ereignisse und Anstaltsfeste (April 1936 bis März 1937)

23. April 1936	Sechs Jungen besuchen die Führerschule in Weyarn.
1. Mai 1936	Nationalfeiertag des deutschen Volkes; Teilnahme der gesamten Waisenhausjugend an der Jugendkundgebung und Gemeinschaftsempfang während des Tages.
10. Mai 1936	Einführung der neuen BDM-Führerin. 40 Kinder dürfen den Zirkus Krone besuchen.
20. Juni 1936	Tag der Hitlerjugend und deutscher Jugendsportsonntag; sämtliche Kinder nehmen daran tätigen Anteil.
6. Juli 1936	Sport und Turnfest der deutschen Jugend im Dante Stadion.
21.–27. Juli 1936	Ferienaufenthalt der Jungvolkpimpfe in ein Lager in Diessen am Ammersee.
29. Juli 1936	Aufstellung eines großen Führerbildnisses im Festsaal.
9. August 1936	Schäfflertanz im Ausstellungsgelände anläßlich der KdF-Veranstaltungen.
20. August 1936	Filmbesuch sämtlicher Kinder im Imperialtheater »Der Held von Texas« (180 Kinder).
14. Oktober 1936	Über 60 Pimpfe dürfen in das deutsche Theater
9. November 1936	Alle Pimpfe und Jungmädel nehmen an der Heldengedenkfeier und am Marsch des 9. November als Zuschauer teil.
28. November 1936	Das Jungvolk hält eine Langenmarck Gedenkfeier im Festsaal des Waisenhauses.
16. Januar 1937	3 Knaben wirken als Kasperltheaterspieler beim Tag der deutschen Polizei mit.
30. Januar 1937	Gemeinschaftsempfang der Führerrede.
13. Februar 1937	Die Waisenkinder spielen für das Winterhilfswerk innerhalb der Ortsgruppe Gern (NSV) ihren Kinderzirkus im Kriegsbeschädigtenpark (Programm siehe S. 130).
20. März 1937	Schlußfeier mit Programm »Jugend in Spiel und Arbeit«.
21. März 1937	Propaganda-Aufmarsch des Jungvolks am Marienplatz.

(aus dem Jahresbericht 1936/37, zusammengestellt von Oskar Käsbauer am 20. Juni 1937)

Es zeigte sich eine erfreuliche Aufgeschlossenheit der Erzieherschaft des Waisenhauses durch weitgehende Mithilfe in den Fragen der Ausstattung und Versorgung. Nachdem die Reichszeugmeisterei schon Weihnachten 1934 auf einen Bittbrief des Waisenvaters Braunhemden und Stoff zu Hosen für sämtliche Jungen geschenkt hatte, fertigte die Anstalt in wochenlanger freiwilliger Arbeit die erste Ausstattung der Pimpfe an. Im vergangenen Jahr wurde diese Ausstattung ergänzt durch neue schwarze Winteruniformen, für welche das Stadtjugendamt dem Jungvolk einige tausend M zur Verfügung gestellt hatte. Von der Jungmädel- und BDM-Führung erhielt die Anstalt Stoffe und Material für Blusen, Röcke und Westen zugewiesen, welche in 1 785 Arbeitsstunden (= 4 Arbeitsmonate) von den Schwestern des Waisenhauses zu Blusen, Röcken und Kletterwesten verarbeitet wurden.

Für das Jungvolk wurde ein eigener Saal als Heimabendstätte zur Verfügung gestellt, dessen Ausstattung die Jungen mit Unterstützung der Anstaltsleitung in schöner und würdiger Form vollendeten. Für die Mädchen stand der Turnsaal des Hauses für Heimabende zur Verfügung. Sportgeräte, Radio- und Meßinstrumente wurden der Staatsjugend bereitwilligst zur Verfügung gestellt. Zwischen den Jugendführern und Jugendführerinnen und der Anstaltsleitung herrschte durchweg ein herzliches Einvernehmen, das nur bei Einmischung nicht zuständiger Personen getrübt wurde. Solche Schwierigkeiten ergaben sich nur bei plötzlich angesagten Kundgebungen, wenn die Jugend zu abnormen Zeiten (früh 4 Uhr, bis abends 11 Uhr, 7–8 Stunden bei schlechtem Wetter auf der Straße ohne Schutzkleidung) abgestellt werden sollte, da einesteils die Verpflegungsschwierigkeiten und Beanspruchung des Personals bei plötzlicher unvorgesehener Alarmierung, anderenteils die gesundheitlichen Bedenken (über 40% in Lungenfürsorge stehende Kinder) die Anstaltsleitung aus Gründen der Haftpflicht und Verantwortlichkeit zwangen, das Maß des Zuträglichen nicht überschreiten zu lassen. Die Schwierigkeiten, die schon in der kleinen Familie bei solchen Anlässen auftauchen, vermehren sich in einem Betrieb mit nahezu 300 Leuten ins Ungemessene; man denke nur an das Waschen und Baden nach großen Wanderungen am späten Abend, an das Reinigen und Trocknen der Uniformen, an die Schwierigkeit der Verabreichung warmer Verpflegung bei ungewissem überlangem Ausbleiben zahlreicher Kinder usw. Trotzdem vollzog sich die Zusammenarbeit mit der Staatsjugend so gut, daß nicht nur der normale HJ-Dienst reibungslos und ohne Unfälle verlief, sondern auch die Teilnahme an allen Großveranstaltungen, Führerkursen, Ausbildungskursen und Lagern, soweit sie rechtzeitig angesagt waren, weitgehendst durchgeführt werden konnte, wobei die Kinder meist über den Verpflegssatz hinaus durch freiwillige Zuwendungen der Frau Oberin und des Waisenvaters bestmöglichst versorgt wurden. Die HJ-Beiträge, welche vorschußweise vom Orden bezahlt wurden, erreichten im Berichtsjahr die Höhe von 492,25 M. ungerechnet der Sonderzuwendungen.

(aus: Jahresbericht 1936/37 von Oskar Käsbauer)

NSDAP. Ortsgruppe Gern und Borstei

Amt für Volkswohlfahrt

Bunter Abend

zugunsten des Winterhilfswerkes 1936/37
am Samstag, den 13. Februar 1937 abends 7½ Uhr,
im Erholungspark für Kriegsbeschädigte, Rolandstraße 4
Mitwirkend: Otto Willner

Vortragsfolge

1. Ouvertüre zu „Dichter und Bauer" von Franz v. Suppé
2. a) Begrüßung durch den Ortsgruppenamtsleiter Pg. Telfer
   b) „Vom Sinn des Abends" spricht Pg. Dr. Schuster
3. Menuett
4. Bauerntanz, einstudiert von der Tanzschule Faßbender
5. Ein kleiner Akkordeon-Virtuose
6. Der Kinderzirkus, dargestellt von Knaben und Mädchen des Städt. Waisenhauses, Leitung Direktor Käsbauer
7. Zwei Lieder, gesungen vom Kinderchor des Städt. Waisenhauses
8. Fünf BDM-Akrobatinnen
9. Konzert-Majurka, Solo für Xylophon von Otto Thomas
10. Solotanz, getanzt von Frl. Lampartner
11. „Ein Dutzend Eier" eine Sommerfrischler-Komödie von Marg. Cordes, gespielt von der Jugendspielschar der NS.-Kulturgemeinde.
12. Walzer

Pause

13. Marschmusik
14. Bandoneon-Künstler
15. „Armer Mann was nun?" Eine Szene für solche, die nicht da sind, gespielt von drei Spielerinnen einer NS.-Kulturgemeinde-Spielschar
16. Fröhliche Schlußmusik.

7.–9. September 1937:
Der Waisenvater macht
mit seinen großen Buben
eine Dreitagefahrt über
die Jugendherbergen
Lochen-Tölz-Lenggries
nach Tegernsee
unter Besteigung
des Fockenstein.

Die Hitler-Jugend im Waisenhaus 131

Ausflug nach Buchendorf bei Gauting, August 1937

Hitlerjugend (Jungvolk, Jungmädel und B.D.M.)
Die gesamte Jugend des städt. Waisenhauses München marschiert seit Jahren 100% in der Jugendorganisation des 3. Reiches. An Beiträgen leistete die Stadt im abgelaufenen Berichtsjahr für die Waisenkinder 591,56 M.

Die restlose Mitarbeit der gesamten Betriebsgemeinschaft des Waisenhauses wurde erhärtet durch die vollkommene Uniformierung und Ausstattung der Kinder, die in einer Unzahl von freiwilligen Arbeitsstunden hergestellt und in die notwendige pflegliche Behandlung genommen wurde (Herstellung von Jungvolkhosen, Jungmädelblusen, Waschen und Flicken der Uniformierung von rund 120 Jugendlichen). Somit war es möglich, daß bei Aufmärschen und Großveranstaltungen die Waisenkinder durch eine restlos einheitliche und gepflegte Uniformierung überall eingesetzt werden konnten, wo es die Gebietsführung wünschte oder forderte. Darüber hinaus wurden die Kinder auf Wanderungen und Veranstaltungen durch freiwillige Zuwendungen bestmöglichst versorgt, soweit es die große Zahl der zu Betreuenden überhaupt ermöglichte.

Schwierigkeiten traten nur auf bei den verhältnismäßig häufigen Wechsel der Unterführer, die jedesmal Umorganisationen ihrer unterstellten Verbände vornahmen. Durch die damit verbundene Aufteilung der Waisenkinder in Untergruppen mit verschiedenen Dienstzeiten wurde der Arbeits- und Beschäftigungsplan sowie die Arbeit der Betriebsgemeinschaft empfindlich gestört. Die Erfahrung der letzten 5 Jahre hatte ergeben, daß es der Lebendigkeit und erziehlichen Wirkung im Jungvolk wie bei den Jungmädeln keineswegs abträglich war, wenn die Gemeinschaft der Waisenkinder als geschlossene Einheit innerhalb ihrer jeweiligen Organisation marschierten. Durch die Aufteilung der Waisenkinder in Untergrüppchen mit häufigem Führerwechsel wurde aber jede geordnete Betriebsführung außergewöhnlich erschwert. Durch sachgemäße Verhandlungen mit den jeweiligen Führern und Führerinnen konnten die Schwierigkeiten größtenteils beseitigt und eine erfreuliche Zusammenarbeit gesichert werden. Dadurch ist die Waisenjugend zu einer zuverlässigen und einheitlichen Gruppe innerhalb der H.J. und des B.D.M. geworden, die, von der Betriebsgemeinschaft in jeder Hinsicht unterstützt, in strammer Gewöhnung und mit jugendlicher Hingabe in den Reihen der Jugend des Führers marschiert.

(aus: Jahresbericht 1937/38; gez. Oskar Käsbauer, Direktor)

Bemerkenswerte Ereignisse und Anstaltsfeiern aus dem Jahresbericht des Städt. Waisenhauses München 1938/39

(erstattet vom Direktor Käsbauer für die Zeit vom 1. April 1938 bis 31. März 1939)

7.4.38	Anstaltsschlußfeier in Abwesenheit des Anstaltsleiters, der zu einer militärischen Übung einberufen ist. Der Völkische Beobachter bezeichnete die Feier als eine nationale Weihestunde.
10.4.38	Abstimmung für Großdeutschland, Heimkehr Deutsch-Österreichs.
1.5.38	Teilnahme der Jugend an der großen Jugendkundgebung der Hitler Jugend. Gemeinschaftsempfang der Führerrede.
9.5.38	Firmung der Waisenkinder.
14./15.5.38	Jungvolk auf 1 1/2 Tagewanderung in Maising.
19.5.38	187 Kinder dürfen den Zirkus Busch besuchen.
21.5.38	Sporttag des Jungvolks.
8.6.38:	20 Waisenkinder dürfen mit Wiener Kindern einen Ausflug nach Tegernsee machen.
12.6.38	Aufmarsch des Jungvolks vor dem Gebietsführer. B.d.M. machen eine Bergfahrt nach Lenggries.
21.6.38	Jungvolk und B.d.M. bei Sonnwendfeier.
28.6.38	Luftschutzübung im Waisenhaus verläuft in erfreulicher Disziplin.
30.6.38	Verabschiedung von Herrn Direktor Schäfer vom Stadtjugendamt. Sportfest der Stadt für die Jugend im Dantestadion.
1.7.38	Amtseinführung von Direktor Ehrlicher und Amtmann Sonderer in Stadtjugendamt.
10.7.38	Beleuchtung und Schmuck des Waisenhauses zum Tag der Deutschen Kunst.
17.7.38	Die erste Hälfte der Mädchen begibt sich in das Schullandheim Haag zum 14-tägigen Erholungsaufenthalt.
19.7.38	Erster Wandertag der Ferien; 43 Buben wandern von Grünwald über Gliessental, Furth nach Großhesselohe. 34 kleine Buben vom Tierpark ins Isartal nach Großhesselohe.
27.7.38	Zweiter Wandertag der Ferien; 45 Knaben machen einen Fußmarsch nach Dachau und über Obermenzing zurück.
1.8.38	Die zweite Hälfte der Mädchen fährt nach Haag ins Schullandheim.
2.8.38	Vier ehemalige Mädchen erhalten den brasilianischen Aussteuerpreis in Stadtjugendamt.
4.8.38	Dritter Wandertag der Ferien; 43 Knaben wandern von Gauting über Mühlthal nach Starnberg und von hier nach Hohenschäftlarn bis Grünwald.
11.8.38	Vierter Wandertag der Ferien; die kleinen Knaben und Mädchen wandern über Pasing nach Planegg. Rückfahrt mit der Bahn.
17.8.38	Besuch des Hans Braun Leichtathletikfestes im Dantestadion mit allen Buben.
23.8.38	Fünfter Wandertag der Ferien; 48 Knaben wandern von Starnberg über Maising nach Andechs und Herrsching.
9.9.38	38 Mädchen machen eine Tageswanderung nach Schleißheim.
10.9.38:	Teilnahme am Festsommer München; Schäfflertanz beim Kinderfest im Ausstellungspark.
12.9.38	Ferien Ende; Verlegung der Schule wegen Militärbelegung.
28.9.38	Besuch des Gesundheitsamtes; Aufnahme des Kindergartens der Dom-Pedro-Schule.
16.10.38	Festzug des Jagdmuseums.

23.10.38	Wiedersehensfeier ehemaliger Knabenzöglinge. Die Feier, die gut besucht war, brachte Lieder und Gedichte sowie ein Theater »Jenseits der Grenze«, die alle das sudetendeutsche Land betrafen. Nach der Feier fand ein geselliges Beisammensein in Speisesaal statt.
30.10.38	Wiedersehensfeier ehemaliger weiblicher Zöglinge.
9.11.38	Teilnahme des Jungvolks, der Jungmädel und des B.d.M. am Gedenkmarsch zur Feldherrnhalle.
17.11.38	Unfallverhütungshalbwoche; der Betrieb wurde auf Unfallmöglichkeiten überprüft und verbessert.
23.11.38	15 Mädchen dürfen das Marionettentheater »König Drosselbart« besuchen.
27.11.38	Jungvolktagemarsch
5.12.38	130 Kinder dürfen bei der Lufthansa eine Nikolausfeier und einen Rundflug über München mitmachen.
6.12.38	Rückkehr normaler Verhältnisse in der Dom-Pedro-Schule.
24.12.38	Weihnachtsfeier und Bescherung der Kinder. Weihnachten 1938 wurde als Fest des Friedens gefeiert. Das Largo von Händel leitete die Feier ein. Ein Lichtbote kündete die Frohbotschaft des Friedens. Frau Klage lenkte den Blick auf die unselige Zeit der Versailler Knechtschaft zurück. Stimmen des Zerfalls und Stimmen des Aufbruchs ergänzten das Bild, bis eine Siegfried-Gestalt mit vier Fahnenbandträgern einen Adventskranz mit den Fahnenbandsymbolen: Einiges Volk, Eiserne Wehr, Ewiges Reich, Heiliger Friede, – schmückte. Ein Lied aus dem »Friedenstag« von R. Strauß beendete das Thema »vom Frieden der Völker«. Zu Beginn des 2. Teils »Vom Frieden der Volksgemeinschaft« erklang als Einleitungsmusik »Es ist ein Ros entsprungen«. Der Lichtbote kündete von den Friedensgaben der Nächstenliebe, die durch 12 Lichtträger mit Symbolen der Eintopfspende, der Pfundsammlung, der V.d.A. Betreuung, das Strickopfer und das persönliche Opfer dargestellt wurden, wobei die Einzelgaben in einem Lichtkreis von 12 Kerzen vereinigt wurden. Beethovens »Heilige Nacht o gieße du, Himmelsfrieden in dies Herz« leitete den 3. Teil der Feier ein, der dem Frieden des Herzens gewidmet war und in der Erlösungsbotschaft endete.
28.12.38	103 Jungen und Mädchen rodelten in Grünwald bei einem Halbtagesausflug.
28.1.39	200 Kinder dürfen im Volkstheater das Stück »Kasperl und die Mondlaterne« besuchen.
9.3.39	70 Jungmädel und B.d.M. Angehörige des Waisenhauses singen bei der Eröffnung des Kreistages im Rathaus zu München.
11.3.39	Im Alter von 78 Jahren verschied der Erbauer des Waisenhauses Geheimrat Professor Dr.h.c. Hans Grässel.
19.3.39	Teilnahme der 70 Jungmädel an der Siegerehrung in der Ausstellung zum Schluß des Kreistages. Erstkommunionsfeier der Waisenkinder.
26.3.39	Teilnahme der Kinder am Empfang des Führers in München.
29.3.39	Schäfflertanz bei der Brauertagung in München.
1.4.39	Schlußfeier mit Preisverteilung in dem mit Bildern von Großdeutschland geschmückten Festsaal des Hauses. Der Völkische Beobachter schrieb hierzu: »Auch elternlose Jugend wird vorbildlich erzogen. Diese Schlußfeier des städtischen Waisenhauses, die am Samstag im Festsaal des Hauses stattfand, zeigte überzeugend, daß auch der Jugend, die nicht im Schoß der Familie aufwächst, alle lebendige Fürsorge und Betreuung zukommt. Sorgfältigste Erziehungsarbeit wendet sich ihr zu, macht tüchtige, brauchbare Menschen aus dieser elternlosen Jugend, stellt sie unmittelbar hinein in die Gemeinschaft des Volkes und lehrt sie die großen Taten unseres Führers zu verstehen.

Das von dem Führer geschaffene »Großdeutschland« war in den Mittelpunkt der Feier gestellt. Ein Vorspruch »Dem Führer« galt Adolf Hitler. In Liedern und Gedichten erstand die Schönheit und Eigenart Großdeutschlands, der herbe Norden, östliches Grenzland, des Reiches Mitte, der sonnige Westen und der urwüchsige Süden. Und die Jugend des Waisenhauses, Buben und Mädel, überraschten dabei mit wirklich ausgezeichnet und jugendfrisch vorgetragenen Chören, das Schülerorchester mit schwungvoll gespielten Musikstücken. Eine Einlage schneidig vorgeführter Freiübungen zur Erinnerung an Jahn bewiesen außerdem, daß diese Jugend auch körperlich vorbildlich geschult wird.

Nach den Darbietungen sprach Direktor Käsbauer im Namen der Waisenkinder besonderen Dank der Stadtverwaltung, Oberbürgermeister Fiehler, der sich immer mit besonderer Liebe der Waisenkinder annimmt, dem Stadtjugendamt, den Erziehern und Erzieherinnen, der H.J. und dem B.d.M., dem Wirtschafts- und Werkpersonal, den Wohltätern und Stiftern, kurz allen, die den Waisenkindern ihre Liebe und Betreuung schenkten. Ein besonderes Gedenken galt auch dem vor kurzem verstorbenen Erbauer des Hauses, Geheimrat Grässel, der dieses Haus der elternlosen Jugend vor vielen Jahren schon so weiträumig und luftig erbaute, daß es heute noch als vorbildlicher neuzeitlicher Bau gelten kann.«

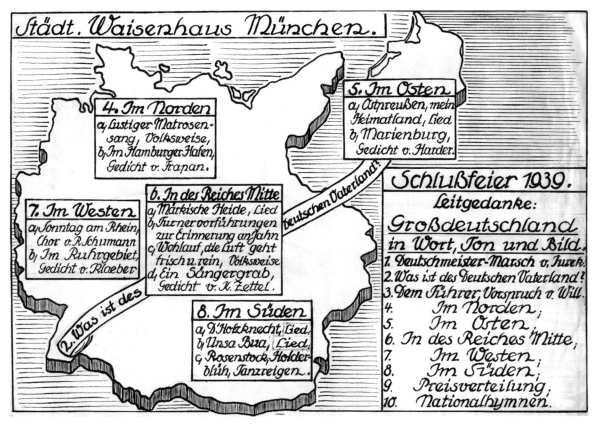

Einladung zur Schlußfeier 1939

Ein Zöglingsgeschwisterpaar in Uniform (Aufnahme etwa 1943)

Mädchenausstattung:

blauer Rock
weiße Bluse
braune Weste
Halstuch mit Knoten
weiße Strümpfe

Knabenausstattung

1. Sommeruniform:
kurze Hose (schwarz)
braune Bluse
Lederzeug (Gürtel mit Schloß
und Schulterriemen)
Halstuch mit Knoten
weiße Strümpfe

2. Winteruniform:
lange Hose (blau)
blaue Bluse
Mütze
Braunhemd

Beschränkten sich auch die Feiern innerhalb der Anstalt auf einfache Verhältnisse, so wurde ein Ausgleich durch die lebhafteste Teilnahme am Gemeinschaftsleben des Volkes geschaffen. Alle wichtigen Tagesereignisse, Wehrmachtsberichte und Reden des Führers wurden den Kindern im Gemeinschaftsempfang vermittelt, darüber hinaus beteiligten sich die Kinder im größten Ausmaß im Rahmen des Jungvolks, der Jungmädel und des B.D.M. freiwillig an den Sammlungen des Winterhilfswerks, bei der Altmaterial-Sammlung, beim Socken- und Handschuhflicken für die Soldaten, an der Hopfenernte, bei der Betreuung der Heimkehrer am Bahnhof, bei Besuchen und Liedervorträgen bei den Verwundeten in Lazaretten, sowie bei allen größeren Veranstaltungen der Partei oder des Reiches. Außerdem waren die größeren Zöglinge noch tätig beim Flachsraufen in Feldkirchen, bei der Verteilung von Lebensmittelmarken, bei der Kartoffelernte und bei zahlreichen Hilfeleistungen aller Art im Hause, wie sie durch den Ausfall des Hauswartes entfielen (Schneeräumen, Aufräumarbeiten in Hof und Garten usw.) Dadurch wurden manche Lücken ausgefüllt, die durch die verminderte Schulleistung, die Auflockerung der planmäßigen Beschäftigung und Erziehungsarbeit sich bemerkbar machten.

(aus: Leistungsbericht 1940, gez. Käsbauer, Direktor)

Der Weg in die Katastrophe – die Zerstörung des Waisenhauses im Zweiten Weltkrieg

Als »Leitgedanke« der Schlußfeier im Waisenhaus am 1. April 1939 war das »vom Führer geschaffene Großdeutschland in den Mittelpunkt gestellt«. Leider erwies sich dieses Motto vom »Großdeutschland in Wort, Ton und Bild« (siehe Programm S. 135) nicht als Aprilscherz, sondern bereits fünf Monate vor dem eigentlichen Kriegsbeginn im September 1939, wurde auch bei jenen Feiern im Waisenhaus klar, wohin die Politik des Nationalsozialismus steuerte.

Solange der Krieg fern der Heimat, weit weg von München an den verschiedensten Fronten tobte, änderte sich das Leben für die Waisenhauskinder zwar nicht entscheidend, doch genügend kriegsbedingte Maßnahmen hatten auch Auswirkungen auf das alltägliche Leben der Zöglinge. Sowohl Bürgermeister Fiehler, wie Jugendamtsleiter Ehrlicher, forderten von der Waisenhausleitung einen alljährlichen schriftlichen Leistungsbericht, der »alle Maßnahmen die infolge des Krieges in der sog. ›inneren Front‹ durchgeführt werden müssen« enthielten. Während die Jahresberichte zu Friedenszeiten einen Umfang von etwa 20–30 Seiten hatten, fielen die Leistungsberichte in den Kriegsjahren sehr spärlich aus (2–3 Seiten). Nicht der allgemeine Papiermangel und der daraus resultierende Sparzwang dürfte dafür verantwortlich gewesen sein, sondern vor allem die Tatsache, daß der Anstaltsleiter, neben anderen männlichen Angestellten (Hausarzt, Zahnarzt, Hauswart, Hausschneider usw.), zur Wehrmacht eingezogen wurde und auch in den Krieg ziehen mußte.

Trotzdem sind diese vom Anstaltsleiter Käsbauer alljährlich abgefaßten und noch vorhandenen »Leistungsberichte« natürlich eine ergiebige Quelle, um einen groben Eindruck über die jeweiligen Aktivitäten und Ereignisse, über die Lage im Waisenhaus zu Kriegszeiten, zu bekommen.

So bedauerte im Jahre 1940 der Anstaltsleiter, »daß die üblichen Anstaltsfeiern der Zeit entsprechend nur im engsten Rahmen ohne Gäste abgehalten wurden; zum Teil mußten sie sogar ausfallen, wie z.B. das jährliche Wiedersehensfest der ehemaligen Zöglinge, die – so Käsbauer – fast alle im Polenfeldzug und im Westen für Deutschlands Größe und Ehre kämpften«.

Aus dem sogenannten »Leistungsbericht« geht u.a. auch hervor, »daß das Hochbauamt durch Ausbau der Luftschutzräume mit einem Aufwand von 8 000 M für beruhigende Sicherheit bei Luftangriffen sorgte, bei denen die Kinder dank der Vorarbeiten des Anstaltsleiters und des rührigen Luftschutzleiters Maschinist Rothmüller auch nachts eine erfreuliche Disziplin bewiesen. Sowohl für die Krankenabteilung wie für sämtliche Kinder stehen nunmehr ausreichend Luftschutzräume zur Verfügung, die Verdunklung ist an über 100 großen Fenstern tadellos in Ordnung, jedes Kind mit einer Gasmaske ausgestattet und ein gut geschulter Betriebsluftschutz von tapferen weiblichen Kräften steht für alle Fälle bereit.«

Wie verharmlosend und propagandistisch in den ersten Jahren des Krieges über eventuelle Luftangriffe gedacht wurde, geht schon aus diesen wenigen Zeilen des Anstaltsleiters hervor. Obwohl die ersten Vorboten des Luftkrieges im Jahre 1940 nur Sachschäden anrichteten, war spätestens im März 1943 auch für die Heimleitung klar, daß nicht mehr von einer »beruhigenden Sicherheit bei Luftangriffen« in Hinblick auf das Wohl der Kinder gesprochen werden konnte.

In der Nacht vom 9. auf 10. März 1943 flogen die Engländer ihren zehnten Angriff auf München. Das Waisenhaus, vor allem die Ökonomiegebäude, wurden das erste Mal durch Brandbomben getroffen und stark beschädigt (siehe extra Bericht von Oskar Käsbauer S. 141). Während es im Waisenhaus-Areal bei Sachschäden blieb, wurden bei diesem Bombenangriff im übrigen München insgesamt über 200 Tote gezählt. Die stetig zunehmende Bombardierung der Großstädte, vor allem auch Münchens als »Hauptstadt der Bewegung«, führte dazu, daß der

Gauleiter (Paul Giesler) im August 1943, die vorsorgliche Unterbringung der Waisenkinder in Ausweichquartiere außerhalb Münchens veranlaßte. Die älteren, über 10-jährigen, Kinder (etwa 90) wurden auf drei KLV-Lager in Bad Wiessee verteilt, während die jüngeren, unter 10-jährigen (etwa 60 Kinder), in das NSV-Heim nach Achatswies bei Fischbachau umzogen. Die wirtschaftliche Versorgung der jeweiligen Lager organisierten die Englischen Fräulein immer noch von München aus. Desweiteren betreute der Orden etwa 30 studierende (in höhere- und weiterführende Schulen gehende) oder lageruntaugliche Kinder weiterhin im Münchner Anstaltsgebäude, wo ein verkleinerter Betrieb aufrecht erhalten wurde. Die nicht belegten Räume des Waisenhauses wurden vertraglich den Verkehrsbetrieben der Stadtwerke für 150 sogenannte Arbeitsmaiden des Straßenbahnverkehrs überlassen, wo sie Unterkunft und Verpflegung erhielten. Als nach einem Fliegerangriff am 3. Oktober 1943 die bei der Rüstungsfirma Steinheil arbeitenden sogenannten Kriegshilfsdienstmaiden obdachlos wurden, zogen weitere 90 Frauen in das Anstaltsgebäude ein. Im Frühjahr 1944 war das Waisenhaus mit insgesamt 350 Arbeitsmaiden belegt, als im April die NSDAP-Ortsgruppe Gern wegen »Unstimmigkeiten« mit der Brauerei Gern, dem Parteilokal, »die Geschäfte der Ortsgruppe« zusätzlich ins Waisenhaus verlegen wollte. Oskar Käsbauer, obwohl Parteimitglied, wehrte sich vehement gegen diesen Plan. Er hatte die berechtigten Bedenken, daß der Stiftungszweck der Anstalt verloren ginge und meinte deshalb, »daß im Katastrophenfall Lichtspieltheater weniger nötig seien, als Notunterkünfte für obdachlose Jugendliche«. Auf Druck der Partei und der kriegsbedingten Sachzwänge gab Käsbauer schließlich nach. Am 18. Mai 1944 schrieb er in einem höflichen Brief an den Leiter der Ortsgruppe Gern, Hauptlehrer W. Eckhardt: »Hiermit bestätige ich Ihnen die mündliche Vereinbarung, daß im Katastrophenfall die Ortsgruppe Gern im Vestibül des Waisenhauses zur Erledigung dringendster Katastrophengeschäfte den Platz vor der Nähstube für die Abwicklung dieser Geschäfte erhält ...«

Aus einem Artikel im »Würmtal-Boten« vom 16. Juni 1944 geht hervor, daß in einem Saal des Waisenhauses eine feierliche Entlassung von 267 Arbeitsmaiden aus den Kursen zum praktischen Dienst als Schaffnerinnen bei der Straßenbahn stattfand. Weiter steht dort geschrieben:

»Nach gemeinsamen Gesängen und nach der Zitierung von Führerworten und Aussprüchen, die den Einsatz von Front und Heimat, besonders den Einsatz der deutschen Frau beleuchteten, richtete Oberbaudirektor Kellner von den Stadtwerk-Verkehrsbetrieben das Wort an die neu zum Einsatz Kommenden. Als vollgültige Arbeitskräfte bei der Straßenbahn übernähmen sie einen schweren Dienst und eine große Verantwortung. Dem Appell an das Pflichtgefühl gesellte sich die Mahnung, sich die Leistungen an der Front zum Vorbild zu nehmen.«

Vier Wochen später war die Front bereits Mitten in der Stadt. Am Dienstag, den 11. Juli 1944 flogen die Amerikaner mit über 1 000 Flugzeugen die bisher schwersten Luftangriffe für München und entluden gegen Mittag etwa 2 000 Tonnen Spreng- und Brandbomben über die Stadt. Das Waisenhaus bekam einen Volltreffer – die Gebäude waren schwer beschädigt und in den Luftschutzkellern starben mindestens 43 Personen, darunter die Oberin mit elf Schwestern, der Anstaltsgeistliche Kurat Hoch, zufällig vorbeikommende und schutzsuchende Passanten, auch einige Kinder. Zwei sogenannte »Ostarbeiter«, bzw. Zwangsarbeiter, aus der Ukraine kamen vermutlich bei Aufräumungs- und Rettungsarbeiten ums Leben.

Das ganze Ausmaß und die Tragik der Katastrophe wird durch den erschütternden Bericht der Krankenpflegerin, Mater Alwina, eine der wenigen Überlebenden aus den betroffenen Luftschutzräumen deutlich (siehe S. 145).

Bei den flächendeckenden Bombardements vom 11., 12., 13. und 16. Juli 1944 kamen in München fast 1 500 Menschen um, etwa 4 500 wurden als verletzt registriert, und über 200 000 Personen wurden obdachlos.

Der Direktor des Waisenhauses, Oskar Käsbauer, versuchte sofort nach dieser schrecklichen Katastrophe, vom Tegernsee aus, eine »Versorgungsstelle Waisenhaus« in Bad Wiessee zu organisieren. In München blieb nur noch eine »Bergungsstelle Waisenhaus«, wo versucht werden sollte, aus den Trümmern und Ruinen »noch zu retten was zu retten ist«. Die kläglichen Überreste, hauptsächlich der nördliche ehemalige »Knabenflügel«, wurde einer Rüstungsfirma, der Metallwerke Neumeier GmbH, als Unterkunft für ihre ausländischen Arbeiter zur Verfügung gestellt.

Nach einem sehr freundlichen Brief des Direktors an die Englischen Fräulein in Nymphenburg mit der Bitte, den dringend notwendigen »Notversorgungsbetrieb« in Bad Wiessee doch zu übernehmen, stimmte der Orden nach einigen Bedenken und Bedingungen dem weltlichen »Waisenhausvater« zu.

»Ihrer dringenden Bitte und Ihrem Appell an die christliche Caritas im Katastrophenfalle wollen wir uns, nicht zuletzt auch mit Rücksicht auf die bald hundertjährige Tradition, die unsere Kongregation mit dem Waisenhaus verbindet, nicht entziehen und wir wären, so schwer es uns fällt, bereit den ›Versorgungsbetrieb des Waisenhauses‹, sofern er uns als eine selbständige, abgeschlossene Abteilung übertragen wird, zu übernehmen,« hieß es in einem Schreiben des Ordens der Englischen Fräulein vom 21. Juli 1944.

Als Oberin des Notversorgungsbetriebes in Bad Wiessee wurde, allerdings erst am 15. Dezember1944, die bereits seit 1920 im Waisenhaus tätige Erzieherin, Mater Oswalda Schmid, aufgestellt.

Am 7. Januar 1945 wurde das Waisenhaus noch einmal von Bomben schwer getroffen. Die eigentliche Totalzerstörung der Gebäude war kein Hinderungsgrund bis Kriegsende in den Ruinen des Waisenhauses noch ausländische Zwangsarbeiter, die bei der Rüstungsfirma »Metallwerke Neumeier GmbH« arbeiten mußten, hausen zu lassen.

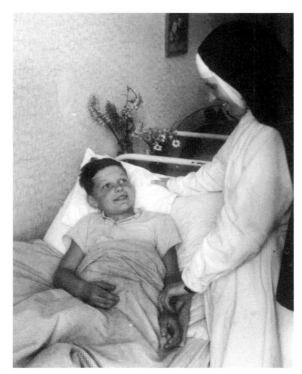

»Notversorgung«: Mater Amanda kümmert sich um den kranken Zögling Walter Schmalix im Berggasthof Sonnenbichl, Aufnahme: Frühjahr 1945

Durch die rechtzeitige Evakuierung der Kinder im August 1943 blieb ihnen das Inferno in der Stadt erspart. Das Kriegsende erlebten die Waisenhaus-Zöglinge in der Nähe des Tegernsees. »Der Führer sorgt für unsere Kinder.« Mit diesem zynischen Slogan warb der Reichsjugendführer Baldur von Schirach für die Kinderlandverschickung (KLV). Die Unterbringung der Kinder in KLV-Lagern und NSV-Heimen war im Falle der Waisenhauszöglinge eine mit Sicherheit lebensrettende Maßnahme.

Einen kleinen Einblick in den Alltag der Kinder in den letzten zwei Kriegsjahren, vom Sommer 1943 bis Sommer 1945, soll eine umfangreiche Fotoreportage mit sehr seltenen und eindrucksvollen Bildern geben.

Weihnachten 1941 im Waisenhaus, gespielt wird das Theaterstück »Winternachtstraum«; unter dem Lüster und den hellerleuchteten Hakenkreuzen, der »Waisenhausvater« Oskar Käsbauer mit Krone; ein Foto mit Symbolkraft!

```
        S t ä d t .  W a i s e n h a u s
              Entlaßfeier !
                (28. 3. 42)

   1) Largo                           v. Händel

   2) Gefallenen - Ehrung

   3) Opferlied                       v. Jochum

   4) Alles Leben ruht auf dem Tod    Gedicht

   5) Deutschland, heiliges Wort      3st. Chor

   6) Ansprache u. Preisverteilung

   7) Wir sind jung                   Entl. Lied

   8) Und auch dies wird einst vorrbgh. Gedicht

   9) National - Hymnen
```

Programm-Handzettel für die Abschlußfeier im März 1942

Das Ökonomiegebäude nach dem Luftangriff vom März 1943.
»Die Früchte jahrelanger unverdrossener Arbeit erblühten auf den Schlachtfeldern Europas zu höchster Pflichterfüllung. Im hohen Norden, fernen Osten, heißen Süden, auf weiten Weltmeeren und in der Luft kämpften unsere ehemaligen Zöglinge in unbeirrbarer Treue für Führer und Vaterland und beweisen damit ihre Vollwertigkeit in der Volksgemeinschaft. Leider besiegelten bereits 42 der Getreuen ihre Einsatzbereitschaft mit dem Heldentod.«
(Direktor Käsbauer, im Leistungsbericht 1943)

Bericht über Fliegerangriff vom 9./10. März 1943

Tätigkeit im Betrieb während des Angriffs und kurz danach:

Der erweiterte Selbstschutz des Waisenhauses hat sich, obwohl überwiegend aus Klosterfrauen und Kindern bestehend, hervorragend bewährt. Nach genauer Feststellung aller Einschlagstellen und Bombenreste sind über das Waisenhausareal 202 Bomben, meist Stabbrandbomben und 5 Phosphorkanister niedergegangen. In nächster Nähe wurden Häuser durch schwere Bomben zerstört, deren Luftdruckwirkung besonders für die Nordseite des Waisenhauses fühlbar wurde. Die vom Anstaltsleiter und dem Luftschutzwart Rothmüller vorbereiteten Luftschutzmaßnahmen boten die Grundlage für die erfolgreiche Durchführung der Brandbekämpfung. Hauswart Meier und Luftschutzwart Rothmüller haben in mehr als 24 stündigem Einsatz durch tapferes persönliches Eingreifen unter wiederholter Lebensgefahr (Meier wurde vom Luftdruck zweimal hinweggeschleudert) sämtliche Brandherde (davon 10 im Hauptgebäude, 1 Großbrand im Stallboden, 4 im Wirtschaftsgebäude) mit Erfolg bekämpft. Es handelte sich hiebei um eine weit über den allgemeinen Rahmen pflichtgemäßer Arbeit hinausgehende, besonders hervorzuhebende Dienstleistung, unter teilweiser Lebensgefahr. Ich bitte daher beiden wackeren Männern eine entsprechende Auszeichnung zu zuerkennen.

Nicht minder tapfer und einsatzbereit waren die eingeteilten Klosterfrauen und größeren Zöglinge des Hauses. Während des Angriffs hielten sie an 7 Beobachtungsstellen mitten im feindlichen Feuer aus, meldeten unverzüglich die Brandstellen und stürzten zu ihrer Bekämpfung in die oberen Stockwerke des Hauses. Hiebei taten sich durch unerschrockenen Einsatz M. Agnes, Huberta, Amanda und Schwester Heribalda besonders hervor. Zur Mithilfe waren freiwillig herbeigeeilt Fähnleinsführer Getsberger und Klosterseelsorger Hoch, welche bei der Bekämpfung der Brandherde mit dem Zögling Käufl und M. Agnes durch besondere Umsicht und Tapferkeit die 10 Hauptbrandherde zum Erlöschen brachten. Die sehr versteckt und weit auseinanderliegenden Brandherde, deren einer von einem mächtigen Phosphorkanister unter Durchschlagung des Dachstuhles und der Betondecke bis ins 2. Stockwerk vordrang, wurden trotz Rauch-, Qualm- und Feuerentwicklung und explosiver Streuwirkung restlos gelöscht, obwohl bereits Betten und Möbel brannten. Die Ausdehnung des Stallbrandes und Rettung des gesamten Viehbestandes vollzog Hauswart Meier unter Mithilfe der Schwestern Agilberta und Maximilia sowie einiger beherzter Buben. Ich bitte um eine entsprechende amtliche Anerkennung der weit über alles pflichtgemäße hinausgehenden Einsatzbereitschaft des erweiterten Selbstschutzes im Waisenhaus. Während des Fliegerangriffes und kurz danach kamen auch etwa 10–12 Obdachlose und teilweise verwundete ins Waisenhaus und wurden hier von Dr. Zetti und M. Alwina mit ersten Notverbänden versehen. Außerdem wurden sie behelfsmäßig in den Kellerräumen untergebracht, wo sie morgens in die Sammelstellen abzogen.

Die Erzieherinnen und Kinder des Hauses (211 Zöglinge) verhielten sich während des schweren Bombardements, dessen Explosivwirkungen auch in den Schutzräumen spürbar war, in musterhafter Ruhe und Ordnung und verblieben dort bis zum hellen Tag.

Die gesamte Betriebsgemeinschaft des Waisenhauses erwies sich als mustergültige Notgemeinschaft besonders in den auf den Angriff folgenden Stunden. Noch in der Nacht wurde das riesige Hauptgebäude, das mit Glassplittern aus 300 Fenstern übersät war und bei dem alle Vorhänge, Verdunkelungen, Fenster- und Türrahmen in der Luft hingen, neben der Löscharbeit so in Ordnung gebracht, daß bei Tagesanbruch daran gegangen werden konnte, die Kinder in den heilgebliebenen Räumen notdürftig zu versorgen. Gleichzeitig wurde der Großbrand im Stall, der von Feuerwehrmännern gelöscht wurde, durch Entfernung des immer wieder aufglimmenden Heues und Strohes eingedämmt. Unter Einsatz aller arbeitsfähigen Erwachsenen und Kinder konnte so bereits am 1. Tag nach dem Luftangriff der Großteil der Zerstörungen aufgeräumt werden. Die überwiegende Zahl des Personals einschließlich der Leitung hatte Nacht und Tag ohne Pause und Nachtruhe teilweise bis zur völligen Erschöpfung gearbeitet. Die umsichtige Wirtschaftsführung durch die Frau Oberin suchte nur die reibungslose Versorgung der Kinder und Arbeitsleute, sondern ermöglichte darüber hinaus den gastweisen Küchenbetrieb für das Hilfskrankenhaus der Maria-Ward-Straße. Außerdem gelang es dem Amtsleiter eine Gruppe Soldaten zu erhalten, welche die vordringlichsten Aufräumungsarbeiten der Großbrandstelle im Stall fortführten und einen Pionier zur Beseitigung und Zählung der Bombenreste zu erhalten. Derselbe stellte 202 Einschlagstellen mit Resten fest, darunter einige Phosphorkanister und 11 Blindgänger, die er beim Schirrmeister seiner Truppe ablieferte.

gez. Direktor Käsbauer

Der Oberbürgermeister
der Hauptstadt der Bewegung
Luftschutzdezernat.

Stadtbez.: **23** Registraturvermerke:

Anmeldung von Flieger-Bauschäden vom 11.–13.Juli 1944

(Schäden an beweglichen Sachen einschl. Beleuchtungskörpern und Verdunkelungen sind vom Geschädigten an das Dezernat V — Feststellungsbehörde — zu melden).

I.

Beschädigtes Objekt: Städt. Waisenhaus, Waisenhaus Straße Nr. 20

Art (Einfamilien-, Miet-, Garten-Haus, Lager, Fabrik u. a.) Kinderanstalt

Name und Anschrift des Eigentümers: Stadtgemeinde München, Stiftung
Direktor Küsbauer, z.Zt Bad Wiessee, K.L.V.Landesbauernheim

II. Dringlichkeit: (Zum Beispiel: Arztpraxis, Apotheke, wichtiger Betrieb u. dergl.)
Sicherung des beweglichen Eigentums durch Bretterverschläge usw

III. Art der Bauschäden: (Zutreffendes unterstreichen) Haus größtenteils Einsturzgefahr!

a) Sprengschäden: <u>total</u> — schwer — ~~mittel~~ — ~~leicht~~

b) Brandschäden: ~~total~~ — Dachstuhl — _____ Stockwerke Nordflügel II.Stock
   Küchenflügel I.Stock

c) Verschiedene Bauschäden: (Bei Totalschäden nicht näher auszufüllen)

  1. Glas: <u>stark</u> — mittel — gering, _____ Schaufenster, Glasdach
  2. Holz: <u>Fenster-Rahmen, Fenster-Stöcke, Haus-Türen, Wohnungs-Türen</u>, _____ -Türen
  3. Dachhaut: ~~Blech~~ — <u>Ziegel</u> — <u>Pappe</u>
  4. Öfen — Herde — Sammelheizung bloß gelegt.
  5. Türschlösser u. a. Schlosserarbeiten
  6. Gas — Strom — <u>Wasser</u> — Klingelleitung
  7. Sonstiges: Instandhaltung bzw Notherstellung einiger weniger Räume für Wohnzwecke des Sicherungspersonals vordringlich!

IV. Zahl der geräumten Wohnungen Das ganze Haus wurde geräumt –im Direktor Wohngebäude ist durch Dachabdeckung Wiederbewohnbarmachung des Erdgeschoßes

V. Bemerkungen:
möglich, ebenso die Heizerwohnung und Hauswartwohnung herstellbar. Zum Schutz und zur Bewachung und Verwaltung der Mobilien im großen Gebäude sind diese Wohnräume dringend benötigt.

München, den 16.Juli 1944 ~~1943~~

Der Aufnahmebeauftragte:

Der Eigentümer
oder erreichbare Vertreter:

K.

Direktor des städt. Waisenhauses

Formblatt 4a. N/0140 Li.

Nach dem letzten Bombenangriff auf das Waisenhaus vom 7.1.1945: Vorderansicht

Als einziges Teil vom einst so prachtvollen Bauwerk blieb lediglich der Nordflügel des Waisenhauses einigermaßen erhalten. Er wurde nach dem Kriege wieder in den Neubau integriert und wird heute noch genutzt.

Bericht über die Heimsuchungen unserer Münchner Institutionshäuser.

(11.–21. Juli 1944)

Unsere Krankenpflegerin, Mater Alwina, eine der wenigen Überlebenden aus den betroffenen Luftschutzräumen, berichtet:

»Es war am 11. Juli 44. – Unbeschreiblich die Not und Angst dieses Tages! Aber auch ihn mit seinem Geschehen hat Gott uns zugemessen. Mater Oswalda, Mater Huberta und Mater Amanda waren an diesem Tag mit dem Omnibus nach Wiessee gefahren, um die Wäsche für die dorthin evakuierten Waisenhauskinder zu besorgen. Im Waisenhaus selbst war alles an seiner gewohnten Arbeit, als ungefähr um 1/2 12 Uhr die Sirenen heulten. Wir fanden uns im Keller ein. Jeder an seinem Platz. Hochw. Herr Kurat Hoch, der bekannte Dichter Hugin, machte mir an diesem Tag einen erregten Eindruck. Er war blass und sprach wenig. H.H. Kurat und Ehrw. Mater Oberin Joakima befanden sich mit den Brandwachen Mater Agnes, Mater Ortrudis, Mater Innozentia und Schwester Luzia in der Gasschleuse. Von dieser führte eine Türe in den 1. Schutzraum, für die Kranken bestimmt. Hier waren nur die 16-jährige Franziska Weiss, die eine Angina hinter sich hatte und ich. Vom Krankenluftschutzraum kam man in den Kinderluftschutzraum, in dem sich Mater Viktoria mit 10 Kindern aufhielt. Die übrigen Kinder waren noch in der Schule. An den Luftschutzraum der Kinder schloß sich der der Klosterfrauen an, in dem das Allerheiligste aufbewahrt war. Am 11. hielten sich hier auf: Mater Baptista, Mater Hermine, Mater Charitas, Schwester Elisabeth, Schwester Kapistrana, Schwester Theotima, Schwester Theobalda, Schwester Laetitia, die beiden Schneiderinnen: Frl. Hien und Frl. Rosa Mayerhofer und die 3-jährige Christl, das Kind von Frau Amann, ehemaliger Waisenhauszögling, Martha Schreiner. Anschließend folgten die Schuhkammer für die Kinder, 1 Luftschutzraum für die Weltleute, unter dem Haupteingang der Holzkeller, anschließend die Befehlsstelle der Ortsgruppe Gern, ein Stapelraum, der Luftschutzraum für die Maschinistenfamilie Rottmüller und 3 Luftschutzräume für die z.Zeit im Waisenhaus untergebrachten Trambahn-Maiden.

Pausenlos arbeitete die Flak. Flieger rasselten über uns; alles wartete mit gespannten Nerven auf die Meldungen des Lautsprechers am Gang. Ich legte im Krankenraum Verbände und dergl. bereit und setzte mich dann an meinen gewohnten Platz um zu beten.

Da kam Mater Oberin zu mir und meldete, daß Frau Haunreiter in die Gasschleuse gekommen sei um Tropfen zu erbitten. Ich ging hin und fühlte den Puls. Sie hatte furchtbare Angst. H.Kurat stand bei ihr und beruhigte sie. Die Flieger sausten über unser Haus, als rollten sie direkt über die Kellerdecke hinweg. Ich ging rasch an den Medikamentenschrank im Krankenkeller nebenan um Tropfen für die Frau zu holen. Fanny Weiss hielt mir den Löffel. Ich konnte eben noch den Schrank schließen, da, ein furchtbarer, unvorstellbarer Krach – schwarze Nacht um uns! – Dicke, stauberfüllte Luft, die uns fast nicht mehr zu Atem kommen ließ. Schutt in Menge rieselte in unseren Keller. Ich stand halb gebückt, Fanny hinter mir, mich am Kleid haltend. Ich konnte nur noch einen Gedanken der Ergebung fassen. Es war uns, als seien wir lebendig begraben. Ich konnte keinen Schritt tun. Schutt und Möbel waren vor meine Füße geschoben. Da riß mich Kinderschreinen und Stöhnen Verschütteter aus dem lähmenden Schrecken. Ich knipste die Taschenlampe an, die ich umhängen hatte, konnte aber noch nichts sehen als Schutt. Nachdem ich mich über verschiedene Gegenstände hinübergetastet hatte, fand ich Mater Agnes bis zur Hüfte im Schutt vergraben. Sie streckte mir hilferufend beide Hände entgegen. Über uns tobte der Angriff weiter und wir erwarteten jeden Augenblick den Todesschlag. Da wurde beim Ausstieg des Kinderraumes durch die Gewalt des Luftdrucks die Eisenblende aufgerissen. Nun hatten wir etwas Tageslicht und konnten besser atmen. Jetzt sah ich erst, daß eine Ecke von meinem Keller verschüttet war und wußte, daß hinter Mater Agnes noch Mater Oberin liegen mußte. Wir gruben nun bei Mater Oberin und bei Mater Agnes. Mater Oberin, von der nur eine Hand freilag, mußte sich in der halboffenen Gasschleusentüre befinden und über ihr hatten sich große Mauertrümmer in einander verklemmt. Sobald man unten zu graben begann, stürzte das Gemäuer auf die Verschüttete herab. Es war fast zum Verzweifeln, unsere gute Mater Oberin unter diesen Trümmern zu wissen und nicht helfen zu können. Wir hörten sie stöhnen und sagen: »Helfen Sie mir! Retten Sie mich!« Es war entsetzlich!

Das Geschrei der Kinder trieb mich in den Nebenraum. Da kroch Mater Viktoria blutüberronnen irgendwo aus den Trümmern hervor. Eleonore Otto hatte sich befreien können, sie schleppte sich mit einer Knieverletzung daher. Der Raum war zur Hälfte zugeschüttet, die schweren, eisernen Schienen, die die Keller stützen sollten, hingen herab. Nichts als

Bretter, Schutt und Steine! Darunter die Kinder! Als sich der Staub etwas gelegt hatte, beteten wir laut in unserer Not. Die Kinder erkannten meine Stimme und jedes rief meinen Namen und: »Bitte, kommen Sie zuerst zu mir!« – Ich wußte nicht wo anfangen, bei Mater Oberin, bei Mater Agnes oder bei den Kindern. Ich grub mit beiden Händen soviel ich konnte. Zwischenhinein warfen uns Bombeneinschläge in der Nähe selbst in den Schutt. Anni Schranner steckte auch bis zur Hälfte im Schutt. Sie war wie eingemauert, der Kopf aber lag frei; so suchte ich zunächst nach denen, die man nur schreien hörte. Erich Hufnagel und Fritz Nemeth fanden wir als erste. Sie bluteten stark am Kopf. Fritz war einer Ohnmacht nahe. Die 5-jährige Hildegard Rab war stark zwischen Schutt und Brettern verklemmt, so, daß wir nur Kopf und Oberkörper frei bekommen konnten. Hinter ihr tief unter dem Schutt lag noch Luitgard Meier; ihre Stimme wurde immer schwächer. Es kam nur mehr ein leises: »Ich kann nicht mehr« hervor. Mater Viktoria, die zuerst selbst halb verschüttet war und obendrein noch eine Gehirnerschütterung und eine Armverletzung hatte, leuchtete uns noch mit einer Kerze, die wir im Schrank fanden. Heute krampft sich noch mein Herz zusammen, wenn ich an diese Stunden denke.

Endlich war Mater Agnes frei. Sie versuchte auch Mater Oberin zu retten. Es war unmöglich. Nun stieg sie aus, Hilfe zu holen. Inzwischen mühten wir uns weiter. Der Durchgang zum Schutzraum, in dem klein Christl, die 2 Näherinnen und die 8 Mitschwestern mit dem Allerheiligsten weilten, war wie zugemauert. Totenstille herrschte dort. Da Mater Agnes nicht mehr zurückkam und ich fürchtete, es sei ihr etwas zugestoßen, versprach ich den Lieben im Keller Hilfe zu holen und stieg schweren Herzens mit großem Bangen um die teuren Leben unten aus. Schwer prasselte der Regen nieder, als ich um das Haus hetzte. Am Mittelbau, an der Pforte angelangt, läutete das Telefon. Es kam mir vor, wie ein Anruf vom Himmel. Aber welch ein Schrecken! Nur ein Schrittbreit fester Boden führte in die Pforte, alles andere lag unten, auf dem eingestürzten Holzkeller. Am Telefon war die Stadtverwaltung, die anfragte, ob dem Waisenhaus etwas passiert sei. Ich konnte nur melden, daß wir verschüttet seien und das Fräulein versprach die Meldung sofort weiterzugeben und Hilfe zu schicken. Ich versuchte noch bekannte Nummern zu wählen, um schneller Hilfe zu bekommen, erhielt aber keine Verbindung mehr. Ich lief weiter um nach den anderen in der Knabenabteilung zu sehen. Dort kam mir kreidebleich Schwester Theonilla aus dem halbzertrümmerten Keller entgegen. Ich gab kurz Bescheid von drüben, bat um Hilfe und lief weiter. An der Haustüre, bei der Mädchentreppe, die auch halb eingestürzt war, lagen 3 oder 4 Tote und Schwerverletzte. Ich rief in den Keller hinein, der auch auf dieser Seite eingestürzt war, nach H.H.Kurat: aber die Gasschleuse war auch von hier aus ganz zugeschüttet. Ein schrecklicher Anblick!

Als ich wieder bei unserem Ausstieg war, kamen bereits zur Bergung abgestellte Soldaten, ein Trupp von 100 Mann. Welch unbeschreibliche Erleichterung für mich! Sie ließen sich die Keller zeigen und stiegen ein. Mater Viktoria und die verletzten Kinder wurden zuerst heraufgehoben. So hatten wir wenigstens unter unseren Schutzbefohlenen keine Opfer zu beklagen. Auch die Maiden wurden alle gerettet. 3 von ihnen, sowie die Führerin der Steinheilmaiden waren verletzt. Soldaten, Feuerwehr, Sanitäter, Schwestern, alle taten ihr Bestes und suchten in aufopferndem Einsatz den Verschütteten und Verletzten zu Hilfe zu kommen. Besonders tatkräftig und hilfreich griffen die Schwestern vom Roten Kreuz ein, unter Anleitung der guten Schwester Janka, die durch ihre Umsicht und ihren persönlichen Einsatz dem Haus große Dienste leistete. Bis zum nächsten Tag wurde fast pausenlos gegraben, bis endlich alle Verschütteten geborgen waren. Ich kam eben wieder in den Keller, als Mater Oberin ausgegraben war. 2 oder 3 Russen hatten die großen Mauerblöcke gehalten, während andere gruben. Herr Dr. Zetti bemühte sich um das kostbare Leben – es war zu spät. Mater Oberin hatte eine tiefe Wunde am Bein und eine Quetschung am rechten Oberkiefer. Sonst war sie unverletzt. Die 3 schwerst verschütteten Kinder konnten ausgegraben werden, sie waren ganz erschöpft. Erst am Spätnachmittag konnten unsere anderen toten Mitschwestern geborgen werden. Nur unter Aufwand größter Mühe gelangte man in die verschütteten Luftschutzkeller. Unsere lieben, beim Allerheiligsten weilenden Mitschwestern sind vom Luftdruck erfaßt und in die Höhe auf die Trümmer geschleudert worden. Teilweise waren sie auf dem Schutt gelegen, teilweise tief unter den Trümmern begraben. Erst am nächsten Morgen fand man die letzte Tote, unsere gute alte Schwester Elisabeth. Außer den schon erwähnten 8 Mitschwestern, die sich im Klosterfrauen-Schutzraum befanden, trauern wir noch um Mater Innozentia, Mater Ortrudis und Schwester Luzia, die als Feuerwehr eingesetzt, im entscheidenden Augenblick ihre Zuflucht in der Gasschleuse nahmen. Frau

Haunreiter war auf H.H. Kurat zu liegen gekommen. Sie bekam durch einen kleinen Spalt vom Gang her Luft und konnte so gerettet werden. Sie erzählte, daß H.H. Kurat sehr gearbeitet habe um sich zu befreien und daß sein Röcheln noch lange vernehmbar war. Auch ihn konnten wir nur als Leiche bergen.
Herr Polizei-Kom. Mensch ersuchte mich ihm behilflich zu sein, die Leichen zu identifizieren. Die meisten konnten nur an den Wäschezeichen sicher erkannt werden. Auf meine dringende Bitte hin, war eine fremde Frau nach Nymphenburg geradelt um dort das Unglück zu melden.
Soweit der Bericht von Mater Alwina. –

Die Schreckenskunde erreichte die Nymphenburger Gemeinde gegen 13.30 Uhr. Hochehrw. Mater Provinzoberin war an diesem Tage verreist und konnte nur unter größten Schwierigkeiten gegen Mitternacht München erreichen, woselbst sie in St. Elisabeth die traurige Botschaft erhielt. So eilte Mater Oberin Tarasia an die Unglücksstätte, begleitet von Mitschwestern, Ärztinnen und Barmherzigen Schwestern. Wer irgend frei war, ging ausgerüstet mit Schaufel oder Pickel, Verbandstoff oder Medizin, um nach Kräften helfen.
Hochw. Herr Pater Beda von den Karmeliten, Hochw. Herr Pater Brugger S.J. Hochw. Herr Stadtpfarrer Niggl, Herr Direktor Adam, viele Freunde des Hauses kamen ihre teilnehmende Hilfsbereitschaft zu zeigen.
Als Vertreter der Stadt erschienen im Waisenhaus: Herr Stadtschulrat Bauer, als Vertreter des Herrn Oberbürgermeisters, Herr Direktor Ehrlicher, vom Stadtjugendamt, Herr Ratsherr Holzmüller, von der Zentralstelle für Belieferung städt. Anstalten, sowie Herrn der städt. Baukomission.
Die 6 verletzten Kinder wurden in unser Krankenhaus Maria Wardstr. gebracht, die überlebenden Mitschwestern fanden in Nymphenburg und Blutenburg schwesterlich herzliche Aufnahme.
Die Angriffe des nächsten und übernächsten Tages richteten noch weitere Zerstörungen an, so daß das Waisenhaus heute unbewohnbar ist. Ein Fachmann zählte über 25 Sprengbomben-Einschläge auf dem Gebiet des Waisenhauses. Schon am 11.7. war auch der Stall durch eine Sprengbombe vernichtet worden. Durch das rasche und tatkräftige Eingreifen des Herrn Seidl, konnten die verschütteten Schweine am nächsten Tag noch fast alle lebend gerettet werden. Der musterhaft bewirtschaftete Waisenhausgarten machte durch die Zerstörung einen traurigen Eindruck.
Die überlebenden Mitschwestern wandern seither Tag für Tag zur Unglücksstätte – immer wieder von neuen Angriffen bedroht – und versuchen zu retten, was noch aus den Trümmern hervorgeholt werden kann.
Die fast ununterbrochene Angriffsreihe der nächsten 10 Tage, die daraus folgenden Verkehrsschwierigkeiten, die Verwüstungen unseres Friedhofes, die vielen anderen Todesopfer unserer Stadt, alles trug dazu bei, die Festlegung des Beerdigungstermins zu verzögern. So wurde nach vielfachen Verhandlungen mit dem Bestattungsamt die Beisetzung unserer lieben Toten erst auf den 19. Juli festgelegt. Um 1/2 10 Uhr sollten unsere Mitschwestern zu Grab getragen werden. Aber ein erneuter, heftiger Angriff an diesem Tag ließ uns nicht einmal in Ruhe unsere Toten begraben. Erst gegen 14 Uhr konnten wir die Luftschutzkeller verlassen. Wir eilten unsere lieben Mitschwestern auf ihrem letzten Gang zu begleiten. Der Zeitverhältnisse halber konnten nur wenige Mitschwestern und fast keine Angehörigen an der Beisetzung teilnehmen. Aber im Geiste standen wir alle um die Gräber unserer teuren Toten, die uns in tapferer Pflichterfüllung den Weg vorausgegangen sind.

Todesanzeige.

Nach einem Leben treuester Hingabe für die Waisenkinder fielen dem Terrorangriff am 11. Juli 44 zum Opfer:

M. Joackima J o b s t , Oberin ;
M. Baptista J o b s t ;
M. Charitas K e l l n b e r g e r ;
M. Hermine Hörtreiter;
M. Innozenzia S c h w e i g e r ;
M. Ortrudis O b e r ;
Frl. Anna H i e r l ;
Frl. Rosa Mayerhofer;

Herr Ludwig H o c h, Kurat;
Schw. Elisabeth Baumann;
Schw. Theotima A n g e l e ;
Schw. Capistrana S c h u l e r ;
Schw. Theobalda K l e i n ;
Schw. Lätitia L e i t n e r ;
Schw. Lucia L a n g ;

Mitarbeiter und Zöglinge werden die stillen Helden der Pflicht nie vergessen, deren Opfer nur Gott lohnen kann. In tiefer Trauer und Dankbarkeit

Das Städtische Waisenhaus München
Konvent d. Engl Frl.   Oskar Käsbauer, Direktor.

Oberin
Mater Joachima Jobst,
geb. 28. 3. 1894 in Pielenhofen.

Lasset uns beten
für die beiden Ehrw. Schwestern
im Institut der Engl. Frl.,
welche durch Terrorangriff
in München am 11. 7. 1944
(Waisenhaus) gefallen sind.

Carl Mayr Amberg

und
Mater Baptista Jobst,
geb. 18. 7. 1890 in Pielenhofen.

R. I. P.
„Begrabet diesen Leib, wo Ihr wollt, die Sorge um ihn soll euch nicht beunruhigen. Nur darum bitte ich euch: Gedenket meiner am Altar des Herrn, wo immer ihr sein möget." (Worte der sterbenden hl. Monika.)

Vater unser.   Ave Maria.

*Schwestern, wir wollen
nicht traurig sein,
Wie die, so nicht
Glauben haben,
Ihre liebe Seel' ging zur
Heimat ein,
Der Staub wird
zu Grabe getragen.
Sie haben's bestanden,
wir müssen's bestehn;
Sie gingen den Weg, der
uns bleibt zu gehen.
Zur Hochzeit rief Gott
sie in Gnaden.
Wir alle sind
später geladen.
R. i. p.*

Staatliche Kriminalpolizei
Kriminalpolizeileitstelle
München
2. K.

München, den 12.7.44 19......

Aktenvormerkung
über die polizeiliche Behandlung einer Leiche.

I. Personalien und Tatbestand:

S c h u l e r Maria, led. Ordensschwester, geb. 2.3.1874 in Kolbéng
Eltern:
wohnhaft zuletzt München, Waisenhausstraße 20-Waisenhaus- ist am 11.7.
44 beim Terrorangriff auf München gefallen und wurde am gleichen
Tage um 19 Uhr aus dem Anwesen Waisenhaus str.20 tot geborgen.

II. Die Leichenschau wurde vorgenommen durch: Dr. Minning, Nymph.Str.75

Inhalt des Gutachtens: Vollkommene Zertrümmerung

III. Die Leiche wurde in das Gerichtl.-med. Institut — in den Nord friedhof verbracht —
in der Wohnung .... belassen. Die Beerdigung wurde untersagt.

IV. Bemerkungen, insbesondere über die Vorfindung und Sicherstellung von Wertgegenständen:
Ohne Nachlaß

V. Das Gutachten des Leichenschauers und die Anzeige des KS. Mensch I C

wurden am 12.7.44 19...... an die Staatsanwaltschaft für den Landgerichtsbezirk München I
abgegeben.

VI. Das Standesamt München IV wurde am 12.7.44 19...... verständigt.

VII. Das Amtsgericht München, Vormundschafts- und Nachlaßgericht wurde am .... 19...... verständigt.

VIII. Im Selbstmörderverzeichnis / Unfallverzeichnis eingetragen unter Ziff. ....

IX. An das Gesundheitsamt der Stadt München zur Kenntnis.

Angaben für statistische Zwecke:

Religionsbekenntnis ......kath.
Familienstand ......ledig
Zahl und Alter der lebenden Kinder ....
darunter noch unversorgt ....

J. A.
Meister

Quelle: Staatsarchiv München, Pol. Dir. 8304

Stadtwerke der Hauptstadt der Bewegung München
Gaswerke   RBNr. 5/0850/0704

Anschrift des Absenders:
Stadtwerke der Hauptstadt der Bewegung München, Gaswerke
München 28, Unterer Anger 3

Drahtwort
Gaswerke

Fernruf:
80 390

An das
Polizeipräsidium München

M ü n c h e n
Ettstr. 2, Zimmer 204

Ihre Zeichen
3.K.U.T. 21

Ihre Nachricht vom
19.8.44

Unsere Zeichen
Da/Dip.

Tag
22.8.44

Betreff: Unbekannte Leiche männlichen Geschlechts

2 Anlagen

Die an der Schadenstelle Waisenhausstrasse 20 geborgene männliche Leiche ist die des Ostarbeiters Nr.144 Schkoljarow Alex, geb.5.12.94 in Slynki Ukraine vom Lager Belgradstrasse 152 a der Firma Polensky & Zöllner, Martiusstr.8. Ausserdem ist noch der Ostarbeiter Nr.288 Solowiow Michael, geb.1893 in Cholusna-Ukraine von der gleichen Firma ums Leben gekommen.

Heil Hitler!
Gaswerk Dachauerstraße

Die Zöglinge Inge Detzel (rechts) und Josefine Greif am Pfingstmontag 1944 im Waisenhausgarten

Inge Detzel (verh. Geiger) ging auf die Riemerschmied-Handelsschule und war deshalb nicht wie die anderen Mädchen in einem KLV-Lager, sondern weiterhin im Waisenhaus untergebracht.
Ein zufälliger Ausflug am 11.7.1944 nach Bad Wiessee rettete wohl ihr Leben. Inge verlor allerdings bei dem Bombenangriff ihre Großeltern, die in der Nähe vom Goetheplatz (Waltherstraße) umkamen. Ihre Mutter war bereits in jungen Jahren, 1938, gestorben, ihr Vater wurde 1940 an die Westfront geschickt. Er überlebte, war aber nach dem Kriege noch ein Jahr in Amerikanischer Gefangenschaft.

Das Waisenhaus am Tegernsee – Kinderlandverschickung (KLV) als Rettung

»Einer Anordnung des Herrn Gauleiters zufolge bin ich mit unseren größeren Kindern nunmehr in drei KLV-Lager des Ortes Bad Wiessee untergebracht worden. Die Verlegung ist Dank unserer eigenen vorsorglichen Arbeit bis jetzt in recht zufriedenstellender Weise geglückt, die Kinder erleben die herrliche, in vollen Sonnenglanz liegende Landschaft wie ein großes Wunder, wandern und baden und gewinnen allmählich die notwendige Selbständigkeit eigenverantwortlicher Lebensführung. Natürlich bleibt für uns Lagerleiter manches zu regeln, was nicht ohne Schwierigkeiten vor sich geht. So z.B. die Frage der Wäsche und Instandhaltung der Bekleidung und Schuhe usw. Laut KLV-Vorschrift sollte dies durch die ortsansässige Frauenschaft geschehen. Dies ist praktisch in Bad Wiessee undurchführbar, denn ich schätze die hier untergebrachten KLV-Kinder auf mindestens 1 500. Die ortsgebundenen Wäschereien sind bei dem Fremdandrang überlastet, ebenso die Schustereien. Es liegt daher nahe, die im Waisenhaus vorhandenen Möglichkeiten, Wäscherei und Schuhinstandsetzung wie bisher weiter zu benutzen, nur macht hier die Transportfrage Schwierigkeiten …« so berichtete und kommentierte der Direktor des Waisenhauses, Oskar Käsbauer, die Evakuierung der Kinder aus der luftkriegsgefährdeten Stadt an den idyllischen Tegernsee in einem Brief vom 21. August 1943 an das Münchner Rathaus.

Drei Tage zuvor, am 18.8.1943, war er mit fast allen Kindern von München nach Bad Wiessee umgezogen. Die über zehn Jahre alten Kinder wurden in drei KLV-Lager im Ort (Landesbauernheim, Tannenhof, Alpenblick) untergebracht. Die unter zehn Jahre alten Zöglinge kamen am 1.9.1943 zunächst in das NSV-Jugendheim (Nationalsozialistische Volkswohlfahrt) Achatswies bei Fischbachau, wurden aber dann, am 25.10.1943, auf drei verschiedene Heime (Bairawies, Oberaudorf, Stockdorf) verteilt. Alle Jugendlichen von 10–14 Jahren, die in KLV-Lagern untergebracht waren, unterstanden der Disziplinargewalt der KLV-Dienststellen der Hitler-Jugend. Das Lagerleben sollte ein wichtiges Element der von den Nationalsozialisten erstrebten »Gleichschaltung« werden. Für die Verschickung der Kinder unter zehn Jahren war die Nationalsozialistische Volkswohlfahrt (NSV) zuständig. Erreichten sie das zehnte Lebensjahr, wurden sie in die Zuständigkeit der Hitler-Jugend überführt. Die Auswahl der Kinder für die Heime in Bairawies, Oberau und Stockdorf traf das Stadtjugendamt. Dabei überprüfte diese städtische Stelle »die arische Abstammung, die Erbgesundheit und den augenblicklichen Gesundheitszustand der Kinder«. Vor jeder »Einweisung« übersendete das Stadtjugendamt dem Gauamt der NSV ein Personalblatt und ein ärztliches Gutachten.

Auf Grund dieser von der NSDAP vorgegebenen Struktur kam für Kinder vom 3. bis 6. Lebensjahr nur Oberau bei Garmisch in Frage, ein Erholungsheim der NSV für Kleinkinder. Bairawies bei Bad Tölz und Stockdorf nahmen die schulpflichtigen sechs- bis zehnjährigen Kinder auf. Während Bairawies ausschließlich von Waisenhauszöglingen belegt wurde, waren im NSV-Heim Stockdorf Hochwald auch andere Kinder untergebracht.

Für die Mädchen über zehn Jahre wurde das Landesbauernheim in Bad Wiessee zur neuen Heimat. Die großen Buben (7. + 8. Klasse) kamen im Haus »Tannenhof« und die kleinen (5. + 6. Klasse) im Haus »Sonnenbichl« unter.

Nach der totalen Zerstörung des Waisenhauses am 11. Juli 1944 wurde auch die Wirtschaftsführung der Englischen Fräulein ganz nach Bad Wiessee verlegt. Für diesen »Notversorgungsbetrieb« des städt. Waisenhauses beschlagnahmte die Partei zwei weitere Häuser und die HJ stellte bereit: das Haus »Tannenheim« (damals Adolf-Hitler-Straße 85) für die Sekretärin des Waisenhauses und für zwei Nähstuben, und das Fremdenheim »Haus Kastenmeier« (damals Südl. Hindenburgstraße 91) für zehn Schwestern vom Orden der Englischen Fräulein.

Eine einheitliche Grundstruktur, die vor allem in einem identischen Tagesablauf zum Ausdruck kam, sollte die nationalsozialistischen Lager prägen. Einen einmaligen Fundus von Fotos aus dem Alltag der Kinder am Tegernsee stellte dankenswerterweise die Tochter des ehemaligen »Waisenhausvaters«, Oskar Käsbauer, zur Verfügung – ein immer noch nur oberflächlicher, aber doch sehr eindrucksvoller Einblick in zwei Jahre »Waisenhaus am Tegernsee unterm Hakenkreuz«.

Zweifellos hat die KLV vielen Kindern aus dem Waisenhaus in München das Leben gerettet. Die Bewahrung der Kinder vor den entsetzlichen Folgen des Krieges war wiederum Voraussetzung für einen Wiederaufbau und Neuanfang des Waisenhauses nach dem Kriege.

Verteilung der Kinder: (Stand vom 16.12.1943)	unter 10 Jahren			über 10 Jahren	
	Kn.	Mdch.		Kn.	Mdch.
N.S.V. Bairawies	28	16	K.L.V. Bad Wiessee	54	40
N.S.V. Stockdorf	4	7	K.L.V. Bad Tölz		2
N.S.V. Oberau	2	4	K.L.V. Schloß Kranzbach		1
Krankenhaus	1		privat	3	
Waisenhaus	4	3	Waisenhaus	7	20

KLV-Lager Bad Wiessee

Landesbauernheim:	40 Mädchen, Lagerleiter Direktor Käsbauer
Tannenhof:	27 Buben, Lagerleiter Hauptlehrer Gottschaller
Sonnenbichl:	27 Buben, Lagerleiter Hauptlehrer Auer

NSV-Heim Achatswies bei Fischbachau; hier wurden ab 1.9.1943 etwa 70 Kinder (unter 10 Jahre) untergebracht, bevor sie Ende Oktober 1943 auf drei verschiedene Heime (Bairawies, Oberau, Stockdorf) verteilt wurden.

Städt. Waisenhaus
München

München, den 8. November 1943

An die NSV Jugenderholungspflege

Sehr geehrter Herr Sandtner!

Für mir übersandte Beurteilungen der in andere Heime überwiesenen 4 Buben dank ich Ihnen herzlichst. Sie haben seinerzeit unserem Waisenhaus liebenswürdiger Weise das schöne Heim Achatswies zu Verfügung gestellt und ich war glücklich, unseren Nachwuchs in **einem** Heim untergebracht zu wissen, nachdem die von mir beantragte »geschlossene Betriebsverlegung« des Städt. Waisenhauses aus mir unbekannten Gründen nicht möglich gemacht werden konnte. Inzwischen sind nun leider die Nachteile eingetreten, die zu befürchten waren: Die neuartige Aufgabe, an Stelle von »Erholungsfürsorge« eine sehr mühevolle Pflege- und Erziehungsarbeit unter äußerst hoher zahlenmäßiger Belastung durchzuführen, hat zur Verlegung und Zersplitterung unserer Waisenhauskinder geführt, wobei manche Kinder unter Beurteilungen abgestoßen wurden, deren scharfe Abwertung als »gemeinschaftsunfähig« nicht nur zu Fehlunterbringungen, sondern auch zu schweren Vorbelastungen der von den Betroffenen für ihre spätere Zukunft führte.

Die Beurteilung des Kelbel Manfred und Schmalix Walter, deren nur um 1 Jahr ältere Brüder im KLV-Lager keineswegs auf erbmäßig bedingte »Gemeinschaftsunfähigkeit« schließen lassen, sind hierfür ein bezeichnendes Beispiel. Das Städt. Waisenhaus hat viele Kinder dieser Art in allerdings mühevoller, jahrelanger Erziehungsarbeit zu brauchbaren und tüchtigen Gliedern der Volksgemeinschaft erzogen, ohne sie wegen zeitweiliger Bosheit und Schwierigkeiten als »minderwertige Volksgenossen« abzustempeln und mancher dieser Jungen hat inzwischen sein Leben für Führer und Vaterland als »vollwertiger« deutscher Soldat hingegeben.

Bei meinem Besuch in Bairawies sagte mir Fräulein Scheuer, daß sie von den jetzt dort befindlichen 57 Kindern in nächster Zeit einige weggeben müße, da das Haus nur für 45 Kindern genügend Raum für eine geordnete Erziehungsarbeit biete. Somit tritt eine weitere Zersplitterung der Waisenhauskinder ein, sodaß von den ursprünglich in Achatswies untergebrachten 75 Kindern außer den 18 inzwischen anderweitig verlegten Kindern weitere 12 umgesiedelt werden sollten. Das ist im Verlauf von 2 Monaten eine Zersplitterung von 40% aller der NSV zu treuen Händen übergebenen Kindern des **Städtischen** Waisenhauses München.

Schon die ersten Rückverlegungen ergaben einen Verlust an Ausstattung der Kinder, den das Waisenhaus weder tragen noch ersetzen kann. Wenn nun im weiteren Verlauf diese Kinder immer erneut umgesiedelt werden, wird in Kürze ein Verschleiß der mitgebrachten Ausrüstung eingetreten sein, der jeden Ersatz auch mit Hilfe der bereits abgegebenen Kleiderkarte unmöglich macht. Außerdem ist eine Nachführung neu anfallender Waisenkinder überhaupt nicht möglich.

Daher stelle ich die Bitte, sofern **eine** geschlossene Unterbringung der Waisenkinder nicht möglich ist, dafür nach Möglichkeit besorgt zu sein, daß, um eine weitere Zersplitterung zu vermeiden, die Waisenhauskinder in 2 Heimen so untergebracht werden, daß auch eine Nachführung in beschränkten Maße möglich ist. Ich weiß zwar, daß Sie bei der Größe und Vielseitigkeit Ihrer Aufgaben so sehr in Anspruch genommen sind, daß Ihnen meine Bitte vielleicht sehr ungelegen kommt, allein die **sachlichen Gründe** sind für das Waisenhaus so wichtig, daß ich hoffe, keine Fehlbitte zu tun.

Indem ich Ihnen für alles bisher bewiesene Wohlwollen herzlich danke, grüße ich mit

Heil Hitler!

Oskar Käsbauer (Direktor)

Abschrift eines Briefes von Oskar Käsbauer, Waisenhausleiter, vom 8. November 1943, wo er sich gegen das schnelle Abstempeln der Kinder als »minderwertige Volksgenossen« ausspricht.

Unterricht für die Mädchen 5.–8. Klasse; 1943/44

KLV-Lager Landesbauernheim/
Bad Wiessee-Süd

Nikolausfeier, 5.12.1943

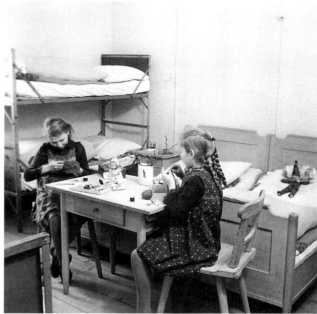

Nähen im Gemeinschaftszimmer und Schlafraum, Landesbauernheim, März 1944

Kinderlandverschickung 155

**Wäscheverzeichnis für Josef G. Nr. 33
im NSV Heim Bairawies**

Waisenhausinventar:

1 Wintermantel
1 Wettermantel
1 Mütze
1 Winterschulanzug
1 Wintersonntagsanzug
2 braune Sommerhosen
1 grüne Sommerjacke
1 graue Sommerjacke
1 blaue Weste
2 lange Unterhosen
3 kurze Unterhosen
4 Hemden ohne Kragen
1 Hemd mit Kragen
2 Nachthosen
2 Paar lange Strümpfe
2 Paar Kniestrümpfe
2 Paar Socken
4 Taschentücher
1 Badehose
1 Turnhose
1 Turnhemd
2 Paar Stiefel
1 Paar Turnschuhe
1 Paar Sandalen beim Waisenhausschuster
2 Paar Hosenträger
2 Strumpfbänder
1 Kamm
1 Zahnbürste
1 Schultasche mit Inhalt

Eigentum:

2 Taschentücher

**Wäscheverzeichnis für Ingrid O. Nr. 8
im NSV Heim Bairaweis**

Waisenhausinventar:

2 Mäntel
3 Kleider
1 Trägerrock
2 Pullover
4 Schürzen
3 Hemden
3 Leibchen
4 Paar lange Strümpfe
4 Paar Socken
4 Schlüpfer
3 Unterröcke
1 Turnhose
1 Dirndlschürze
2 Schlafanzüge
1 Schal
2 Paar Stiefel
1 Paar Halbschuhe
1 Paar Sandalen beim Waisenhausschuster
4 Taschentücher

Eigentum:

1 Schlüpfer
1 Paar Socken
1 Paar Handschuhe

Heil Hitler!

156 Die Anstalt unterm Hakenkreuz

KLV-Lager Landesbauernheim Bad-Wiessee-Süd   Bad Wiessee, den 15. März 1944

An die Lagerärztin Frau Dr. Wildgans mit der Bitte um Kenntnisnahme und geeignete Veranlassung. (Abschrift)

Betreff: Sauberkeit der Mädchen im KLV-Lager Landesbauernheim und Nacktzwang durch Gd. M.

Am 13.3.44 abends 20 Uhr erschien ohne Benachrichtigung des Lagerleiters das Gd Mädchen Frl. Else B. im KLV-Lager Landesbauernheim und begab sich mit den Mädels in die Schlafräume, um das Waschen vor dem Zubettgehen zu kontrollieren. Frl. B. verlangte von den Mädchen unter Beiziehung der Lagermädelführerinnen, daß sie sich täglich vollkommen nackt vom Kopf bis zur Zehe zu waschen hätten. Da sich die Mädchen Gesicht, Hals, Hände und Füße gewaschen hatten, lehnten sich die Mädchen dagegen auf, insbesondere als das Gd. Mädchen versuchte, einem Mädchen das Hemd auszuziehen. Sie bezeichnete das Mädchen als Ferkel, worauf die Mädchen in begreiflicher Erregung erwiderten, diejenigen seien Schweine, die nackt umherliefen. Bedauerlicherweise nahm die Auseinandersetzung auch noch den Gegensatz Preußen-Bayern auf, da das Wort von »bayerischen Schweinen« fiel, dem die Antwort von preußischen Schweinen folgte. Form, wie Art und Weise des Gd. Mädchens waren in jeder Weise unglücklich und untragbar.

Der Vorfall gab mir Veranlassung meiner Lagermädelführerin klarzulegen, daß ich es sehr merkwürdig fände, wenn ausgerechnet während meiner Abwesenheit sog. Waschkontrollen stattfänden, nachdem die beiden Lehrerinnen und ich uns Tag und Nacht bemühen, die pflegliche Betreuung der Kinder nachbestmöglichsten Kräften allerdings unter Wahrung der gebotenen Schicklichkeit durchzuführen. Die Kinder werden wöchentlich unter Aufsicht der Lehrerin gebadet (bezeichnender Weise verlangt der Bürgermeister und Ortsgruppenleiter von Bad Wiessee eine Lehrkraft als Aufsicht!), wöchentlich auf Sauberkeit der Haare und täglich auf körperliche Reinlichkeit geprüft. Das Gd. Mädchen hat während der siebenmonatigen Lagerzeit ein einzigesmal an der Haarkontrolle teilgenommen, obwohl das ihr Aufgabengebiet ist und dies nur auf ausdrückliche Anforderung! Ich konnte mir in diesem Zusammenhang nicht versagen, daß ich mir verbitten müßte, daß 19–25jährige Mädchen sich gegenüber 50jährigen Erziehern und Erzieherinnen Kontrollrecht anmaßen um »Berichte« zu liefern, anstatt ihrer Verpflichtung zur praktischen Hilfe und Gesundheitspflege nachzukommen.

Die zur Rede gestellte Lagermädelführerin wie das Gd. Mädchen Frl. Else B. benachrichtigten den Bannbeauftragten Drescher und Mädelringführerin Rudolph von dem Vorfall und in einer gemeinsamen Aussprache am 14.3. vormittag bemühte sich Bannbeauftragter Drescher die Angelegenheit zu klären und in normale Ordnung zu bringen. Damit schien mir der Vorfall erledigt, umsomehr als am gleichen Tag bei einer ärztlichen Kontrolle der Mädchen die zuständige Lagerärztin Frau Dr. Wildgans ohne Kenntnis des Vorgefallenen den Mädchen das Zeugnis ausstellte, daß sie »sauber und gepflegt« seien.

Dessenungeachtet kam am 15.3. das Gd. Mädchen Frl. B zu mir und verlangte von mir als Lagerleiter die Unterschrift zu einem Gesundheitsbericht, in welchem sie den Vermerk »Sauberkeit läßt zu wünschen übrig« eingetragen hatte. Diese bodenlose Unverschämtheit, die in krassem Gegensatz zur Feststellung der Lagerärztin stand, verriet die Absicht des Gd. M. trotz der Schlichtung der Angelegenheit durch Bannbeauftragten Drescher, das Lager zu diffamieren. Nachdem ich nicht annehmen kann, daß das Gd. Mädchen und ihre Anhängerschaft so dumm sind, daß sie den Widerspruch zwischen lagerärztlichem Urteil (das sich auf eine siebenmonatige Beobachtung gründet) und ihrer Meldung übersieht, kann ich es nur als Frechheit bezeichnen, wenn Frl. B., das nachweisbar die praktische Gesundheitspflege im KLV-Lager Landesbauernheim weitgehend dem Lagerleiter und seinen Helferinnen überließ, noch eine unterschriftliche Bestätigung ihrer »Feststellungen« verlangt. Gleichzeitig ließ sie den Mädchen durch die Lagermädelführerinnen die Drohung zukommen, die Sache gehe weiter; der Amtsarzt werde ihnen schon beibringen, daß sie sich jeden Tag vollkommen nackt zu waschen hätten. Mir gegenüber berief sich Frl. B. auf ihre Dienstvorschrift und sagte, sie würde »mündlich« in München »Bericht erstatten«. Diese Tatsache veranlaßte mich zu folgender Stellungnahme:

Als Lagerleiter wie als Vater zweier Töchter verwahre ich mich gegen die vom Gd. Mädchen Frl. B. angewandten Methoden der Berichterstattung zwecks Vergewaltigung 10–14jähriger Mädchen hinsichtlich eines täglichen Nacktzwanges zum Waschen, der weder durch mangelnde Reinlichkeit der Mädchen noch durch Führerbefehl begründet werden kann. Ich ersuche um Ablösung des nach Leistung und Benehmen untragbaren Gd. Mädchens, das anstatt für Reinlichkeit und Gesundheit zu arbeiten, nur »kontrollieren und berichten« will. Nachdem ich bereits 18 Jahre als Anstaltsleiter mehr als 200 Kinder dauernd betreue, muß ich es ablehnen, von einem Gd. Mädchen in der geschilderten Weise »kontrolliert« und »beurteilt« zu werden.

Heil Hitler!   Käsbauer, Lagerleiter und Direktor des städt. Waisenhauses

KLV-Lager »Alpenblick«, Bad Wiessee: Appell vor dem Haus

Unterricht mit Hauptlehrer Auer

Bad Wiessee, den 13. November 1944

Sehr geehrter Herr Hauptstabsleiter!

Leider muß ich Ihnen heute einige betrübliche Mitteilungen machen. Die Koksversorgung des Landes Bauernheimes ist trotz Bemühens von Fräulein Bauer und Herrn Steiner bis heute vollkommen ausgeblieben. Bei einer Schneedecke von 60–80 cm ist die Zentralheizung aus Mangel an Koks eingestellt. Gleichzeitig ist am 8.11. durch einen Schneesturm die Lichtleitung zerstört worden, so daß wir schon 5 Tage ohne jedes Licht im Hause sind. Wir müssen mit sämtlichen Kindern um 17 Uhr Abendessen und dann bei völliger Dunkelheit zu Bett gehen. Da wir befürchten müssen, daß die Wasser- und Klosettanlagen einfrieren können, haben wir versuchsweise den großen Kachelofen der Erdgeschoßdiele geheizt, der jedoch ebenfalls nur für Koks bzw. Anthrazit gebaut ist und bei Kohlenfeuer so stark verrußt, daß er nicht genügend Wärme gibt. Ein Ersatzofen im Speisesaal bildet zur Zeit die einzige Abwehr gegen die Kälte. Unsere Meldungen an die KLV-Dienststellen wurden von dort mit dem Bemerken abgetan, daß die Wirtschaftsleitung für rechtzeitige Belieferung hätte sorgen müssen. Mit diesem Bescheid ist uns aber nicht wärmer geworden. Selbstverständlich werden wir alles tun, um Frostschäden nach Möglichkeit hintan zu halten, jedoch ist zu befürchten, daß dies mißlingt, wenn nicht von irgend einer Seite Abhilfe durch Kokslieferung kommt.

Heil Hitler

Direktor

Protestbrief von Oskar Kasbäuer wegen der unerträglichen Zustände im KLV-Lager.

KLV-Lager »Tannenhof«, Bad Wiessee: Die großen Knaben (7.+ 8. Klasse) mit Lagerleiter und Hauptlehrer Gottschaller vor dem Haus »Tannenhof«

Lager »Tannenhof«, Kreuz am Wallberghaus

Die Küche vom »Tannenhof«

Unterricht im KLV-Lager »Tannenhof«

Spielzeugherstellung durch die Knaben der 8. Klasse mit Gewerbehauptlehrer Böhm in der Werkstube des DAF-Heims (Deutsche Arbeitsfront) in Bad Wiessee.

Nikolausfeier (5.12.1943) und Weihnachten (24.12.1943) im KLV-Lager »Tannenhof«

Schuhputzen auf der Terrasse

Flickstunde der Mädchen

KLV-Lager »Sonnenbichl«, Bad Wiessee (830 m), Aufnahme ca. 1930

Abendessen am Sonntag

Namenstagskuchen

Nikolausfeier, 6.12.1943

Frühstück am Ostersonntag

Abendliche Gesangsstunden im Sonnenbichl

Erzählstunde für die Jungs

Führerrede vom 8.11.1943 am Lautsprecher

Filmstunde im KLV-Lager Sonnenbichl zusammen mit den Mädchen vom Landesbauernheim (vorne rechts: Direktor Käsbauer, dahinter: Lagerleiter und Hauptlehrer Auer)

Kinderlandverschickung

Sogenannter »Gesundheitsdienst« durch ein BD-Mädchen: Finger- und Fußnägelschneiden

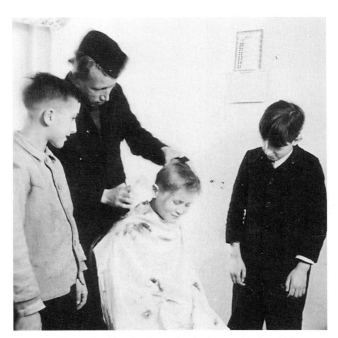
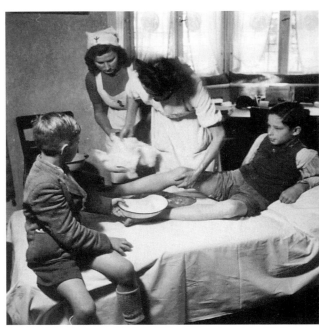

Haareschneiden im Lager durch einen serbischen Kriegsgefangenen

Behandlung einer Knieverletzung durch Frau Dr. Wildgans

Wiesseer KLV-Streichquartett im Sonnenbichl unterm Hitler-Bild zu Weihnachten (1943)

Weihnachtssingen unterm Weihnachtsbaum (1943)

Wochenschau im Filmtheater Wiessee

Kinderlandverschickung

Vor dem »Tannenhof«, Lagerleiter Gottschaller mit seinen Schützlingen, Foto 1.3.1944

KLV-Lager Sonnenbichl, Lagerleiter Auer mit Schülern der 6. Klasse

Rückansicht des Münchner Waisenhauses nach dem letzten Bombenangriff vom 7.1.1945

IV. Neubeginn und Wiederaufbau des Waisenhauses nach dem Zweiten Weltkrieg

Der schwierige Neuanfang in Bad Wiessee

Am Ende des Krieges im Mai 1945 waren alle Kinder im Alter von über zehn Jahren (etwa 90 Zöglinge) in den drei KLV-Lagern »Landesbauernheim«, »Tannenhof« und »Sonnenbichl« in Bad Wiessee untergebracht. Kurz vor dem Einmarsch der Amerikaner brachten die Heimleiterinnen von Stockdorf und Bairawies im Auftrag der Gauleitung die jüngeren Waisenhauskinder (unter zehn Jahre/etwa 45 Zöglinge) nach Rottach am Tegernsee (»Haus Rheinland«) bzw. Bad Wiessee (»Brauneck«). Von dort wurden die Kinder schließlich im August 1945 in die oben genannten drei KLV-Lager aufgeteilt.

Am 13. Juni 1945 bekam der damals noch amtierende Waisenhausleiter, Oskar Käsbauer, einen Brief vom Stadtjugendamt München und seiner neuen Leiterin, Frau Dr. Elisabeth Bamberger, in seine Wohnung im Landesbauernheim von Bad Wiessee zugestellt, in dem u.a. folgendes mitgeteilt wurde:

»Auf Veranlassung der Militärregierung muß ich Sie zu meinem großen Bedauern und vorbehaltlich einer entgültigen Regelung Ihrer Aufgabe als Erzieher der Zöglinge des städt. Waisenhauses entheben. Die Maßnahme hängt mit Ihrer Parteizugehörigkeit zusammen. An Ihrer Stelle habe ich Mater Oberin Oswalda mit der Erziehungsleitung betraut ...«

In einem Bericht des Stadtjugendamtes vom August 1945 über die »gegenwärtige Notlage der Waisenhausarbeit« wird deutlich in welcher Situation sich das »ausgelagerte Waisenhaus« in den Wochen nach Kriegsende befand. Dort steht u.a. geschrieben:

»... Die Waisenkinder, seit 1943 an verschiedenen Orten in NSV und KLV aufgesplittert, sind nunmehr zwar zusammengefaßt in Bad Wiessee, jedoch in drei verschiedenen Ausweichlagern. Die Kosten für die Unterbringung sind außerordentlich hoch (durchschnittlich 40 M Miete pro Kind!) durch die hohen Mieten für fünf Häuser, die hohen Verpflegungssätze (täglich 1.95 pro Kind) und die vermehrten Personalausgaben für fremdes Personal. Die Deckung der Kosten (bis jetzt noch von KLV-Abwicklung getragen, ist haushaltsplanmäßig von der Stadt München noch nicht geregelt). Dem teueren Betrieb steht eine unzulängliche Pflegemöglichkeit und Erziehungsmöglichkeit gegenüber. Es fehlt an Warmbademöglichkeiten, in einem Lager sind Wanzen, für den kommenden Winter sind die Zentralheizungen ohne Koks, für Ersatzheizungen mittels Ofen und Holz konnte bis jetzt keine Vorsorge getroffen werden, da mit Kinderarbeit allein nicht genügend brauchbares Brennholz geschaffen werden kann ...«

Weiter wird im selben Schreiben berichtet:

»... Neben der pfleglichen und personellen Frage ist die erziehliche Lage sehr schwierig geworden. Zum Teil erschweren die Zusammenlegungen von großen und kleinen Kindern (7–14jährigen) die Beschäftigung und individuelle Behandlung infolge Raumbeschränkung. Die Kleinen lernen dadurch frühzeitig alle Unarten der großen Kinder. Der Ausfall des Unterrichtes und einer straffen Beschäftigungsmöglichkeit macht sich in einer Verwilderung des Benehmens, Lockerung der inneren Disziplin und maßlose Kritiklust bemerkbar. Das an sich schwierige Kindermaterial (es müßte in Zukunft mehr auf Würdigkeit bei Aufnahme gesehen werden) ist ohne zentrale einheitliche Führung kaum in Ordnung zu bringen. In den letzten Wochen sind drei Knaben und ein Mädchen entwichen. Schlimme Masseninstinkte brechen hervor und machen Obst- und Garten-Diebstähle sowie freche Lügen zur Gewohnheit. Auch bestehende Verdachtsgründe, daß das enge Lagerleben zu sexuellen Verirrungen und Fehlentwicklungen Gelegenheit und Anlaß gibt. Für sich allein ist fast jedes Kind willig und moralischer Beeinflussung zugänglich, aber es fehlt die Möglichkeit einer planvollen zentralen Führung außerhalb des Unterrichtes. Eine feste männliche Hand mit besonderer Erfahrung und Fähigkeit zur zentralen Leitung ist unentbehrlicher denn je …«

Wahrscheinlich führte vor allem dieser dramatische Appell dazu, daß ab 1. September 1945 der promovierte Pädagoge, Andreas Mehringer, zum neuen Leiter des Waisenhauses ernannt wurde. Mit dieser Entscheidung waren allerdings die Englischen Fräulein überhaupt nicht einverstanden. Sie wollten neben der wirtschaftlichen Leitung auch die pädagogische Führung über das Waisenhaus und seine Kinder wieder bekommen. Vor allem die vage Aussicht, daß das Institut der Englischen Fräulein in Haag/Obb. als Ausweichquartier für die etwa 120 Waisenhauskinder dienen könnte, veranlaßte den Orden schon sehr bald gegen den neuen männlichen Heimleiter auf Konfrontationskurs zu gehen.

Die Hauptaufgabe für Orden und neuen Heimleiter bestand in jener Nachkriegszeit allerdings darin, für die Heimkinder eine gemeinsame Unterkunft unter einem Dach zu finden. Vor allem drängten auch die alten Besitzer der von der NSDAP beschlagnahmten Häuser am Tegernsee auf baldige Räumung.

Die kläglichen Ruinen des Waisenhausgebäudes in München dienten noch etliche Wochen nach Kriegsende italienischen und polnischen Zwangsarbeitern als Unterkunft. Angeblich wurde das Restinventar des Hauses vor allem von den Polen »sinnlos zertrümmert«, doch in einem Schreiben der Bezirksinspektion 23 an das Liegenschaftsamt vom 15. August 1945 wird zugegeben, daß vor allem auch die einheimische Bevölkerung sich an Plünderungen beteiligt. Dort steht u.a. geschrieben:

»… Der stark zerstörte Südflügel des Waisenhauses ist seit Tagen zum Ausbeutungsobjekt der Bevölkerung geworden. Eine stillschweigende Duldung wäre vielleicht insofern vertretbar, als die Leute wirklich nur Abfallholz sich als Brennmaterial aneignen würden. Dabei bleibt es aber nicht. Es wurden auch schon Fensterstöcke und Rahmen, Türstöcke und auch bewegliches Inventar während der Nacht oder in den frühen Morgenstunden gestohlen. Heute morgen flüchteten zwei Halbwüchsige, die sich Kupferblech von den Dachrinnen mitnehmen wollten. Eine intensive Überwachung ist unmöglich, es wird aber empfohlen, wenigstens eine gut sichtbare Tafel mit Verbotshinweis anbringen zu lassen und hierbei auch auf die Lebensgefahr bei Betreten des Baues hinzuweisen.«

In den ersten Monaten nach Kriegsende war überhaupt nicht an einen Wiederaufbau des Waisenhauses zu denken. Nachdem die Italiener und Polen die Ruinen verlassen hatten, wurden in den kläglichen Resten des Nordflügels vorübergehend noch einmal Flüchtlinge untergebracht.

Inzwischen wurde von Seiten der Heimleitung, von Bad Wiessee aus, intensiv nach Ausweichquartieren für die etwa 120 Kinder gesucht. Noch im Mai 1945 schlug das Stadtjugendamt das ehemalige HJ-Heim in Obermenzing vor. Bis zum Kriegsende waren dort 140 Arbeitsmaiden untergebracht und vor allem die Nähe zu dem Gut »Blutenburg« des Ordens der Englischen Fräulein sprach für diesen Standort im Münchner Westen. Doch die Amerikaner quartierten ca. »100 Neger«, wie das Stadtjugendamt bedauerte, in die Räumlichkeiten des ehemaligen HJ-Heimes ein. Als weitere Möglichkeit wurde das Institut der Englischen Fräulein in Haag/Obb. in Betracht gezogen. Der Umzug dorthin war bereits nach längeren Verhandlungen mit der Militärregierung festgelegt, doch im letzten Augenblick benötigten die amerikanischen Truppen die Gebäude weiterhin als Lazarett und festes Winterquartier für die Soldaten. Ähnlich verhielt es sich mit den verschiedenen Häusern des sogenannten Oskar Walther'schen Kinderunterstützungsfonds im oberbayerischen Weyarn, die zu Kriegszeiten an die Hitler-Jugend, an die Gebietsschule Weyarn, bzw. an ein Wehrertüchtigungslager zwangsweise abgegeben waren. Als weiterer Vorschlag kam das Städtische Anwesen »Kasperlmühle« im

Mühltal, nicht weit von Weyarn, in der Nähe der Mangfall-Brücke. Eine staatliche Landwirtschaftsschule in Miesbach stand ebenfalls zur Debatte. Doch letztendlich wurden alle Anwesen und Gebäude anderweitig benötigt.

Inzwischen machten allerdings die Oberin (Mater Oswalda) und der Heimleiter (Andreas Mehringer) eine neue Unterkunft, im Ort Bad Wiessee selbst, ausfindig. Obwohl es sich auch hier nicht um eine optimale Lösung handelte, wurde das Hotel »Haus Albrecht« am 1. November 1945 angemietet (der Besitzer war Schweizer Bürger), da ein längeres Hinauszögern eines Umzuges im Hinblick auf die fortgeschrittene Jahreszeit nicht mehr verantwortbar war.

Für die Knabenabteilung des Städt. Waisenhauses mit zu jener Zeit genau 52 Buben, wurde das »Haus Albrecht« in Bad Wiessee zur Übergangslösung für den Winter 1945/46. Die Mädchenabteilung mit genau 31 Kindern fand weiterhin im »Landesbauernheim« Unterschlupf. Im Städt. Waisenhaus, mit ehemals etwa 230 Kindern waren ab November 1945 also nur mehr etwas mehr wie 80 Zöglinge untergebracht. Das Haus wurde wieder ausschließlich vom Direktor und von 13 Schwestern geführt und mit zwei neuen Lehrkräften eine neue Heimschule errichtet. Diese »Schule« im »Haus Albrecht« galt als evakuierter Teil der eigentlich zuständigen Dom-Pedro-Schule in München-Neuhausen. Vom 1. November 1945 an hatten die Kinder wieder geregelten Unterricht. Eine Vergrößerung der Kinderzahl konnte allerdings wegen des begrenzten Raumes nicht durchgeführt werden.

Gegen Ende des Jahres 1945 war also das Städt. Waisenhaus trotz aller Schwierigkeiten wieder ein zwar sehr verkleinerter, aber lebensfähiger Betrieb. Bei den Kindern handelte es sich nur mehr zum Teil um Vollwaisen im herkömmlichen Sinne; die meisten waren sogenannte Fürsorgefälle wie uneheliche Kinder, Ehescheidungswaisen und vor allem Flüchtlingskinder.

Das Waisenhaus überwinterte also am Tegernsee und kaum war der Winter vorüber, machte sich Herr Mehringer erneut auf die Suche nach Ersatzquartieren, möglichst in der Nähe von München. Nachdem auch der Vorschlag »Gut Buchhof« bei Starnberg von der Militärregierung abgelehnt wurde, stellte die Bäckerinnung München ihr Erholungsheim in Lochham (Gemeinde Gräfelfing) dem Waisenhaus zur Verfügung. Am 25. März 1946 zog das Waisenhaus in das »Waldheim« nach Lochham um. Dort war wieder Platz für etwa 120 Kinder. Dieses Haus sollte solange zur Verfügung stehen, bis das alte Gebäude am Nymphenburger Kanal wieder aufgebaut war.

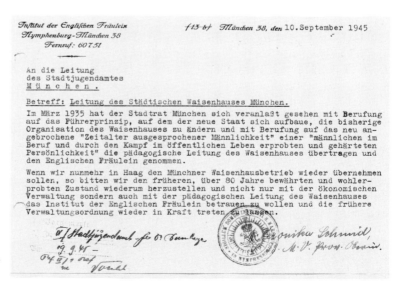

Versuch der Englischen Fräulein, den männlichen Heimleiter Andreas Mehringer zu verhindern.

Der schwierige Neuanfang in Bad Wiessee

Eine Übergangslösung – das Bäckerwaldheim in Gräfelfing

Das Waisenhaus zog Ende März 1946 vom Tegernsee mit etwa 100 Kindern im Alter von 6–14 Jahren in eine scheinbare Idylle, direkt am Stadtrand von München, in das Waldheim der Bäckerinnung nach Lochham. Vor allem die wesentlich günstigere Miete von etwa 800 RM (die Miete in Bad Wiessee lag bei etwa 2600.– RM) war wohl der ausschlaggebende Punkt für diese Entscheidung. Auch wenn die Heimleitung schon kurz nach dem Umzug am 29.3.1946 in einem Bericht an das Jugendamt u.a. meldete:

»... Das Waldheim in Gräfelfing ist durch die vergangene Belegung mit Militär, bakteriologische Versuchsanstalt und Amerikaner sehr mitgenommen. Aus gesundheitlichen Gründen ist die Tünchung der meisten Räume unbedingt erforderlich ...«,

bot das Waldheim mit seiner Ausstattung und seiner gesunden Lage, bei gleichzeitiger Nähe zu München, trotz alledem große Vorteile. Die Kinder fühlten sich offenbar in dem Hause wohl.

Am 9. Juli 1946 wurde das Waisenhaus in Gräfelfing mit einem Sommerfest und vielen prominenten Gästen (u.a. Oberbürgermeister Scharnagl, Stadtrat Hamm, Vertreter der Militärregierung) offiziell eingeweiht. Eine Schwierigkeit bestand allerdings im akuten Raummangel: Das Haus war ursprünglich nur für einen Erholungsaufenthalt im Sommer gedacht und hatte keine größeren Gemeinschaftsräume für die Kinder und außerdem nicht genügend Wohnraum für das ständige Personal. Hierin lag wohl einer der Hauptgründe für die Kündigung der Englischen Fräulein zum 1. August 1946. Begründet wurde dieser Schritt mit dem Mangel an klösterlichem Nachwuchs und dem dadurch überalterten Erziehungspersonal. Erst durch die Intervention des Münchner Oberbürgermeisters und des Stadtrates Dr. Hamm nahm der Orden die Kündigung wieder zurück; die Oberin und drei Matres blieben; von den anfänglich 13 Schwestern wurden allerdings alle anderen vom Orden zurückgeholt und mußten somit durch weltliche Angestellte ersetzt werden.

Die Kinder konnten im Heim selbst die Volksschule besuchen, die als evakuierter Teil der Dom-Pedro-Schule in München-Neuhausen galt. Unter den Zöglingen waren zu jener Zeit sehr viele Flüchtlingskinder. Bereits im Mai 1946 wurden zum Beispiel sechs Kinder vom Flüchtlingslager Allach nach Gräfelfing gebracht.

Eine Reihe von sogenannten Strafaufsätzen vom Frühjahr 1947, die alle noch im Original vorhanden sind, verdeutlichen die schwierige Situation zwischen Erziehungspersonal und den Kindern, in dieser Nachkriegszeit. »Es geht mit mir nicht mehr so weiter!« heißt ein guter Vorsatz und zugleich Überschrift eines Kinder-Aufsatzes. Die Erwachsenen machten es den Kindern allerdings nicht leicht, sich und das Leben im Heim wirklich zu verändern. Allzusehr dominierten weiterhin Zucht und Ordnung als pädagogische Ziele. Etwas befremdend wirkt in diesem Zusammenhang auch ein Brief vom Heimleiter Andreas Mehringer an das Stadtjugendamt, wo er am 27.6.1947 zum Thema »Hebung des Kinder-Niveaus im Städt. Waisenhaus, Verlegung von Kindern in andere Heime« u.a. folgendes schrieb:

»In den letzten Jahren wurden in das Waisenhaus vielfach Kinder aufgenommen, die nach ihrer Herkunft und charakterlicher Artung nicht in ein offenes Heim für gutgeartete, normale familienlose Kinder passen. Auf Anordnung des Stadtrates Dr. Hamm sollen nun Kinder in andere Heime verlegt und in das Waisenhaus nur mehr normale, gutgeartete Kinder aufgenommen werden ...« Im selben Brief werden sieben Kinder zur »Verlegung« in andere Heime vorgeschlagen. Auch in einem sogenannten Leistungsbericht vom Januar 1948 schreibt Mehringer: »... Das Niveau der Kinder konnte durch intensive Erziehungsarbeit und durch Verlegung einiger verdorbener Kinder wesentlich gehoben werden. Das Ziel ist, das Waisenhaus in der Hauptsache wieder für das normale, gutgeartete Münchner familienlose Kind zur Verfügung zu halten ...«

Sicherlich war in den Wirren der Nachkriegsjahre nichts schwieriger als Kinder und Jugendliche zu erziehen – dazu noch 100 Kinder unter einem Dach – doch gerade auch an der Wortwahl des Heimleiters in den oben zitierten Schreiben spürt man, wie sehr zwölf Jahre Nationalsozialismus vor allem die Nachkriegspädagogik prägten. Der rassen-ideologische Wortschatz war nur ein Symptom von unbewältigter Vergangenheit.

Ende September schilderte ein Bericht aus dem Jugendamt dem berufsmäßigen Stadtrat für das Sozial- und Stiftungswesen, Dr. Erwin Hamm, und der Leitung des Waisenhauses, Dr. Andreas Mehringer, mit drastischen Worten die Probleme in der Jugendarbeit in München: »... Der Grad und Umfang der seelisch-sittlichen Verwahrlosung ist erschreckend, noch erschreckender aber ist die Gleichgültigkeit und Gewissenlosigkeit der Eltern. Mütter verkuppeln wirtschaftlicher Vorteile wegen halbwüchsige Töchter an fremde Männer. Kinderreiche Familien rücken in ihrer ohnedies beschränkten Wohnung noch zusammen, um einen Raum an jugendliche Dirnen und ihre nächtlichen Besucher abzutreten; ihre Einnahmen gehen in die Tausende. Die Kinder aber spielen mit Gummi-Verhütungsmitteln und wissen oder ahnen den Zusammenhang. Dutzende Eltern kamen schon auf Anzeige des Jugendamtes wegen schwerer Kuppelei in Haft. Vierzehnjährige und noch jüngere Mädchen ziehen sich geschlechtliche Erkrankungen zu. Arbeitsunlust und Schwarzhandel. Diebstahl und Einbruch sind die Verwahrlosungssymptome der männlichen Jugend ...«

Wie die Jugendlichen über »Ihr Heim« dachten und welche Probleme sie bedrückten, war im Jahre 1948 in einer von dem jungen Lehrer Otto Speck initiierten eigenen »Heim-Zeitung« nachzulesen.

In »Unser Heim« konnten sich die Kinder erstmals schriftlich artikulieren und über Themen wie Schule, Lehre, Sport, Ferien, Währungsreform usw. untereinander mitteilen. In der zweiten Ausgabe von »Unser Heim« wird vom Herrn Direktor der Umzug der großen Buben am 11. März 1948 nach München in die »schönen Schweizer Baracken« angekündigt. Ein erster Schritt für die Rückkehr nach Neuhausen/Nymphenburg war getan.

Das Waldheim Lochham der Bäckerinnung München diente dem Waisenhaus von März 1946 bis November 1948 als provisorische Unterkunft.

Die im Bäckerwaldheim beschäftigten Schwestern des Ordens der Englischen Fräulein; in der Mitte sitzend Oberin Oswalda; Aufnahme 1946.

Dr. med. Arnold Ewert Gräfelfing, den 20.4.1946
Gräfelfing bei München
Irmenfriedstr. 36

Bericht über den Gesundheitszustand der Insassen des Waisenhauses der Stadt München z.Zt in Lochham, Waldheim. Untersuchung vom 10.4.–16.4.1946

Die Jungen im Alter von 12 bis 14 Jahren sind in teils gutem, teils mittlerem Ernährungs- und Kräftezustand. Chronische Krankheiten und ausgesprochene Entwicklungsstörungen sind selten. Gesichtsfarbe, Körperhaltung, Muskel- und Skelettentwicklung sind gut. Zähne im allgemeinen recht gut, vorhandene Karieprozesse durchweg sorgfältig zahnärztlich saniert.
Dagegen fällt eine ganz außerordentliche Häufung von Senk-, Spreiz- und Plattfuß auf. Wohl gestaltete Füße gehören zur Ausnahme. Die Ursache scheint mir nicht ganz klar. Verbildung durch unzulängliches Schuhwerk auf der einen Seite, Bindegewebsschwäche in jungen Jahren auf der anderen (im Rahmen einer allgemeinen Schwächung und Unterentwicklung mögen daran beteiligt sein). Jedenfalls fällt die Häufung dieser Fuß-Störungen im Vergleich mit den Ergebnissen anderer Untersuchungen deutlich auf.
Bei den Knaben zwischen 6 und 12 Jahren wurde ein ganz ähnlicher Fußbefund erhoben. Daneben fand sich in dieser Gruppe ziemlich viel allgemein Unterentwickelte, hormonal Zurückgebliebene (eine ganze Reihe von Knaben mit Leistenhoden und Kryptorchismus) und kleine, blaße, magere Kinder. Aktive Tuberkulose wurde nicht gefunden. Doch steht eine sehr hohe Anzahl Kinder in Überwachung der Lungenfürsorgestelle wegen früherer spezifischer Hilusdrüsen- oder Spitzenprozesse. Unter den jüngeren Knaben ist eine Anzahl Bettnässer.
Die Mädchen aller Altersklassen sind im Allgemeinen kräftiger entwickelt. Vor allem fällt die weit geringere Anzahl von Fußschwächen auf. Auf der anderen Seite besitzt der größere Teil der Mädchen zwischen 10 und 15 Jahren einen weichen Parenchymkropf wechselnder, z.T. nicht unbeträchtlicher Größe. Ein Teil dieser Mädchen bekam bisher Kalijodat in homöopathischer Dosierung. Auch unter den Mädchen steht eine ganze Anzahl in Überwachung der Lungenfürsorge wegen früherer spezifischer Prozesse. Bei Mädchen und Knaben mit Kurzsichtigkeit mäßigen Grades oder mit Schwerhörigkeit nach Mittelohrentzündung. Nervenkranke wurden nicht gefunden, nur mehrere blaße, schwächliche Bettnässer – Jungen mit meist unterentwickelten und unvollständig gewanderten Keimdrüsen.
Ungeziefer wurde nicht festgestellt. Die Kinder sind auffallend reinlich und ordentlich gehalten. An Hautkrankheiten fanden sich nur 2 Geschwister mit in Abheilung begriffener Krätze (schon behandelt) und einige harmlose Hauteiterungen. Ausgesprochene asoziale Elemente wurden nicht beobachtet. Einige wenige Kinder scheinen allerdings recht schwierig, zwei davon etwas bösartig zu sein.
Geplante Maßnahmen:
Regelmäßig allgemeine Überwachung. Röntgenkontrolle der Lungenverdächtigen. Vor 2 Wochen wurde gelegentlich eines gehäuften Keuchhustenbefalls eine Serie hustender Kinder mit gutem Erfolg mit Keuchhustenmischvaccine zweimal geimpft. Nur 4 Kinder mit starkem Keuchhusten wurden ins Krankenhaus eingewiesen und sind jetzt wieder geheilt entlassen.
Durch die Gymnastikschwester wird eine regelmäßige Fußgymnastik für alle Kinder mit Senk- usw. -Füßen eingeführt.
Bei den Bettnässern und den anderen Kindern mit Unterentwicklung bzw. ungenügender Senkung der Keimdrüsen soll eine Hormonkur (mit Anertan) gemacht werden. Die Mädchen mit vergrößerter Schilddrüse bekommen regelmäßig kleine Kalijodatdosen. In Anbetracht der ziemlich großen Gruppe hormonal Unterentwickelten sowie der andern in Wachstum, Entwicklung und Wohlbefinden zurückgebliebenen Kindern halte ich eine ausreichende Nahrungsmittelzulage für wünschenswert, um weitere Schäden zu verhüten und Besserungen zu erzielen.

(Abschrift eines Berichts von Dr. med. Arnold Ewert)

An den Schuldekan
H.H Pfarrer Schulz
Gräfelfing

Betrifft: Schulbericht 1946/47

1. **Klassen, Lehrkräfte, Religionsstunden, Konfession.**
    1./2. gemischt, Lehrerin Lore Huber, 38 Kinder
    3./4./5. gemischt, Lehrerin Liselotte Christmann, 39 Kinder
    6./7./8. gemischt, Lehrer Christian Brummer, ab 1.9.47 Lehrer Otto Speck.
    Es werden in jeder Klasse 2 Religionsstunden und 2 Bibelstunden wöchentlich gehalten. Die Religionsstunden hielt zuerst H.H Dr. Ammer, seit Frühjahr 1947 Frl. Gutberlet, Jugendleiterin, und M. Stefana, Erzieherin. Die Bibelstunden werden von den Lehrkräften gehalten.
2. Von den Religionslehrern wurde jeweils für kurze Zeit ein eigener Lehrplan gemacht. Das Jahresziel wurde im Wesentlichen erreicht.
3. Stand des Schulbesuches sehr gut, Schuldisziplin gut.
4. Stand des religiösen Eifers: bei den Größeren mäßig, den Mittleren und Kleineren gut. Stand des häuslichen Fleißes gut. Stand der sittlichen Haltung: im allgemeinen gut.
    Religiöse Lektüre: Reichhaltige alte Heimbibliothek, es fehlen moderne Jugendbücher.
    Religiöser Gesang wird innerhalb und außerhalb der Schule im Heim sehr gepflegt.
    Das Diözesangebetbuch ist vorhanden, aber in zu geringer Anzahl.
5. Werktagsschulmesse: zweimal wöchentlich, einmal für die Großen und einmal für die Kleinen, Besuch von allen, Aufsicht vom Erzieherpersonal.
    Gestaltung: Es wird abgewechselt zwischen Bet- und Singmesse, Benützung des »Kirchenliedes«, des »Kirchengebetes«, Gemeinschaftsgebet und Vorbeten.
6. Sonntagspflicht der Kinder: Kindergottesdienst in der Pfarrkirche 10 Uhr, Aufsicht durch Erzieher.
7. Erstempfang der heiligen Sakramente:
    28.5. Firmung in Pasing, Firmlinge
     8.6. Erstkommunion in der Waldkapelle des Heimes, 9 Erstkommunikanten.
8. Ordnung des pflichtmäßigen Sakramentempfangs:
    vierteljährlich Pflicht, monatlich freiwillig, Überwachung durch die Erzieher des Heimes.
9. Anfangs und Schlußgottesdienste für die Schule regelmäßig mit eigener Gestaltung. Sehr gutes Einvernehmen mit den Lehrkräften.
10. Fürsorgearbeit, Maßnahmen für sittlich gefährdete Kinder:
    Es sind außer den Waisenkindern viele Milieu-geschädigte Fürsorgekinder im Heim, vor allem Ehescheidungswaisen. Durch eine gute Heimerziehung, deren bester Teil eine gesunde religiöse Erziehung ist, sollen besonders diese Kinder sittlich wieder gefestigt werden.
11. Besondere Mißstände: Keine

Gräfelfing, 25.9.47

Dr. Mehringer, Direktor

(Abschrift eines Berichts von Dr. Andreas Mehringer)

Firmung im Bäckerwaldheim; Firmlinge teilweise mit Eltern, in der Mitte mit Brille Dr. Andreas Mehringer, daneben Oberin Oswalda; Aufnahme Mai 1947

Die Englischen Fräulein mit einigen Buben vor dem Bäckerwaldheim, Aufnahme 1946

Das Bäckerwaldheim

Bleymaier Erwin

Strafaufsatz. 31.I.47.

Ordnung im Haus.

Heute früh beim Morgengebet standen alle Buben schon schön da. Nur ich hab mich mit meinem Nachbar noch lustig unterhalten und alle anderen Buben musten auf uns warten. Endlich als uns der Herr Dr. ermahnte waren wir ruhig. Ich mußte darum diesen Aufsatz schreiben. Es soll eigentlich garnicht vorkommen, daß wir immer schwätzen wenn es garnicht erlaubt ist. Vor dem Essen bis das Zeichen gegeben ist, oder im Schlafsaal vom Abend bis zum Morgengebet soll nicht geredet werden. Nur was wichtig ist. Darum will ich es probieren wenn das Reden nicht erlaubt ist zu schweigen denn es stört auch die anderen die schweigen und wegen einen so lange warten müssen.

Strafaufsatz. 4.3.47 Bleymaier Erwin. 7 Kl.

Heute früh beim Morgengebet war ich wieder einmal recht unfolgsam. Ich schwätzte ganz alleine noch weiter, als die anderen Buben schon ganz still waren, und nur noch auf mich warteten. Ich hab die Strafe eigentlich auch verdient, denn was ich geredet habe war ganz unwichtig. Ich hab schon einmal wegen den gleichen Unsinn einen solchen Aufsatz schreiben müssen, aber ich habe es wieder ganz vergessen.

Darum will ich's mir merken, daß ich beim Morgengebet ruhig bin bis wir zu Beten anfangen, denn ich will nicht immer einen solchen Aufsatz schreiben.

Greif Josef.   Den 2.3.47.
Es geht mit mir nicht mehr so
        weiter.

Für mein unaufmerksames folgen, muß ich heute statt meinen Ausgang einen 4-seitigen Aufsatz schreiben. Ich will jetzt einige wichtige Sachen beschreiben, die ich befolgen und betrachten muß. Als erstes hat unser Haus die Aufgabe so weit wie möglich Heim und Familie zu ersetzten. Wir müssen darum uns gegeneinander lieben und dem andern helfen. Meine Erzieher (Die Er.) sind an meiner Stelle der Eltern. Ich muß ihnen deshalb folgen und an meiner Erziehung selbst mehr und mehr mitarbeiten. Ich soll jedem Erwachsenen im Haus begegne ich mit Anstand und Höflichkeit. Ich kann mithelfen daß es im Haus gemütlich wird. Ich muß darum überall Ordnung halten. Zum Beispiel: in den Schränken, im Schuhfach, im Schulraum u. im Schlafraum. Ich muß jedes beschädigte Stück gleich im Büro melden. Auch muß ich die Wände, die Zimmer und die Aborte sauber halten. Noch muß ich meine Schuhe reinigen bevor ich das Haus betrete. Ich halte mich vor allem Unreinlichkeiten sauber. Unreinlichkeit erzeugt Krankheit. Die Tagesordnung halte ich jeden Tag pünktlich ein. Wenn es zum Essen geht, wasche ich meine Hände und schließe mich in die Reihe ein. Ich darf beim der Suppe essen nicht reden, bevor der Erzieher nicht ein Zeichen gibt. Wir dürfen ohne Erlaubnis nicht aus dem Zaune, ohne daß es der Erzieher nicht weiß. In der Frühe darf ich vor dem Wecken nicht reden sowie Abend. Diese Gebote will ich in Zukunft einhalten und will mich einmal bemühen, ein anständiger Kerle zu werden.

        Jos. Greif

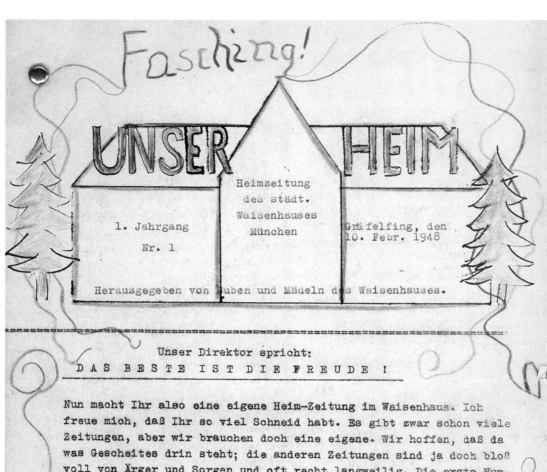

Deckblatt der ersten Heimzeitung »Unser Heim«, 10.2.1948

Ein Waisenknirps

Vor 10 Jahren! Ich war damals noch ein kleiner Knirps, denn ich konnte noch nicht die Türe aufmachen. Ich kam damals mit meiner Schwester ins Waisenhaus. Gleich wurden wir Geschwister getrennt, ich mußte in die Buben-Abteilung und meine Schwester zu den kleinen Mädchen. Daß wir beide nun getrennt waren, konnte ich nicht verschmerzen; denn es war schon bitter genug, daß ich von meiner Mutter weg mußte. Nun benutzte ich jeden günstigen Augenblick um aus der Klasse zu verschwinden. Da ich die Tür nicht aufmachen konnte, mußte ich immer warten, bis jemand hinausstieg, damit ich dann mit ihm hinauswischen konnte. So machte ich es bei jeder Türe, und immer kam ich glücklich bei meiner Schwester an. Wenn man mich aber dort erblickte, zog man mich gleich von ihr weg, und ich wurde wieder in die Buben-Abteilung gesteckt. Bis zum Mittagessen gelang mir das ein paarmal. Als es zum Mittagessen läutete, war ich wieder bei meiner Schwester, und weil wir schon beisammen waren, gingen wir gleich miteinander in den Speisesaal und durften alleine an einem Tisch essen. Nachher aber mußte ich mit den kleinen Buben wieder gehen, und es wurde streng auf mich kleinen Bengel aufgepaßt. Bald gewöhnte ich mich aber daran und blieb bei den Buben.

Wolfgang Hofmeier

(Aufsatz aus: »Unser Heim«, Heimzeitung des städt. Waisenhauses, herausgegeben von den Buben und Mädels des Waisenhauses, Gräfelfing, den 10. Febr. 1948)

Die kleinen Buben an die großen

Liebe Mater Stefana und ihr großen Buben!
Wie gefällt es Euch im Münchener Waisenhaus? Bei uns ist es jetzt sehr schön. Wir brauchen nicht mehr weinen, weil Ihr uns nicht mehr schlagt. Wir sind jetzt in Eurer Klasse. Wir haben uns auch schon einen Garten gemacht und Gelbe Rüben, Radieschen und Blumen gesät. Im Mai dürfen wir schon barfuß laufen und im Sommer können wir im Planschbecken baden. Wir haben ein großes Feuer gemacht; das hat zwei Tage gebrannt. Ein neues Fräulein haben wir auch, und das heißt Fräulein Doktor.
Viele Grüße von Eurem Richard, Schorschi und Walter

(Brief aus: »Unser Heim«, Heimzeitung, herausgegeben von den Buben und Mädels des städt. Waisenhauses München, Gräfelfing, den 1. Mai 1948)

Wir haben's hinter uns!

Acht Jahre Schule! Vieles weiß man nicht mehr von seinen Schulanfang; aber an einiges kann man sich doch noch erinnern. Viele Kinder sind gewöhnt, daß sie ihre ganze Volksschulzeit in der gleichen Schule und sogar bei dem gleichen Lehrer verleben. Es gibt aber auch Ausnahmen, besonders im Waisenhaus. Als Erstklassler besuchten wir die Dom-Pedro-Schule. Als das Militär die Schule besetzte, traten wir den Schulweg in die Schulstraße an. Zwischendurch waren wir auch in der Hirschberg-Schule. 1943 wanderten wir in die KLV., und von da ab lebten wir nur in Heimschulen. Einen Monat im NSV.-Heim Achatswies bei Fischbachau, ein halbes Jahr im NSV.-Heim Bairawies bei Bad Tölz. Die 5. Klasse verbrachten wir in Wiessee, im »Sonnenbichl« und im Hotel »Albrecht«. Schließlich mußten wir im Bäckerwaldheim Gräfelfing 2 Jahre die Schulbank drücken. Das 8. Schuljahr beenden wir in der Münchner Baracke. Eine solche Volksschulbahn mitzumachen ist auch schön: Man erfährt und sieht viel dabei.

Wolfgang Hofmeier

(Aufsatz aus: »Unser Heim«, Heimzeitung, herausgegeben von den Buben und Mädels des städt. Waisenhauses München, Gräfelfing, den 14. Juli 1948)

Eine Spende aus der Schweiz – die Baracken an der St. Galler Straße

Im März 1948 war es endlich so weit: die Abteilung der großen Knaben konnte von Lochham wieder nach München in die von Schweizer Bürgern gespendeten Baracken auf dem alten Waisenhausgelände, direkt neben den Ruinen, umziehen. Die zwei zerlegbaren Wohn- und Schulbaracken mit der Einrichtung für eine Küche, eine Näh- und Schusterwerkstätte spendeten Bürger der Stadt St. Gallen.

Im November 1948 zogen dann die restlichen Kinder nach. Der ehemalige Nordflügel des Waisenhauses war inzwischen soweit wieder hergestellt, daß er zumindest als provisorische Unterkunft für einen Großteil der Kinder dienen konnte.

St. Gallen hatte nach dem Krieg gewissermaßen ein Hilfspatronat für München übernommen. Der Initiator der ganzen Aktion war der Volksschullehrer Steiger aus St. Gallen. Er handelte aus einer humanitären Gesinnung heraus und versuchte einfach zu helfen, soweit es ihm möglich war. Neben vielen Sachspenden half auch eine größere Geldstiftung (220 000 DM) für den Wiederaufbau des Waisenhauses. Der ehemalige Münchner Stadtrat Karl Wieninger schreibt in seinen Erinnerungen mit dem Titel »In München erlebte Geschichte«:

»Der Gedanke an den Wiederaufbau des Waisenhauses war Lehrer Steigers ureigenste Idee. Tatkräftig ging er an die Verwirklichung des Vorhabens. Jedoch als er die notwendige Summe für den Aufbau beieinander hatte und sie nach München transferieren wollte, verbot die Militärregierung in München die Einfuhr der Schweizer Devisen nach Deutschland. Da war guter Rat teuer, doch nicht sehr lange. Eines Tages erschien Steiger im Münchner Sozialreferat beim Stadtrat Dr. Hamm und brachte einen großen, schön braun gebackenen Laib Brot mit. Er brach das Gebäck auseinander. In seinem Inneren war in Schweizer Banknoten der für den Wiederaufbau des Waisenhauses notwendige Betrag eingebacken.«

Dr. Hamm war es, der veranlaßte, daß Steiger durch die Universität München eingeladen wurde, um vor einem interessierten Kreis über seine Hilfstätigkeit eine Vorlesung zu halten. Die Universität verlieh bei diesem Anlaß dem Schweizer Lehrer die Würde eines Ehrensenators der Universität München.

Im Jahre 1953 wurde zu Ehren der Schweizer Stadt ein Teil der Dom-Pedro-Straße (von der Waisenhausstraße bis zum Dom-Pedro-Platz) nördlich des Waisenhausgeländes in »St. Galler Straße« umbenannt.

Die ersten Tage in den Baracken

(Die großen Buben an ihre ehemaligen Klassenkameradinnen)

Liebe Ursula!

Als damals ein Auto nach dem andern kam, da dacht ich mir: Bald komme ich dran, und dann, wenn ich drin bin, geht ein anderes Leben an, nämlich Steineklopfen, Ausgrasen, recht viel Schule und wenig Freizeit. Aber da habe ich mich bis jetzt richtig getäuscht, denn es ist ganz anders. Als wir am 11. abends ankamen, gab es freilich viel Arbeit, auch noch am nächsten Tag, aber nicht mehr so viel. Wir hatten fast den ganzen Nachmittag frei, und richteten unseren Aufenthaltsraum und unseren Schlafsaal schön und sauber ein. Auch einen Ofen, und zwar einen guten, haben wir noch am selben Tag in unseren Aufenthaltsraum bekommen. Du solltest nur einmal sehen, wie gemütlich und schön unser Raum ist. Auch die Schlafsäle sind viel pfundiger als bei Euch draußen. Aber jetzt darf ich nicht mehr so viel schreiben, denn sonst wirst Du auf uns eifersüchtig und möchtest es auch so schön haben. Nur eins geht mir ab und das sind die schönen Bäume zum Klettern und Turnen und vor allem der Wald. Aber wir haben andere Dinge zum Spielen und manches viel schöner als draußen. Wenn Du einmal Zeit hast, dann kannst Du uns ja besuchen und Dir alles selber ansehen. Sei nun recht herzlich gegrüßt von

Erwin Bleymeier

Liebe Irene!

Heute will ich Dir zum erstenmal einen Brief aus der Baracke schreiben. Du wirst halt niemanden mehr haben, den Du während der Schule tratzen kannst. Auch kannst Du mich nicht mehr beim Fräulein Christmann verkitschen. Bei uns ist es sehr schön, obwohl wir auch manchmal Teller abtrocknen müssen, was an sich Mädelarbeit wäre. Aber es geht halt nicht anders. Wir haben auch eine Schaukel, die ihr draußen nicht habt. Da geht es manchmal wild auf. Vergiß auch den Namen »Wamperl« nicht, den Du immer zu mir gesagt hast! Wie fühlt Ihr Euch ohne die großen Buben?? Wahrscheinlich wohl!

Grüße an Dich und die anderen

Dein Manfred Bauchinger

Liebe Schulkameradinnen

So, werdet Ihr Euch denken, nun sind die Tyrannen endlich draußen, die uns immer unterdrücken, nun sind wir Herren im Haus! Aber so wird es nicht immer bleiben. Ihr müßt auch einmal wieder in das Münchner Waisenhaus zurückkehren. Wie die Schwalben, die auch bald zurückkommen.

Wir haben unsere Baracken schon gemütlich eingerichtet, und Ihr werdet staunen, wenn Ihr es sehen könntet. Natürlich müssen wir auch manches entbehren, z.B. sind die Waschbecken noch nicht fertig, wir haben nur einen Brunnen u. a. Bei einem Rundgang um die Trümmer fanden wir auch Frühlingsknotenblumen. Eichkätzchen fehlen uns auch nicht. Vor einigen Tagen fanden wir einen Igel, es war ein drolliger Kerl. Er hat am Anfang sich immer zusammengerollt, weil er noch scheu war. Nach einiger Zeit lief er im Zimmer umher, als wenn er daheim wäre. In den Trümmern nistet ein Falkenpaar, das man oft stundenlang beobachten kann. Sie kreisen und stoßen und bauen schon ihr Nest.

Also, Ihr seht, bei uns fehlt es auch nicht an Naturerlebnissen.

Johann Wertiner

(Berichte aus »Unser Heim«, Nr. 3 vom 1. Mai 1948)

Die Schweizer Baracken auf dem Waisenhausgelände, eine Spende der Stadt St. Gallen, Aufnahmen 1948

Die Baracken dienten auch als Unterrichtsräume für die Waisenhauskinder; an der Wand ein Portrait des Schweizer Pädagogen Pestalozzi (1746–1827)

Der Einzug des sogenannten »Familienprinzips« in den Neubau

»Die Schutträumung in der großen Ruine wurde im Herbst 1947 begonnen, mußte jedoch wegen Treibstoffmangel wieder eingestellt werden … Eine intensive vorbereitende Planungsarbeit wurde für den Neubau des ganzen Waisenhauses geleistet. Dabei wurden neben den städtbaulichen Gesichtspunkten (äußere repräsentative Form!) vor allem pädagogische Grundgedanken miteinbezogen, welche die Reform der Anstalt alter Prägung zum Ziel haben …«, schrieb Andreas Mehringer am 19.1.1948 in seinem Leistungsbericht an das Stadtjugendamt noch aus dem Bäckerwaldheim in Gräfelfing. Mehringer sah eine »Chance der Ruine«. Er wollte in den geplanten Neubau sogenannte »Familiengruppen« einziehen lassen. In einem Satzungsentwurf vom August 1949 machte Mehringer u.a. folgende Vorschläge: »Die Kinder leben in kleinen familiären Gruppen, in denen Größere und Kleinere, Knaben und Mädchen, vor allem Geschwister, zusammengefaßt sind. Die Zahl der Kinder in einer Gruppe soll 12–15 nicht überschreiten. Die Kinder verbleiben, möglichst von klein auf, in der Gruppe und bei einer Erzieherin, sodaß die Voraussetzung für die Entstehung eines echten Pflegemutter-Kind-Verhältnis gegeben ist.«

Mehringer kannte den alten Anstaltsbetrieb – er hatte als Student im Jahre 1935 das Städt. Waisenhaus bereits einmal besucht. In seinem 1976 veröffentlichten Buch mit dem Titel »Heimkinder« berichtet er über diesen ersten Besuch im Waisenhaus u.a. folgendes:

»… Man gelangte durch den gepflegten Rosengarten in das riesengroße Haus mit seinen 240 Kindern; zunächst in das prächtige Vestibül mit den hohen Stiftertafeln, mit der ungeschriebenen Weisung: Eingang für Kinder und Dienstboten rückwärts. Der Waisenvater führte mich durch die blitzsauberen Flure an den vielen Saaltüren vorbei in den Saal der großen Mädchen. Sie handarbeiteten. Bei unserem Eintritt erhoben sie sich und begrüßten mich mit höflichen Kopfnicken: Grüß Gott, lieber Besuch! Sie waren alle gleich gekleidet (hellgrauer Nadelstreifen mit Halskrägelchen) und gleich frisiert (mit kleinem Schopf). Während der Direktor mit mir sprach, blieben sie lautlos stehen. Ich spürte gleich die Anstalt, eine vornehme Variante meiner alten Anstaltserfahrungen. Die Szene wiederholte sich in den anderen Sälen: da waren jeweils an die 40 Kinder, sortiert nach Geschlecht und Größe, wie gut disziplinierte Schulklassen, wenn der Schulrat kommt. Alles furchtbar ordentlich, sauber, schön vorzeigbar – aber zu schön, um wahr zu sein …«

Anfangs hatte Mehringer noch die Absicht, das Waisenhaus zusammen mit dem Orden der Englischen Fräulein zu verändern. Nach einer Unterredung mit der Mater Provinzialoberin Therasia von Nymphenburg im Oktober 1947 schrieb Mehringer an den Stadtrat Dr. Hamm noch fast euphorisch: »Meine Hoffnung, daß der Neubau des Waisenhauses mit dem Orden geschehen kann, ist größer geworden.« Doch schon bald stellte sich heraus, daß die Vorstellungen von Andreas Mehringer und die des Ordens bezüglich der Zukunft des Waisenhauses doch viel weiter auseinanderlagen als ursprünglich angenommen. Mehringer sah die Chance einer Erneuerung in dem Wiederaufbau der Ruinen, während die Englischen Fräulein fast die »guten alten Zeiten« mit Schlaf- und Speisesälen und besonders frühere Heimordnungen wieder »reanimieren« wollten. Vor allem die Rolle der Religion im Alltag der Kinder und in der Erziehung im Waisenhaus war häufig strittiger Punkt zwischen der weltlichen, männlichen Heimleitung und dem Orden der Englischen Fräulein. Eine katholische Kirchenzeitung sprach davon, »daß ein Bollwerk der christlichen Erziehung fallen soll«, um gegen die Verweltlichung des Waisenhauses zu polemisieren. Kinder- oder Familiengruppen mit Mädchen und Jungen unterschiedlichen Alters waren für die Englischen Fräulein schwierig zu akzeptieren. Noch 1950 wurden zu einem Treffen von ehemaligen Zöglingen (das erste nach zwölf Jahren) die Frauen ganz traditionsgemäß eine Woche vor den Männern eingeladen, damit die erwachsenen Leute nicht etwa »unkeusch« mit dem anderen Geschlecht in Kontakt kommen konnten.

Im Herbst 1949 wurde mit dem Bau des neuen Südflügels begonnen, im Februar 1950 konnte bereits Richtfest gefeiert werden und im Sommer 1951 zogen etwa 250 Kinder (zuvor wohnten lediglich 100 Kinder im Nordflügel) in den neuen Trakt.

Ein paar Monate später, im März 1952, kam es allerdings zum Eklat: die Englischen Fräulein kündigten zum 31. März 1952 das Vertragsverhältnis mit der Stadt München. Im Stadtrat warfen CSU-Abgeordnete dem Heimleiter Andreas Mehringer Unnachgiebigkeit und Sturheit vor und kritisierten vor allem die zusätzlichen Kosten von jährlich etwa 36 000 DM durch den Abzug des Ordens. Trotz aller Proteste blieb es bei der Kündigung der Englischen Fräulein und Andreas Mehringer bekam für sein neues pädagogisches Konzept für das Waisenhaus auch die mehrheitliche Unterstützung des Münchner Stadtrates. Fast zeitgleich zur Diskussion im Stadtrat lobte die Presse nicht nur in München, sondern sogar in ganz Deutschland das Münchner Waisenhaus als »eines der modernsten Waisenhäuser Europas«. So veröffentlichte z.B. die »Neue Presse« in Coburg unter der Überschrift »Übliche Waisenhausatmosphäre ist verschwunden« u.a. folgende Zeilen: »Von weitem sieht das Gebäude wie ein moderner Wohnblock aus, fünf Stockwerke hoch mit Balkonen an jeder Häuserfront. Aber es ist nicht der Bau allein, der überrascht. Verschwunden ist auch die übliche Waisenhausatmosphäre. Es gibt hier keine großen Gemeinschaftssäle, sondern jede Etage hat zwei Sechs-Zimmer-Wohnung mit moderner Einbauküche und mit Baderäumen. das Treppenhaus ist hell und freundlich und mit einer freundlichen Neonbeleuchtung ausgestattet. Ein Lift trägt den Besucher in die oberen Stockwerke, und dann platzt man mitten hinein in eine frohe Kinderschar …«

Mit dem Bau des Mitteltraktes wurde im August 1955 begonnen und am 29. Mai 1957 konnte er feierlich eingeweiht werden. Damit war zu diesem Zeitpunkt, zwölf Jahre nach Kriegsende, der Wiederaufbau des Städt. Waisenhauses vollendet. Der damalige Sozialreferent Alfons Hoffmann lobte in seiner Festrede zur Eröffnung des Mitteltraktes das neue Waisenhaus in höchsten Tönen.

Er sagte u.a.: »Die Vollendung des Münchner Waisenhauses ist darüber hinaus aber auch von allgemeinem Interesse, da das Waisenhaus heute bahnbrechend geworden ist für eine Erneuerung der Heimerziehung. Es gilt als ›Modellheim‹ für moderne Erziehungsmethoden an familienlosen Kindern. Es wird aus diesem Grund nicht nur in München und Bayern, sondern im ganzen Bundesgebiet und darüber hinaus im Ausland stark beachtet und laufend von Referenten großstädtischer Sozialverwaltungen, Vertretern von Landes- Bundesbehörden, Landtags- und Bundestagsabgeordneten und auch von Vertretern der Arbeitsgemeinschaften für Jugendpflege und Jugendfürsorge besichtigt.«

Als prominentester Gast kam am 23.5.1960 die Frau des Bundespräsidenten, Wilhelmine Lübke, zu den Waisenhauskindern und beschenkte sie mit Schokoladen-Maikäfern. Frau Lübke steht auch in dem Gästebuch, das Andreas Mehringer anlegte und am Anfang ein Spruch des Schweizer Pädagogen Johann Heinrich Pestalozzi (1746–1827) zitiert wird:

»Besuchet uns alle. Unser Haus ist ein offenes Haus. Was wir immer tun, das tun wir vor den Augen eines Jeden. Auch wenn wir fehlen, fehlen wir vor den Augen aller Welt – und wollen es nicht anders.«

Dieser Aufforderung kamen im Laufe der Jahre viele Menschen nach. Aus der Vielzahl der Eintragungen im Gästebuch geht hervor, welche Anziehungskraft das Waisenhaus vor allem in den 50er und 60er Jahren für Pädagogen, Psychologen, Politiker, Schauspieler; aber auch für Schulen und Universitäten, aus aller Welt hatte. Rückblickend stellte der Heimleiter Mehringer im Jahre 1976 in seinem Werk »Heimkinder« sehr ausführlich dar, was er mit dem »Familienprinzip im Heim« bezwecken wollte. »Als wir im Münchner Waisenhaus die Familiengruppen einführten, dachten wir nicht an ein neues System. Wir wollten nur, daß es den Heimkindern besser geht; daß sie freier und natürlicher leben

Richtfest auf dem Dachstuhl des Waisenhauses am 28.2.1950, ganz rechts Andreas Mehringer bei einer Ansprache

können; daß das einzelne Kind nicht mehr so verlassen wäre. Die alte Anstalt – im Münchner Waisenhaus in vollendeter Form ausgeprägt – hatte nicht nur ›einige Fehler‹; diese Lebensform widerspricht den Grundbedürfnissen von Kindern. Mit einem Heim im wahren Sinne des Wortes hat sie nichts zu tun.« Weiter schreibt Mehringer: »Es ist nicht alles schon deshalb gut und recht, wenn es Familie heißt. Bei dem Bestreben, Anstalt zu vermeiden, geht es aber nicht um die Nachahmung der Familie an sich, schon gar nicht der ›spätbürgerlichen Kleinfamilie‹ mit ihren Strukturschwächen, sondern nur darum, diese Kinder menschlicher ›anderweitig unterzubringen‹.«

In den 24 Jahren seiner Dienstzeit im Waisenhaus ist es Mehringer ohne Zweifel gelungen dieses Anliegen in die Realität umzusetzen.

Im Jahre 1969 übergab er nicht ohne Stolz seinem Nachfolger, Horst Bahr, das »Projekt Waisenhaus«. Mehringer blieb noch Vorsitzender des Vereins »Freunde der Waisenkinder e.V.« und war damit seiner alten Wirkungsstätte weiterhin eng verbunden.

„Familienheim" statt Waisenhaus

„Für die armen Waisenkinder, vollendet im Jahre des Heils 1899", so stand einst in großen Lettern über dem Hauptportal des Münchner Waisenhauses. Es war ein mächtiger, das Auge ansprechender Bau, das durch den Kanal verbundene Pendant zum Nymphenburger Schloß. Die Stadtwohlfahrt hatte den Waisen erbauen lassen und damit zugleich eine Repräsentation ihres guten Willens geschaffen. Heute sind rund drei Viertel des mächtigen Baues zerstört und bedarf neben einem äußeren Neuaufbau vor allem einer inneren Reform. Auch der Name „Waisenhaus" hat streng genommen seine Berechtigung verloren, denn nur ein kleiner Teil der 95, derzeit in dem Heim untergebrachten Kinder sind Vollwaisen, die anderen sind Ehescheidungs„waisen", Halbwaisen, Fürsorgekinder oder uneheliche Kinder.

Direktor Dr. Mehringer, der derzeitige Leiter des Waisenhauses, möchte bei der Neugestaltung vor allem den bisherigen Begriff des „Anstaltskindes" aus der Welt schaffen, jenes Kindes, das nicht als Individuum, sondern als „Masse" betrachtet, paarweise, gleich gekleidet und gleich frisiert gesenkten Blickes und vorne und hinten von einer Schwester eskortiert durch die Straßen geführt wurde. Jeder, der solch einem Zug begegnete, bedauerte diese armen Geschöpfe, denen schon mit ein klein wenig persönlicher Liebe unendlich viel Sonne in ihre trübe Kindheit gebracht worden wäre.

Bei der Verfechtung seiner Reformpläne wird Dr. Mehringer vor allem aus der Schweiz stark unterstützt. Hier hat St. Gallen die Patenschaft über das Münchner Waisenhaus übernommen und Präsident Steiger ist ein gerne gesehener Gast.

Im einzelnen soll sich nach den Plänen Dr. Mehringers das Leben der Kinder nicht mehr in großer Zahl in hohen Sälen abspielen, sondern etwa zwölf Buben und Mädel verschiedenen Alters sollen unter der Obhut einer Pflegemutter in einer „Wohnstube" aufwachsen und es sollen Verhältnisse geschaffen werden, die denen in großen kinderreichen Familien ähneln. Vor allem können bei dieser Familienerziehung die Geschwister beisammen bleiben; es gibt keine Versetzung in andere Altersgruppen mehr, „Wahlmutter" und „Wahlgeschwister" werden in kurzer Zeit eine große Familie werden, die sich eine eigene, nur ihr gehörende Heimstätte schafft.

Mit Unterstützung seiner Schweizer Freunde, die übrigens bereits einen ansehnlichen Betrag für den Wiederaufbau gestiftet haben, hat nun Direktor Mehringer seit November vorigen Jahres in einer Baracke seine erste „Familie" häuslich untergebracht. Bei der Auswahl der Kinder wurden vor allem Mutterwaisen bevorzugt, weil diese ja in besonderem Maße mütterlicher Fürsorge und Liebe bedürfen. Die bisher gemachten Erfahrungen sind denkbar günstig. Wie sieht nun dieses „Wohnhaus" aus? Etwa 100 Meter abseits von dem Hauptgebäude im Grünen vermittelt es allein schon durch seine Lage etwas von der heimeligen Atmosphäre, die jeden Besucher umfängt, sobald er die Türe zu der „Wohnstube" öffnet, in der sich untertags das Leben abspielt. Ein großer, gemütlich ausgestatteter Raum, der in keiner Weise mehr an den Anstaltsbetrieb bisheriger Prägung erinnert. An dem großen Tisch mit der behaglichen Eckbank zeichnen zwei Jungen, zwei Kleine bauen eifrig aus ihrem Baukasten, während sich die Pflegemutter und ein größeres Mädchen bemühen, Klavier und Blockflöte in Einklang zu bringen.

Zwei Schlafräume, für Jungen und Mädel getrennt, und die sonstigen Nebenräume runden das Bild einer kinderreichen Familie und lassen jeden Gedanken an eine „Anstalt" vergessen.

Nach den Plänen des Direktors soll jede der künftigen Familien solch eine abgeschlossene Wohnung erhalten, wobei nach Möglichkeit auch eine kleine Küche vorgesehen ist, damit sich jede „Familie" vom Anstaltsbetrieb so unabhängig als nur möglich machen kann. Die Kinder sollen, wenn sie in der Schule oder der Lehre sind, immer sich auf ihr „Daheim" freuen können und wissen, daß sie von jemandem, der sie lieb hat, erwartet werden.

Neben diesen Wohnungen soll auch eine Abteilung für Kinder, die kurzfristig nicht zu Hause wohnen können, sowie ein Tagesheim für Kinder berufstätiger Frauen entstehen. Ebenso soll eine eigene Schule für Pflegemütter eingerichtet werden, denn die neue Lebensart erfordert auch neue Erziehungsmethoden. Größtes Gewicht muß natürlich bei der Auswahl der Pflegemütter auf mütterliches Wesen gelegt werden.

Da zu jeder Familie ja eigentlich drei Personen gehören, soll auch ein Pflegevater vorhan-

Schäferidyll

den sein, der besonders die Freizeitgestaltung, wie Sport, Musizieren, Werkarbeit und Fortbildungskurse übernehmen wird, wobei hier ausnahmsweise die Kinder nach Altersklassen zusammengefaßt werden. Schwerpunkt des ganzen Lebens ist jedoch das Zuhause, die Erziehung durch die Pflegemutter.

Wenn sich die Gegner der Reform die Mühe machen würden, an Ort und Stelle der ersten „Wohnstube" einen Besuch abzustatten, so würden sie die Dinge selbst am besten von der Notwendigkeit der Reform überzeugen.

Auch das Problem der Adoptionen würde so viel von seiner bisherigen Bedeutung verlieren. Obwohl die Adoptionsfreudigkeit verhältnismäßig groß ist, ist dagegen die Zahl der adoptionsfähigen Kinder ziemlich gering. Viel nötiger wären gute Pflegestellen, jedoch wollen Ehepaare, die Kinder aufnehmen würden, diese ganz für sich haben, sie sollen die „Ihren" werden, was sich eben nur auf dem Wege der Adoption durchführen läßt. Alle diese Fragen werden aber mehr und mehr in den Hintergrund rücken, wenn Herr Dr. Mehringer seine Reformpläne wird in die Tat umsetzen können.

Münchner Stadtanzeiger, 1.7.1949

Sehr verehrte Festanwesende, liebe Kinder!

Die freundliche Einladung zum Zöglingstag haben wir gerne wahrgenommen, um uns zu einem Wiedersehen im Waisenhaus zusammenzufinden. Wir begrüßen von ganzem Herzen unsere liebe Mutter des Hauses, Ehrwürden Mater Oberin, wie entbieten herzliche Grüße, Ihnen, sehr verehrter Herr Direktor und danken aufrichtig für die warmen lieben Worte, mit denen Sie uns willkommen geheißen haben. Wir begrüßen die erschienenen verehrten Lehrkräfte sowie alle Erzieherinnen und Schwestern des Englischen Instituts. Ganz besonders freuen wir uns, Herrn Schulrat Rottner in unserer Mitte begrüßen zu dürfen. Wir begrüßen auch alle Erzieherinnen, die heute in diesem Hause tätig sind.

12 Jahre liegen nun dazwischen seit der letzte Zöglingstag im Waisenhaus im Jahre 1938 abgehalten wurde. Wir mußten in dieser Zeit den schrecklichen Krieg mit all dem tiefen Leid erleben und die großen Opfer der schweren Nachkriegsjahre auf uns nehmen. Viele unter uns haben den Verlust eines lieben Bruders, des Gatten oder eines ihrer lieben Angehörigen zu beklagen. Bereits im Jahre 1944 waren dem Waisenhaus 80 gefallene ehemalige Zöglinge gemeldet. Wie schmerzlich empfinden wir es auch, daß wir unsere alte liebe Heimstätte infolge des Luftkrieges so verändert vorgefunden haben. Ich glaube, daß jedem, den heute der Weg hierher geführt hat, das Waisenhaus in seiner früheren schönen baulichen Gestaltung wieder vor Augen gestanden ist. Wen von uns sind nicht auch der einstmals so freundlich grüßende Kirchturm, das schöne Eingangsportal, die wohlgepflegten Räume und Gänge, der schöne Festsaal und die im Sommer herrlich blühenden Rosenbeete vor dem Eingang des Hauses in der Erinnerung aufgetaucht? Wir wissen, mit welcher Aufopferung und Liebe die Schwestern für die Pflege des Waisenhauses bedacht waren, mit welcher Güte und großem Verständnis die Erzieherinnen an ihrer Wirkungsstätte schafften und wie sehr ihnen deshalb während des Luftkrieges die Erhaltung des Waisenhauses am Herzen lag. Oftmals ist es den Schwestern durch ihren opfermutigen Einsatz bei Luftangriffen gelungen, durch das Löschen von Hunderten von Brandbomben das Haus vor der Zerstörung zu bewahren. Aber schließlich sollte dem Haus doch noch ein furchtbares Schicksal bestimmt sein. Bei dem Luftangriff am 11. Juli 1944 wurde durch eine schwere Sprengbombe der Mittelbau zerstört und es kamen außer zahlreichen Straßenpassanten, die den Luftschutzkeller des Waisenhauses aufgesucht hatten, 12 Klosterfrauen, unser ehemaliger Hausgeistlicher, der hochwürdige Herr Kurat Hoch und Fräulein Anna und Fräulein Rosa, die lange Jahre in der Schneiderei tätig waren, ums Leben. Auch einige Zöglinge, die nicht evakuiert waren, wurden verschüttet, konnten aber Gott sei Dank alle lebend geborgen werden. Unser früherer Mitzögling Martha Schreiner, jetzt Frau Amann, die mit ihrem 3-jährigen Töchterlein gerade hier im Haus einen Besuch gemacht hatte, verlor bei diesem Terrorangriff ihr liebes Christerl. Unter den Gefallenen dieses schweren Bombenangriffes befanden sich von den Klosterfrauen

> Mater Oberin Jakima, Mater Hermine, Mater Baptista, Mater Charitas, Mater Innocentia, Mater Ortrudis, Schwester Elisabeth, die 90 Jahre alt und über 50 Jahre bis zu ihrem Tode durch den Luftangriff im Waschhaus und Bügelzimmer unermüdlich tätig war; die Schwestern Kapistrana und Theobalda, die beide fast 40 Jahre treu vereint das Haus instandgehalten und unsere schöne Hauskapelle mit Liebe gepflegt und zu den Festen so schön ausgestattet haben; Schwester Theotima, die auch über 40 Jahre lang in der Küche fleißig schaffte. Wer erinnert sich nicht an ihre sonnige, frohe Art, in der sie jedem Kinde gerne einmal heimlich etwas zusteckte. Ferner waren dabei Schwester Luzia und Schwester Laetitia.

Wir gedenken in aller Trauer dieser lieben Toten.

In diesen schweren Tagen hatte Mater Oberin Oswalda, die vorher schon 25 Jahre lang Erzieherin im Waisenhaus wirkte, die Bürde als Mutter des Hauses übernommen. Neben den vielen Aufgaben und Verpflichtungen, die ihrer harrten, führte sie mit den wenigen überlebenden Schwestern in aufopfernder Weise die schwierigen Aufräumungsarbeiten durch und war unermüdlich dafür besorgt, den Kindern die letzte Habe zu retten und zu bergen. Einige liebe Mitmenschen standen in dieser Not den Schwestern treu helfend zur Seite. Leider war das Waisenhaus in der Folgezeit noch oft den Bombenangriffen ausgesetzt, bis es schließlich bei dem Angriff am 7.1.1945, bis auf den Knabenbau, völlig vernichtet wurde. Der vorbildliche Opfersinn der Klosterfrauen wird uns allen, die wir mit dem Hause uns verbunden fühlen, unvergessen bleiben.

Ein ehrendes Andenken bewahren wir auch unserer im Jahre 1947 in Bad Aibling verstorbenen Mater Oberin Waltraud. Wer sie kannte, weiß ja, wie gütig sie war und wie gerne sie immer jedem Waisenkind einen Wunsch erfüllte. Sie hatte deshalb ein besonderes Verhältnis für die Waisenkinder, weil sie selbst als Waise Zögling des Hauses war.

Wenn wir uns heute schon zu einem Wiedersehen zusammengefunden haben, so wollen wir auch auf unsere hier verbrachte Kinder- und Jugendzeit kurz zurückblicken und so manche schöne Erinnerung wachrufen.

Ich selbst war als Kriegerdoppelwaise des Ersten Weltkrieges mit meinen drei Geschwistern sieben Jahre lang im Waisenhaus und habe den größten Teil meiner Kindheit hier verlebt. Es war anfangs nicht leicht, sich von dem Familienleben weg in das Gemeinschaftsleben des Hauses einzufügen. Aber angeeifert durch das Leben und Treiben der anderen Kinder und die liebevolle Betreuung durch die Vorgesetzten hatte man sich bald eingewöhnt. Wir besuchten die naheliegende Dom-Pedro-Schule und der übrige Tag füllte sich mit Spiel, Sport und Verrichten von Handfertigkeiten aus. Es standen uns im Garten und Haus alle Arten von Turngeräten zur Verfügung und so konnten wir uns nach Herzenslust im Turnen und Sport üben. Die schulentlassenen Mädchen wurden zur Ausbildung für ihren späteren hauswirtschaftlichen Beruf zur Mithilfe bei allen anfallenden Hausarbeiten herangezogen. Sie hatten außerdem die Flickwäsche für das ganze Haus zu versorgen.

Eine schöne Abwechslung während des Jahres bildeten die Feste. Es kam Weihnachten, der Karneval mit seinem bunten Treiben, das Oktoberfest und die Schlußfeier am Ende des Schuljahres. Sie waren umrahmt von den gesanglichen Darbietungen der Zöglinge. Bei festlichen Gelegenheiten wurden von uns auch immer gut gewählte Theaterstücke aufgeführt. Sie wurden größtenteils von Herrn Direktor Hübner und Herrn Hauptlehrer Murschhauser selbst verfaßt, vertont und eingeübt. Wegen der hervorragenden Leistungen der Spieler haben sich zu den Vorführungen stets zahlreiche Besucher eingefunden. Auch die kleineren Mädchen trugen durch die von Mater Serephine und Mater Ermelindis einstudierten entzückenden Reigen zur Verschönerung der Feste bei.

Das schönste der Feste war das Weihnachtsfest. In fieberhafter Erwartung standen wir am Heiligen Abend in unseren Sonntagskleidern vor den verschlossenen Türen des Festsaales bis endlich die Weihnachtsglocke ertönte, die Türen sich öffneten und wir Kinder das Lied »Ihr Kinderlein kommet« singend, in den Festsaal einzogen. Der große Christbaum in herrlichem Lichterglanz überstrahlte die Gabentische, auf denen das Christkind für jeden von uns je nach Alter, Spielsachen oder nützliche Geschenke beschert hatte. Unter den gewünschten Gegenständen befanden sich auch immer noch liebe Überraschungen.

Wir haben uns nun eine Weile in der Vergangenheit aufgehalten und liebe Erinnerungen aufgefrischt. Wir dürfen heute aussprechen, daß wir alles Edle, Schöne und Gute, das wir aus diesem Hause mit ins Leben genommen haben, auch später noch dankbar festhalten werden.

Wir freuen uns heute am Zöglingstag aber auch ganz besonders darüber, daß an Stelle der vom Waisenhaus verbliebenen Ruinen wieder ein neuer Bau im Entstehen ist. Es ist dies ein besonderer Verdienst des jetzigen Direktor Dr. Mehringer. Es ist vornehmlich seinem Bemühen zu verdanken, daß die Stadt St. Gallen eine so großzügige finanzielle Hilfe gewährt, um in München elternlosen Kindern ein neues Heim zu schaffen, das nach der Art Schweizer Waisenhäuser im Geiste des großen Erziehers und Waisenvaters Johann Heinrich Pestalozzi geführt werden soll.

Möge dieses Haus bald seiner Vollendung entgegengehen zum Segen vieler Kinder!

München, den 15. Oktober 1950
Zöglingstag im Städt. Waisenhaus München
    Gewidmet von Ilse Oiser und Josefine Oiser

Abschrift eines Vortrags zum Zöglingstreffen im Waisenhaus am 15. Oktober 1950; die dritte der Schwestern, Sophie Oiser, starb am 26.2.1927 im Waisenhaus – der Arztbericht von Dr. Neger berichtete darüber: »Ein bisher ganz gesundes Mädchen müßte wegen Anzeichen einer sich entwickelnden Gehirnhautentzündung in das Krankenhaus verbracht werden und ist daselbst einer tuberkulösen Meningitis erlegen.«

München, den 22.10.1950.

Gedenken bei der Wiedersehensfeier unserer lb. Gefallenen Zöglinge und Erzieherinnen, gehalten von **Herrn Oberlehrer T h i e l**.

Der Mund geht noch, aber das Schreiben! Diese Schrift! Aber heute muß ich's packen, also in Gottes Namen!

Vor allem herzl. Dank für Ihre lieben so unverdienten Zeilen, aber es hat mich ja selbst gepackt mit Leib und Seele, leider steht nichts geschrieben, aber aus meiner Herzenskammer wird's schon noch herausquellen, sie wird ja, je mehr ich Gott, Christus, Maria lieben lerne, immer voller und schöner …

Meine lieben Zöglinge!

Von den Vorbereitern des Zöglingstages wurde ich mit der Aufgabe betraut, im Namen der Lebenden der toten Kameraden zu gedenken, die aus der Schar der Zöglinge des Waisenhauses so früh und in aller Jugend aus unserem Kreise gerissen wurden. Ich soll als alter Waisenvater, der die Jahre 1900–1950 im Verkehr mit dem Waisenhaus, mit dem Orden und den Kindern erlebte, die ganze Geschichte eines halben Jahrhunderts aus der Vergessenheit ins Leben rufen. Zwei schwere Kriege, Zeiten bittersten Ringens, der Not und des Hungers u. Sterbens, ach so jungen Sterbens, führen mir die Hand. Und an den Gräbern steigen sie alle meine treuen Jungens heraus und erscheinen vor meinem Auge und ich blicke tief in die Seele der Abschiednehmenden, die in Vorahnung des Nichtwiederkommens sich nicht trennen konnten!

So saß ich in später Nacht nach erledigter Korrekturarbeit in meinem Wohnzimmer. Draußen schneite es, weit draußen aber an den Grenzen tobte der erste Weltkrieg und verschlang Opfer um Opfer. Da ertönte in die Stille der mitternächtlichen Stunde die Hausglocke und ein Gepolter an die Türe heischte schnelles Öffnen.

»Wer klopft da in so später Stunde noch an die Türe? Ich öffnete, ein junger Soldat in Felduniform, die Brust mit Blumen geschmückt, den schweren Tornister auf der Schulter, das Gewehr in Händen, stürmt herein, »Vater« um zwei Uhr müssen wir am Bahnhof sein, wir haben soeben Alarm bekommen, Ich möchte Dich nochmal sehen, möchte Abschied nehmen«. – Und dann saßen wir beieinander und sein Auge strahlte vor Freude, daß er mich noch sehen konnte. Und als ich ihn zum Aufbruch mahnte, da sprach er immer wieder, so innig bittend: Vater! Noch fünf Minuten! Nur fünf Minuten! – Es war mein lieber **Fischer**. Mit allem Drängen, immer drehte er sich um, konnte ich ihn von mir lösen. Er hatte einen Feldwebel beauftragt, mir Nachricht von seinem Schicksal zu geben. Ja, nach drei Tagen schon wurde mir berichtet, daß der ganze Zug junger Menschen verbrannte, alle noch die Blumen auf der Brust. Und ich sollte die Mutter verständigen. –

Und so saß auch mein lieber **Frey Ludwig** in später Nacht an meinem Tisch. Er ging noch härter, sein tiefer Blick zum Vater, seine bittenden Augen, seine Worte: »Ach, Vater noch fünf Minuten«, sie legten sich so tief in mein Gemüt, ich kann es nie vergessen! Er liegt im Karpatengebirge tief verschneit, erfroren, die Hand und die Gewehrspitze aus der Schneemasse reckend, in fremdem Lande. – Und so saßen viele bei mir und nahmen Abschied für immer. 53 Namen waren es, die die Ehrentafel am Eingang zum Festsaale füllten, nicht 53 Nummern, nein: »Dreiundfünfzig Seelen, 53 Schicksale, 53 Waisenkinder!« Und die Zahl der im zweiten Weltkrieg gefallenen Zöglinge übersteigt weit – H u n d e r t – und konnte nicht mehr festgestellt werden, weil über das Haus die gräßlich Kathastrophe hereinbrach.

Und dann kam 1918/19 die Revolution. Was ich hier an Treue, an Anhänglichkeit erlebte, grenzt ans Unglaubliche! Trotz Todesdrohung, trotz Verbot der Machthaber. Trotzdem das Betreten der Straße infolge ständiger Schüsse mit Lebensgefahr verbunden war, meine Buben, Lehrlinge, die kamen, ja sie kamen in ihr Heim, zu ihrem Vater, zu ihren Erzieherinnen! Und abends bei der Dunkelheit, nachts nach 7 Uhr war das Betreten der Straße verboten, schlichen sie sich an den Häuserwänden entlang, ja auf dem Bauch kriechend heim zu den Müttern, zu den Meistern. Und es wurde tiefste Nacht, ja grauender Morgen, ehe sie daheim ankamen. Die einzige Schwester des Sagmüller hatte in ihrer Sorge um den Bruder bei Haustüre nur den Kopf etwas in die Straße herausgestreckt, eine Gewehrkugel machte ihr ein Ende, tot traf sie der Bruder an am Eingang. Und er bat mich aus Amerika, da er weder Geld schicken, noch hereisen konnte, und da das Grab verfallen wäre, das Grab zu kaufen und zu pflegen. — Und ein anderer wurde von den die Stadt einnehmenden Truppen erfaß, in den Karolinenplatz-Quartier, wurden ihm die Kleider vom Leibe gerissen und er erbärmlich geschlagen und dann an die Mauer gestellt und wäre nicht in dem Augenblick ein Befehl gekommen, daß Jugendliche unter 18 Jahren nicht mehr erschossen werden dürfen, so läge er auch unter den Opfern des grausamen Bürgerkrieges. Und wieder einem anderen drohte das gleiche Schicksal. Eben schickte er sich an, die Hackerbrücke auf dem Bauche zu überqueren, da drückte ihm ein Roter seinen Revolver in die Hand. Ein nachfolgender Weißer nahm ihm die Waffe und führte ihn ins Schlachthaus, da wurde er an die Wand gestellt und auch ihn rettete das Schießverbot für Jugendliche das Leben.

Ich verbot den Jungen das Kommen, aber sie waren da, es drängte sie zu uns. Ja, das ist Liebe, das ist Treue, das ist Anhänglichkeit, unvergeßliche Treue! Und ob die Jungens in Frankreich im Schützengraben lagen oder in Rußlands Eisfeldern kämpfend, ob sie brennend im Zeppelin über England abstürzten, ob sie im Flugzeug tot aufschlugen, sie waren treue Kameraden, treue Helden, treue Seelen, die ihren Mann stellten. Das sei zur Ehre der verstorbenen Lehrer und Ordensangehörigen-Erzieherinnen festgenagelt.

Und auch im Frieden mußte ich, gerufen, an so manches Sterbelager eilen und auch Mütter gedachten meiner und des Waisenhauses und der Wohltaten, der ihnen abgenommenen Sorgen für die Erziehung und das Fortkommen ihrer Kinder.

Als ich einmal am Sterbebett einer Mutter stand, da lag das Mütterlein alt und schwach in ihren letzten Kräften mit geschlossenen Augen, ein glückliches Lächeln trat ins Gesicht und hauchens sagte sie: »Ja, der Vater ist da!« Und sie schloß wieder die Augen. Auch diesen herrlichen Dankesblick aus brechenden Augen werde ich nicht vergessen.

So bitte ich Euch, meine Lieben, in einem stillen Gedenken all' der Kameraden und der verstorbenen lieben Schwestern und Lehrer sich zu erinnern. –
(Die Zöglinge erheben sich und ergreifend stimmen sie in das Lied vom guten Kameraden ein. –)

Und noch etwas liegt mir auf dem Herzen. Es kam die große, furchtbare Katastrophe, das Waisenhaus, dies Haus aus der Liebe von Jahrhunderten gesegneter Wohltäter gebaut, von der Liebe uneigennütziger Menschen- und Kindesliebe betreut, ein Trümmerhaufen!! Und unten im Keller das Grab der treuesten Seelen des Hauses, zwölf Mitglieder des Ordens im Verein mit dem Kaplan und einem Kindlein und dem Allerheiligsten. Gibt es etwas Erschütternderes! Und als ich durch die Ruinen schritt, im oberen (Stockwerk), Schlafsaal, in den des Himmels Wolken tief hineinschauten, mit zerfetzten Türen und herausgerissenen Fensterflügeln, alle vom Wind und Bombenhagel zerstört, da sah ich an der Wand an einem Schnürchen ein Zeichenpapier mit einer Tuschzeichnung hängen. Es stammte von einem gefallenen Zögling und stellte Christus dar, von Dürer gezeichnet, wie er, auf den Trümmern sitzend, sein Klagelied über das zerstörte Jerusalem anhebt: »Ach, Jerusalem, Jerusalem, wie oft wollte ich …«

Da ward mir das Bild auf einmal ein Zeichen mit tiefer Bedeutung. Da blieb trotz aller Kräfte, die Mauern zerbersten ließen, dieser Christus über den Trümmern des Hauses und schaute weinend in die Trümmer und auf das Grab »der Liebe bis zum Tode«.

O, möge Christusgeist und Christusliebe aus den Trümmern sich erheben – ohne Christus, glaubt es mir, meine Lieben, wird jedes Werk zugrunde gehen, das ist der einzige Grund, auf den man bauen kann. – Mögen wie im alten Hause auch im Neuen ebensolche Väter und Mütter für und für erstehen und den Kindern jene Laute sprechen lassen, die im Kinderherzen ewig Glück und Segen erwecken:

»V a t e r und M u t t e r«

»Gerade die bitteren Tage der Heimsuchung bergen aber die köstlichen Früchte der Wiedergeburt der Menschen; fast hegte ich den Wunsch, es möchte unseren Zöglingen der Krieg unmittelbar näher treten; es wäre nicht zu ihrem Schaden.«
(Zitat von Karl Tiel, Lehrlingsvater im Waisenhaus und Lehrer in der Dom-Pedro-Schule vom 8. Juni 1916, etwa 34 Jahre vor dieser Rede bei der Wiedersehensfeier)

Im modernsten Kinderhotel Europas
Ein Vater von 160 Kindern im Alter von 2 bis 18 Jahren

München (wh). Pestalozzi hätte seine helle Freude gehabt, wenn es ihm auch nur ein einzigesmal vergönnt gewesen wäre, jenen fünfstöckigen, 62 m langen Wohnblock am Nymphenburger Kanal an der Peripherie Münchens zu besuchen. Blitzsaubere Buben und Mädels mit strahlenden Kinderaugen, roten Wangen, frei in ihren Bewegungen, mit den höflichsten Umgangsformen vertraut, wären ihm entgegengeflogen. Eine angenehme Ueberraschung, dieses 10-Familienhaus (auch städt. Waisenhaus genannt) zu betreten, in dem es nur einen Vater, den 41jährigen Dr. Andreas Mehringer und 10 (Pflege-)Mütter gibt, das aber im übrigen von 160 Kindern bewohnt wird. Menschen im Alter zwischen 2 und 18 Jahren, die entweder einmal als Findelkinder in einer Hutschachtel gefunden wurden oder deren Eltern unter den Schlägen einer turbulenten Zeit auseinandergingen oder aber sehr früh verstarben.

Das altüberlebte Wort „Waisenhaus" erfährt hier eine gründliche Abfuhr, ganz gleich, ob man in diesem Hause bei Familie „Sonnenschein", bei Schmetterlings oder bei Geislein einen Besuch abstattet. Rasch bringt einen der Fahrstuhl in das gewünschte Stockwerk und auf ein Klingelzeichen hin öffnet die 2jährige Suse, ein Dreikäsehoch, um im nächsten Augenblick schon am Halse von „Pappi Mehringer" zu hängen. So oder ähnlich erlebt man es beim Rundgang in allen Wohnungen, von denen jede ein großes Wohnzimmer (zum Essen, Spielen und zur Erledigung der Schularbeiten) einige Schlafzimmer mit jeweils 2—6 Betten, dazwischen ein Mutterzimmer (in dem die Pflegerin wohnt), einen Waschraum, eine Küche, eine kleine Diele sowie Toilettenräume enthält.

„Es gibt keine streng paraphierte Hausordnung oder gar einen schablonenhaften Dienstplan, wie es früher in Waisenhäusern üblich war", berichtet Direktor Mehringer voller Stolz und verweist darauf, daß jede Kinder-„Familie" unter Leitung der Pflegemutter ihr selbständiges, individuelles Eigenleben führen kann. Mehr noch, den Kindern stehen umfangreiche Ausbildungsmöglichkeiten neben dem regulären Schulbesuch offen. Bastel-, Musik-, Gesang- und Sport-Gemeinschaften lassen den individuellen Neigungen der kleinen Geister freien Lauf und im Sommer fährt „Vater Mehringer" mit ihnen familienweise in die Berge zu Zeltlagern und Wanderungen. 10 % aller Kinder dieses Hauses besuchen höhere Schulen bis zum Universitätsstudium. Das mag für den relativ hohen Ausbildungsgrad sprechen.

Erziehungsexperten aller Länder sind bei Beurteilung dieses erst vor reichlich einem halben Jahr mit ausländischer Hilfe erstandenen Hauses einstimmig zu dem Ergebnis gekommen, daß es sich hier um das „modernste Kinderhotel Europas" handelt. Ein Fünftel aller hier wohnenden Kinder sind Vollwaisen, die übrigen sogenannte „Ehescheidungskinder" oder sonstige „schwierige Fälle". Die Unterhaltungskosten werden, so weit die Elternteile nicht zu belasten sind, von der öffentlichen Fürsorge getragen. Um jedoch den Kindern auch zu den alljährlichen Festtagen eine Freude bereiten zu können, hat sich ein Verein „Freunde der Waisenkinder" aufgetan, der jederzeit Spenden entgegennimmt und weiterleitet.

Es scheint, als ob mit dieser Art „Waisenhaus" nunmehr endlich die Form gefunden wurde, um unsere jüngsten, steuerlos im Leben erschienenen Menschen zu wertvollen Gliedern unserer Gesellschaft heranzuziehen. So wenig es zwar einen vollwertigen Ersatz für das Elternhaus geben mag, so nahe ist man hiermit an den höchstmöglichen Ausgleich herangekommen, und es dürfte nicht ganz ohne Bedeutung sein, wenn der „Vater" dieser 160 Kinder erklärt: „Den größten Aerger haben wir nicht mit den Kindern, sondern vielmehr mit den jeweils sich hier und da einmal zeigenden Elternteilen."

Göppinger Kreisnachrichten, 25.3.1952

Andreas Mehringer setzte sich durch; der Heimleiter inmitten einer Kinderschar (Foto ca. 1952)

Gruppe »Blume« mit Erzieherin Frau Kufner

Dr. Andreas Mehringer und das »Familienprinzip« (Aufnahmen ca. 1953)

Mehringer und »seine« Erzieherinnen

Chorleiter Dr. Otto Speck, Foto ca. 1953. Der Lehrer Otto Speck gehörte bereits in Gräfelfing (ab 1.9.47) zum Mitarbeiterstab des Waisenhauses. Dort lernte er die Erzieherin Elfriede Gutberlet kennen und heiratete sie. Nach einer kurzen Pause leitete er ab 1951 eine »Förderklasse für erziehungsschwierige Kinder«. An den bis 1962 im Waisenhaus tätigen und sehr beliebten Lehrer erinnert heute noch der sogenannte »Speckplatz« an der Stelle der ehemaligen »Baracken-Klassenzimmer«.

Der zweijährige Sepp Sommer mit seinen großen »Schwestern« Erika und Brigitte aus der Gruppe »Nachtigall« vor dem Waisenhaus (1954). Sepp wuchs von 1954–1971 im Waisenhaus auf. Im Jahre 1999 ist er 2. Vorsitzender des Vereins »Freunde der Waisenkinder« und damit weiterhin seinem ehemaligen Zuhause treu verbunden.

Familie »Herz« fährt in die Ferien (1955)

Gruppe »Bär« mit Erzieherin Margarete Schiffelholz und Heimleiter Andreas Mehringer auf der Gründ-Hütte des Alpenvereins am Hirschberg/ Tegernsee (28.7.1955)

»Im Heim beschäftigt mich immer wieder sehr das Problem, wie kann man die Kinder zur Einfachheit, Zufriedenheit erziehen. Sie nehmen alles Gute so selbstverständlich hin, machen sich keine Gedanken um ihre Verpflegung, Kleidung, Wärme usw.
Immer wieder muß man sie aufmerksam machen, daß es z.B. viel ist, wenn man am hl. Abend 3 Würstchen bekommt. Eine große Familie draußen kann sich das nicht leisten. Beispiel 8 Personen × 3 = 24 Würstchen, das reißt ein großes Loch in die Haushaltskasse.«

Eintrag der Erzieherin von Gruppe »Bär«, Frau Margarete Schiffelholz, am 15. November 1953 in ihr Tagebuch.

Die Amerikaner spendeten für Münchner Waisenkinder im Rahmen von Wohltätigkeitsspielen, die alljährlich im Dante-Stadion abgehalten wurden (Aufnahme 23.11.1956).
Von links nach rechts: Frau Fingerle, Schwester Marie Irma, General Rogers, Schwester Hartwarda und Herr Doktor Mehringer.

Waisenhaus-Namen

Bei der Eröffnungsfeier im Waisenhaus — wir haben darüber berichtet — äußerte Direktor Dr. Mehringer, der Leiter des Heimes, zum erstenmal in aller Öffentlichkeit den Wunsch, dem Waisenhaus einen anderen Namen zu geben. Etwa ein Dutzend Vorschläge gingen bisher von der Bevölkerung ein.

„Haus des Glücks, das wäre der richtige Name, wo doch die Kinder in den Familiengruppen so gut aufgehoben sind", schrieb einer. „Haus Heimat" und „Haus der Liebe" sind weitere Namen, die aber alle nicht so recht gefallen. „Wenn wir nicht einen außergewöhnlichen Namen für das Heim bekommen, bin ich gegen eine Umbenennung", meint Stadtrat Alfons Hoffmann, der Leiter des städtischen Sozialreferats, dem auch das Waisenhaus untersteht. Der Name „Waisenhaus" sei in München immerhin ein Name mit Tradition geworden, kein Mensch stelle sich darunter noch etwas Schlimmes vor.

Direktor Dr. Mehringer wartet noch mit zwei eigenen Vorschlägen auf: „Pestalozzi-Heim der Stadt München" oder „Kinderheim Nymphenburg". Der beste Name ist leider schon vor einigen Jahren vergeben worden, nämlich „Münchner-Kindl-Heim". Ursprünglich hatte Direktor Mehringer diesen Vorschlag für sein eigenes Heim aufheben wollen, aber das jetzige „Münchner-Kindl-Heim" an der Hochstraße brauchte ihn noch dringender. Es hieß nämlich „Kinderasyl". Gegen diese Bezeichnung ist der Name „Waisenhaus" immer noch golden... Wo-

Münchner Merkur, 27.6.1957

Kindergemälde am Eingang des Waisenhauses, ca. 1960
im 1. Stock: Gruppe Igel, Schmetterling, Hummel, Stern
im 2. Stock: Gruppe Herz, Sonne, Enzian
im 3. Stock: Gruppe Baum, Bär, Krankenstation
im 4. Stock: Gruppe Nachtigall

Luftaufnahme vom wieder aufgebauten Waisenhaus, 1957

Die Kinder feiern die Einweihung des neuen Mittelbaus mit einem Schäfflertanz, 29.5.1957

Die Tänzer und ihr Publikum (29.5.1957)

Auch Dr. Mehringer tanzt mit den Kindern im neuen Mittelbau – der Wiederaufbau des Waisenhauses ist somit 12 Jahre nach Kriegsende abgeschlossen. (Aufnahme 29.5.1957)

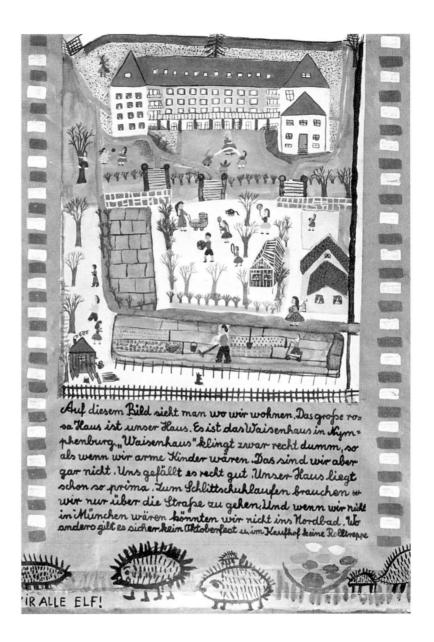

Ausschnitt aus einem Bildteppich, gestaltet von der Gruppe »Igel« aus dem Jahre 1958

Kinderarbeit !?
Waschen, putzen, kehren;
Aufnahmen Ende der
50er Jahre

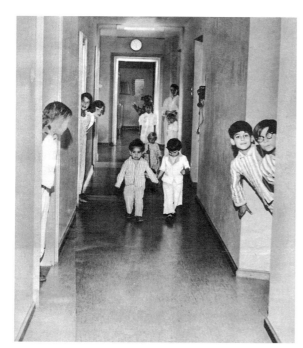

Foto aus der Illustrierten »Sie und Er«, 4.12.1958

Wilhelmine Lübke (Mitte), die Frau des Bundespräsidenten, besucht das Waisenhaus. Neben ihr die Frau von Staatssekretär Heubl (links), und rechts die Frau von Oberbürgermeister Dr. Vogel und der Sozialreferent der Stadt, Hoffmann. (Münchner Merkur, 24.5.1960)

Jungs von der Gruppe »Nachtigall« begutachten zusammen mit ihrer Erzieherin, Frau Köhler, neue Kleidung (Foto ca. 1963)

Der Einzug des sogenannten »Familienprinzips«

Der Verein »Freunde der Waisenkinder e.V.«

Genau halb so alt wie das Waisenhaus selbst ist der Verein »Freunde der Waisenkinder e.V.«. Er wurde im Dezember 1949, vor 50 Jahren, auf Initiative von Dr. Andreas Mehringer, dem damaligen Leiter des Städt. Waisenhauses, gegründet.

»Dieser Freundeskreis und Förderverein für Heimkinder half in einer Zeit, die noch stark vom Wiederaufbau nach dem Krieg geprägt war, unmittelbare materielle Not zu lindern. Die vorhandene Geldnot und die überfälligen Reformen in der Heimerziehung waren der Ausgangspunkt für einige engagierte Menschen, auf der Basis der Ehrenamtlichkeit diesen Verein ins Leben zu rufen! Dabei wurde der Grundsatz vorangestellt, Kindern, die nicht im Schutz und der Geborgenheit der eigenen Familie aufwachsen können – über das Lebensnotwendige hinaus – weitere Hilfen zu geben«, heißt es u. a. in einem Werbefaltblatt aus dem Jahre 1999.

Die neueste Satzung des Vereins aus dem Jahre 1996 legt folgendes fest:

Der Verein »Freunde der Waisenkinder« mit Sitz in München verfolgt ausschließlich und unmittelbar gemeinnützige und mildtätige Zwecke... Er ist Mitglied des Deutschen Paritätischen Wohlfahrtsverbandes... Zweck des Vereins ist

a) Kindern und Jugendlichen aus Einrichtungen der Kinder- und Jugendhilfe über die gewährte Hilfe hinaus eine Förderung in ideeller und materieller Hinsicht zukommen zu lassen.
b) Unterstützung für die jungen Menschen zu leisten, insbesondere nach Beendigung der Jugendhilfemaßnahmen weitere Lebenshilfen zu geben.
c) Heimerziehung zu fördern und die Interessen der Heimkinder zu vertreten.

Der Satzungszweck wird verwirklicht insbesondere durch:
– ideelle und materielle Hilfen,
– Unterhaltung des vereinseigenen Grundstückes und Hauses in Valley, Freizeit und Fortbildung,
– personelle Betreuung,
– Öffentlichkeitsarbeit.

Während in den 50er Jahren die Spenden und Beiträge von etwa 2 000 Mitgliedern vor allem für Musikinstrumente, Geburtstags- und Weihnachtsgeschenke, Wandertage und Ferienunternehmungen etc. verwendet wurden, kaufte der Verein im Jahre 1959 (die Mitgliederzahl war inzwischen auf 3 500 angestiegen) ein eigenes Ferienheim, das Haus »Grabenstoffel« in Valley/Mangfalltal in der Nähe von Holzkirchen. 40 Jahre lang diente diese idyllische Anlage den Stadtkindern aus dem Waisenhaus, besonders in den Ferien, als Erholungsheim. Neben dem Haus in Valley pachtete der Verein noch ehemalige sogenannte »Austragshäuser« im Bayerischen Wald (Antersdorf, Mühlthal, Bremhof und Oberforst) und seit 1969 – aus Mitteln der Stiftung und des Vereins– eine Hütte im Gebirge, die Oberbergalm im Allgäu. Die beiden Häuser in Mühlthal und Antersdorf werden heute noch vom Verein instandgehalten und können von Selbstversorgern für geringe Gebühren gemietet werden.

Seit seiner Gründung im Dezember 1949 stand dem Verein für die anfallenden Verwaltungsaufgaben ein Büroraum im Waisenhaus unentgeltlich zur Verfügung. Aus Kostengründen und wegen Eigenbedarf wurde dieser Raum dem Verein zum 30.9.1996 gekündigt. Mit städtischer Hilfe bekam der Verein einen Raum in der Nachbarschaft des Waisenhauses – im Altenheim »Heilig Geist«. Die neue Vereinsadresse lautet seitdem »Dom-Pedro-Platz 6«. Erste Konsequenz aus diesem nicht ganz freiwilligen Umzug: eine Satzungsänderung. Während in der alten Satzung (vor 1996) als Vereinzweck noch ausdrücklich vor allem »die Kinder und Jugendlichen des Städt. Waisenhauses in München« unterstützt werden sollten, wird in der neuen Satzung vom 15.3.1996 ganz allgemein von »Kindern und Jugendlichen aus Einrichtungen der Kinder- und Jugendhilfe« gesprochen.

Bei der letzten Jahres-Mitgliederversammlung am 19. März 1999 im Altenheim wurde Andreas Mehringer für 50 Jahre Mitgliedschaft zum Ehrenmitglied ernannt und Horst Bahr für immerhin 30 Jahre Mitgliedschaft geehrt. Das Gründungsmitglied Mehringer war bis 1978 Vorsitzender des Vereins. Horst Bahr löste ihn in dieser Funktion ab und war insgesamt sieben Jahre, bis 1985, an der Spitze des Vereins. Von 1985 bis 1997 hatten der Rechtsanwalt Dr. Ernst Tobias und Dr. med. P. Christian Vogel den Vorsitz inne, bis im Jahre 1997 erneut der inzwischen in den Ruhestand gegangene ehemalige Heimleiter, Horst Bahr, zusammen mit Sepp Sommer, einen ehemaligen »Zögling« zum Vorstand des Vereins gewählt wurde.

Die verschiedenen Einnahmen des Vereins betrugen im Jahre 1998 fast 300 000 DM – eine Summe, die nunmehr nicht mehr ausschließlich dem Münchner Waisenhaus zur Verfügung steht. Mittlerweile werden Gruppen aus ganz Deutschland finanziell unterstützt – im letzten Jahr u. a. auch strahlengeschädigte Kinder aus der Ukraine, aus der Münchner Partnerstadt Kiew.

Vor allem die ehemaligen Jugendlichen und ErzieherInnen aus dem Waisenhaus unter den noch aktiven Mitgliedern des Vereins »Freunde des Waisenhauses« wünschen sich wieder eine engere Zusammenarbeit zwischen Verein und Institution »Waisenhaus«. Die Mitgliedschaft im Verein war und ist immer noch für viele »Ehemalige« ein Zeichen von weiterer Verbundenheit mit dem früheren Lebens-, Wohn- oder Arbeitsplatz, dem »Münchner Waisenhaus«.

Freunde der Waisenkinder

Der Notruf aus dem Herzen eines echten Erziehers, der zur Gründung des „Vereins Freunde der Waisenkinder" führte, von welcher wir vor einem Monat berichtet haben, hat ein unerwartet starkes Echo in der Bevölkerung gefunden. Nicht nur, daß das gesamte Werbematerial, Briefbogen, Klischees, Mitgliedskarten dem Verein spendiert worden sind: Hunderte von Mitgliedern haben sich in der kurzen Zeit eintragen lassen, zahlreiche Spenden sind eingegangen. Ein Gedanke, aus echter Liebe geboren, hatte viele hundert gute Taten zur Folge.

Wir geben in diesem Zusammenhang das Schreiben eines Omnibusunternehmers wieder, das nicht nur von Großherzigkeit zeugt, sondern auch an pädagogischer Einsicht manches überragt, was von zuständigen Stellen verfügt wird:

> „Ich hätte die Möglichkeit, den Ärmsten der armen Kinder des öfteren eine helle Stunde im Grau des Alltags zu bereiten, durch eine Fahrt mit dem Omnibus vor die Tore der Stadt. Über die Woche stehen meine Fahrzeuge zum großen Teil unbeschäftigt in der Garage. Die Unkosten bleiben aber auch bei Nichtbeschäftigung. Ich biete Ihnen meine Wagen über die Wochentage für Fahrten in die Umgebung Münchens kostenlos an, der Treibstoffverbrauch soll darüber hinaus meine Spende sein. Dieses mein Angebot soll aber a l l e n Waisenkindern zugute kommen, d. h. es darf kein Kind ausgeschlossen werden, nur weil es nach Ansicht irgendeiner Betreuungsperson als ‚böse' gilt."

Der Jubel der Kinder über die erste Omnibusfahrt war ohne Grenzen, sagt uns Direktor Mehringer, Kinder, für die es bis heute keine Geburtsoder Namenstaggeschenk, keine Sonderfreuden, keine Sonderausbildungen gab, weil das Geld fehlte. Die Spenden des „Vereins Freunde der Waisenkinder" (die übrigens nicht nur dem Münchner Waisenhaus zufließen) sollen hier eine Änderung schaffen und die Waisen teilhaben lassen an jenen Freuden, die das Elternhaus aus Liebe zum Kind immer zu ermöglichen weiß. So wurden Sportgeräte gestiftet, Eltern meldeten sich, die Zöglinge an Kindes Statt annehmen, die einen Mittagtisch spenden wollen. Lehrer stellten sich zur Verfügung, um kostenlos Musikunterricht zu geben, eine amerikanische Dienststelle läßt Filme für die Waisenkinder laufen.

Auffallend häufig sind auch hier jene Gaben, die aus Händen der Armen kommen:

> „Es ist nicht viel, was ich geben kann, mein Mann ist Tb-Rentner, meine einzige Tochter verwitwet und berufstätig, um ihren viereinhalbjährigen Zwillingen den Lebensunterhalt zu verdienen. Wir kennen die Not und deshalb wollen wir den noch Ärmeren zu helfen versuchen."

Wir aber wünschen den Freunden der Waisenkinder, sie möchten weiter so beglückende Zeugnisse edlen Menschentums erfahren und geben die Konten mit dem Wunsche bekannt, daß viele unserer Leser sich ihrer bedienen möchten: Postscheckkonto München 1468 und Konto der Stadtsparkasse München 70 41 033. Der Beitrag von 3 DM jährlich kann auch in Raten entrichtet werden. M. R

»Freunde der Waisenkinder« aus »Münchner Merkur«, 20.2.1950

Gruppe »Nachtigall« hat für die Ferien gepackt; es geht nach Mühlthal in den Bayerischen Wald; Aufnahme vor dem Waisenhaus am 30.7.1962

Luftbild von vereinseigenem Grundstück und Ferienhaus Valley; Aufnahme ca. 1970

Die Oberbergalm im Allgäu, Ferienziel der Kinder aus dem Waisenhaus; Aufnahme 1985

Ein kritischer Exkurs – Dr. Andreas Mehringer und der Janusz-Korczak-Preis

Dr. Andreas Mehringer war vom 1. September 1945 bis zum Jahre 1969 Leiter des Münchner Waisenhauses. Er setzte Zeichen in der Heimpädagogik, indem er das Waisenhaus alter Prägung, eine Mischung von Kaserne, Kloster und Arbeitshaus, abschaffte. Die Verweltlichung der Anstalt und der Neuaufbau mit Familiengruppen war zweifellos Mehringers entscheidender Verdienst. Besonders für diese Reformen in der Nachkriegszeit bekam er am 15. Juli 1978 von der Deutschen Korczak-Gesellschaft in Gießen den Janusz-Korczak-Preis verliehen.

Der Dichter, Arzt und Pädagoge Janusz Korczak wurde im August 1942 von der SS aus dem Warschauer Ghetto mit etwa 200 Waisenkindern in das Konzentrationslager Treblinka deportiert und dort ermordet. Im Jahr 1972 ehrte der Börsenverein des Deutschen Buchhandels Janusz Korczak posthum mit den Friedenspreis – einen Mann, der sein Leben lang für das Kind und seine Rechte eingetreten ist und den ihm anvertrauten Kindern auch angesichts des Todes die Treue gehalten hat.

Durch einen Sonderdruck der Zeitschrift »Unsere Jugend«, deren Chefredakteur Mehringer war, wurde die Dankesrede des Preisträgers veröffentlicht. Die Süddeutsche Zeitung brachte am 22. Juli 1978 Auszüge aus der Rede unter dem Titel: »Janusz Korczak und die andere Pädagogik oder: Kinder wären so leicht glücklich zu machen.«

Mehringer zitiert dabei Korczak: »Das Kind wird nicht erst ein Mensch, es ist schon einer, es ist nur kleiner und schwächer« – »Sonderpädagogik also in einfachstem Sinne des Wortes: soziale Pädagogik, die Schwächsten zuerst, Schonung der Schwäche«, ergänzt der zu diesem Zeitpunkt 67jährige ehemalige Heimleiter des Münchner Waisenhauses in eigenen Worten.

40 Jahre vor der Preisverleihung veröffentlichte der junge Andreas Mehringer in der Zeitschrift »Deutsche Jugendhilfe« einen Artikel mit der Überschrift »Abartige Kindheit und Jugend« (November 1938). In dem 5seitigen Aufsatz kommt Mehringer (seit 1937 in Doktorwürden, erlangt an der Philosophischen Fakultät der Ludwig-Maximilians-Universität München) zu folgenden Schlußfolgerungen:

»Für das große Ziel, die ganze Gruppe unserer abartigen und halbwertigen Jugend auf eine schmale Ebene zusammenzudrängen, sind heute die Grundvoraussetzungen in der Verhütung erbkranken und in der Förderung erbgesunden Nachwuchses sowie in der Schaffung gesunder sozialer Verhältnisse gegeben. Darüber hinaus aber ist der Fortschritt in dem ständigen Bereich der umweltbedingten Jugendgefährdung abhängig:

a. dem Grad, in dem die Elternverantwortung und die Verantwortlichkeit jedes deutschen Menschen der Kindheit und Jugend gegenüber gehoben wird. Es muß als notwendiger Teil nationalsozialistischer Haltung und Gesinnung gelten, nicht nur nicht unbewußt oder bewußt gegen, sondern in persönlichem Einsatz als Vater und Mutter, als Pfleger, Vormund, Schutzhelfer … für die Gesunderhaltung oder Wiedergesundung unserer Jugend zu arbeiten.

b. von der Schaffung guter Fürsorgeheime, die neben der intensiven vorbeugenden Jugendhilfearbeit unsere anlageschwachen und umweltgeschädigten Kinder und Jugendlichen aufnehmen, ohne sie als Fürsorgezöglinge abzustempeln. Notwendig ist, daß als Leiter und Erzieher an diesen Stätten endlich überall gute pädagogisch und psychologisch geschulte Kräfte (ohne konfessionell klösterlichen Einschlag) eingesetzt werden.

c. von dem Fortschritt der charakter- und sozialpsychologischen Forschung, die uns ähnlich unserer praktischen Heerespsychologie auch in diesem Bereich weiterführen kann und die letzten Möglichkeiten erringen läßt.

Unsere Jugendfürsorge ist keine Minderwertigenfürsorge mehr. Sie bedeutet Kampf gegen den Verderb unseres größten materiellen und ideellen Reichtums, unserer Jugend und damit beste nationalsozialistische Aufbauarbeit.«

In seiner Funktion als Kreisfacharbeiter für NSV-Jugendhilfe (Nationalsozialistische Volkswohlfahrt) in Neuötting veröffentlichte Mehringer einige Monate später, im Juli/August 1939, einen weiteren Aufsatz in der »Deutschen Jugendhilfe« zur »Gewinnung und Anleitung von Mitarbeitern in der NSV-Jugendhilfe«. In den über 15 Seiten langen Artikel läßt sich Mehringer ausführlich über seine Haltung zur »Fürsorgeerziehung im Nationalsozialismus« aus. Der Aufsatz beginnt mit dem Satz:

»Seit der Nationalsozialismus alle Kräfte des Volkes für die eigene Wiedererstarkung und Wiedergesundung wachgerufen hat, ist es möglich geworden, an der Idee und an der praktischen Arbeit der Jugendhilfe weiteste Kreise zu interessieren und zu beteiligen ...«

Die einem Korczak-Preisträger wohl unwürdigste Passage soll hier zitiert werden, um den Vorwurf von Dr. Christian Schrapper, den Geschäftsführer des »Instituts für soziale Arbeit e.V.« in Münster zu stützen, der Mehringer die »Beteiligung an sozialen Vernichtungsideen« ankreidet (in einem Artikel der »Neuen Praxis«, kritische Zeitschrift für Sozialarbeit und Sozialpädagogik, Mai 1990). Unter der Überschrift »Erblage – Milieulage« schreibt Mehringer in den oben erwähnten Artikel u.a. folgendes:

»... Die nationalsozialistische Jugendhilfe wendet ihr besonderes Augenmerk grundsätzlich auf die erbgesunde Familie. Von der Betreuung Erbminderwertiger hätte sie wenig Erfolg zu erwarten. Das Erbminderwertige kann nicht geheilt, sondern es muß beseitigt werden, indem es daran gehindert wird sich weiter fortzupflanzen. Diese allmähliche Beseitigung der Erbminderwertigkeit überläßt die Jugendhilfe der staatlichen Erbgesetzgebung ...«

Weiter schreibt Mehringer: »... Wir müssen uns stärker als bisher der Tatsache bewußt werden: Je mehr wir durch unsere Gesetzgebung und Rassenhygiene den Bereich der Erbkranken und Erbminderwertigen allmählich eingeschränkt haben, desto ausschließlicher verbleibt uns für die Arbeit im Bereich der Jugendgefährdung die Aufgabe, das Problem der schlechten Umwelt zu lösen ...«

An anderer Stelle heißt es: »... Ein allzu großer Teil unserer Jugend wird durch diese schwersten Erziehungsfehler willensschwach, und dies in einer Zeit, die von Mann und Frau Härte fordert, Härte gegen sich selbst, Anspruchslosigkeit, Opfermut im Leben der Gemeinschaft ...«.

Mehringer bedauert außerdem in der Zusammenarbeit mit der Hitler-Jugend:

»Nicht selten fehlt gerade bei den Jungen und Mädchen, die wir in der Jugendhilfe zu betreuen haben, der rechte Kontakt zur HJ, wie ja diese jungen Menschen überhaupt häufig noch nie eines rechten Gemeinschaftserlebnisses teilhaftig werden durften. Da kann die Bindung an eine Führerpersönlichkeit, das Erlebnis einer gesunden natürlichen Jungenkameradschaft zusätzlich einen guten Einfluß haben ...«

All diese Sätze hätten auch von Oskar Käsbauer, den Vorgänger von Andreas Mehringer stammen können – er wurde wegen seiner Mitgliedschaft in der NSDAP im August 1945 entlassen. Die Nationalsozialistische Volkswohlfahrt (NSV), war zwar keine Parteigliederung, sondern lediglich ein der NSDAP angeschlossener Verband. Die Dienststellenleiter der NSV waren aber zugleich politische Leiter der NSDAP und als Voraussetzung für eine Hilfe durch die NSV galt, daß der zu Betreuende ein »hilfsbedürftiger, erbgesunder, deutschblütiger und würdiger Volksgenosse« war – die jüdische Bevölkerung gehörte selbstverständlich dazu nicht.

Für Dr. Christian Schrapper steht Andreas Mehringer hier exemplarisch für eine größere Gruppe damals jüngerer PädagogInnen und PsychologInnen, die mit den gebotenen Möglichkeiten nationalsozialistischer »Menschenkunde« zumindest zeitweise die Realisierung einer erfolgreichen Jugend- und Erziehungshilfe in erreichbarer Nähe glaubten. Warum aber dann diese Kritik an längst vergangenen »Jugendsünden«?

Im Jahre 1976 erschienen Mehringers gesammelte Aufsätze zur Geschichte und Gegenwart der Heimerziehung unter dem Buchtitel »Heimkinder«. Dort erfährt man u.a. auch Biographisches: »… Als Bauernbub wurde ich 1911 in einem oberbayerischen Dorf (Bernloh/Miesbach) als jüngstes Kind unter vier Geschwistern geboren. Die Mutter starb mit 34 Jahren, als ich sieben Jahre alt war. Das wäre so früh gar nicht nötig gewesen; aber die ärztliche Versorgung einer kranken Bäuerin war damals (1918) noch sehr dürftig. Ich bekam bald eine Stiefmutter, leider keine gute. In der ungeteilten Dorfschule in W. sagte der Lehrer und der Pfarrer von mir: der Bub ist gescheit, er muß studieren.«

Mehringer wurde in das Knabenseminar nach Scheyarn geschickt. Hier sammelt er seine ersten Anstaltserfahrungen. Von dort kam er 1927 in das Knabenseminar nach Freising. Er studierte schließlich Pädagogik an der Universität München und promovierte 1937 mit einer Arbeit über Pestalozzi. Als Beitrag zur Geschichte der Fürsorgeerziehung verstand Mehringer seine Doktorarbeit mit dem Titel »Pestalozzi als Fürsorgepädagoge«. Pestalozzi galt bei den Nazis als »ungefährlicher«, akzeptierter Klassiker der Pädagogik. Mehringer selbst bezeichnet ihn in seiner Doktorarbeit als jemanden, dem ein »Ehrenplatz in der pädagogischen Ahnengalerie des Nationalsozialismus« gebührt (S. 164). Opportunistisch stellt sich auch das Vorwort zur Doktorarbeit dar:

»Die Neuformung des deutschen Lebens seit Beginn der Nationalen Revolution ist getragen von dem Bewußtsein der Verantwortung gegenüber der deutschen Eigenart einerseits, von einem tiefen sozialen Verantwortungsgefühl andererseits. Das Ziel ist die Wiederherstellung bzw. der Neubau einer deutschen Gemeinschaft. Innerhalb dieser Aufgabe ist die Neuformung des deutschen Menschen ständiges Teilziel und Mittel zugleich, da die Gemeinschaft in ihrer Echtheit nur von gemeinschaftsfähigen Menschen jeweils gelebt und betätigt wird. In diesem Sinne liegt in der Erziehung der deutschen Jugend der Zukunftswille unseres Volkes begründet und so ist auch der großangelegte Plan einer Reform des deutschen Erziehungswesens zu verstehen …«

Mehringer machte nach eigener Aussage in seiner Autobiographie von 1982 in der NSV-Jugendhilfe mit, um als junger Lehrer »von anderen Posten verschont zu bleiben.« Das große Engagement und die Empathie für die Waisenkinder in der Nachkriegszeit scheinen kaum zu seinen Äußerungen in der »Deutschen Jugendhilfe« von 1938/39 über die »Beseitigung des Erbminderwertigen« zu passen. Anderseits vertrat Mehringer schon damals eine engagierte und offensive Zuwendung zur »erbgesunden deutschen Familie«. Für die Dipl. Pädagogin Carola Kuhlmann, die ihre Doktorarbeit zum Thema »Erbkrank oder erziehbar? Jugendhilfe als Vorsorge und Aussonderung in der Fürsorgeerziehung in Westfalen von 1933–1945« im Jahre 1989 verfaßte, »war Mehringer kein politischer Mensch und war auch offensichtlich nicht bemüht, nach 1945 die Ereignisse während der NS-Zeit politisch zu erfassen«. Zwar wird Mehringer z.B. in der Gewerkschaftszeitung »Metall« vom 15.12.1964 zitiert mit den Worten:

»Im Gefängniswesen, beim Verbrecher, ja teils schon in der Fürsorgeerziehung, zeigt sich die mißlungene Sozialerziehung. Die meisten dieser nicht Mitmenschen gewordenen Menschen haben schon als Kind statt des Urvertrauens das Urmißtrauen mitbekommen und sind so an der Gemeinschaft gescheitert. Sollten wir nicht, mehr als bisher, am Gegenbeispiel lernen und alles tun, um jedem, aber auch jedem Kind die Grunderfahrung der Gemeinschaft, das Angenommen- und Geliebtwerden als Voraussetzung für die Gemeinschaftsfähigkeit zu sichern?«, doch Mehringer versäumte es, sich in all seinen zahlreichen Publikationen, spätestens bei seiner Dankesrede für den Korczak-Preis am 15.7.1978, für seine »Jugendsünden« zu entschuldigen, bzw. auch zu seiner eigenen Vergangenheit kritisch Stellung zu beziehen – leider im Nachkriegs-Deutschland keine sehr außergewöhnliche Haltung. »Die mangelnde kritische Distanz zum herrschenden politischen System brachte Menschen wie Mehringer in die Situation des Zauberlehrlings, der die Geister, die er rief, nicht genau genug besehen hatte. Aus der Not, sie nicht los zu werden, machte er die ›Tugend‹ reformischer Mithilfe«, so die Pädagogin Carola Kuhlmann. Für sie ist es deshalb durchaus gerechtfertigt, die damals Lebenden auch für Auschwitz verantwortlich zu machen. Mehringer verpaßte es, wie so viele andere Erzieher und Lehrer in der Nachkriegszeit, sich, vor allem als Janusz-Korczak-Preisträger, mit der Erziehung im Nationalsozialismus wirklich auseinanderzusetzen. Im Jahre 1947 und danach ließ Mehringer unfolgsamen Kindern Strafaufsätze mit dem Thema »Es geht mit mir nicht mehr so weiter« schreiben (siehe auch S. 177). Mehringer muß man zugute halten, daß er diesen »pädagogischen Imperativ« durchaus auch für sich beherzigte, doch er pflegte auch immer wieder den »Mythos der Stunde Null« und nicht unbedingt und konsequent den Leitspruch Korczaks: »Die Wahrheiten werden wachsen wie die Bäume«.

Dr. Andreas Mehringer neben einem Portrait seines Vorbilds und »Doktorthemas«, dem Schweizer Pädagogen Johann Heinrich Pestalozzi (1746–1827) inmitten einer Schar Waisenhauskinder; Aufnahme ca. 1960

V. Das Waisenhaus – ein Heim mit heilpädagogischen Ansätzen (1969–1993)

Dr. Andreas Mehringer ging im April 1969 in den vorzeitigen Ruhestand. Sein Nachfolger wurde Horst Bahr, Dozent für Gruppenpädagogik und Praxisberater an der Städtischen höheren Fachschule für Jugend- und Sozialarbeit in Bogenhausen.

Der im Jahre 1928 geborene Horst Bahr war selbst ein Heimkind gewesen, das zwischen verschiedenen Heimen und Pflegestellen hin und her geschoben wurde. Schon bald nach seiner Ausbildung als Elektroschweißer wandte er sich der freiberuflichen, 1954 der hauptberuflichen Jugendarbeit zu. Er begann als Praktikant in einem Münchner Lehrlingsheim, absolvierte das »Seminar für Sozialberufe« in Mannheim, anschließend ein Berufsanerkennungsjahr. Danach kehrte er nach München zurück, um die Leitung des Lehrlingsheims »Rädda-Barnen I« in die Hochstraße zu übernehmen, das er dann bis 1961 führte. Acht Jahre später leitete er das Städtische Waisenhaus in München, dem er fast 25 Jahre, bis zu seiner Pensionierung im November 1993, vorstand.

Die Ende der 60er Jahre vor allem in Hessen initiierten »Heimkampagnen«, die besonders die autoritär-patriarchalen Strukturen und die nach Kasernenhofdisziplin bestimmte Lebenswirklichkeit in den überbelegten und personell völlig unzureichend ausgestatteten Anstalten der Wiederaufbau- und Wirtschaftswunderära verändern, bzw. abschaffen wollte, gingen fast spurlos am Münchner Waisenhaus vorbei. Das Jahr 1969 war immerhin auch das Erscheinungsjahr von viel und heftig diskutierten Büchern wie z.B. »Vom Waisenhaus ins Zuchthaus« (Wolfgang Werder) und die »Erziehung zur Mündigkeit« (Theodor W. Adorno).

Horst Bahr setzte unspektakulär aber kontinuierlich die von Mehringer begonnenen Waisenhausreformen fort. Der Weg vom heilpädagogisch orientierten zum »Heilpädagogischen Heim« – im Sinne des bayerischen Heimdifferenzierungsprogrammes – wurde begangen und abgeschlossen. In dem familienorientierten Heim wurde die Gruppenstärke nach und nach verkleinert (auf etwa 8–10 Kinder) und die Anzahl der Erzieher und Erzieherinnen allmählich vergrößert (3–4 ErzieherInnen mit einer Berufspraktikantin oder einem Praktikanten pro Wohngruppe). Hinzu kam, daß unter dem Leiter Bahr auch PsychologInnen, HeilpädagogInnen und ErlebnispädagogInnen eingestellt wurden; so war z. B. auch der stellvertretende Heimleiter Manfred Fröhlich ausgebildeter Psychotherapeut.

Zusätzlich zu den vollbetreuten Heimgruppen wurde 1982 auch eine teilbetreute »Verselbständigungsgruppe« für ältere Jugendliche eingerichtet, die nicht in ihre Familie zurückkehren konnten und mit dem Ende ihrer Ausbildung allein zurecht kommen mußten. In dieser Gruppe wurde der Übergang in ein selbständiges Leben eingeübt, ohne die bequeme Versorgung aus der Heimküche, ohne die ständige Anwesenheit von »allzeit bereiten« ErzieherInnen. Man lernte, mit seinem eigenen Geld zu wirtschaften und sein Leben zunehmend selbst in die Hand zu nehmen.

Ausgebaut wurde auch die systematische Berufsvorbereitung. Es gab keine Jugendlichen mehr ohne Praktikumserfahrung und jede/-r fand einen Ausbildungsplatz.

Als im Februar 1987 im Staatstheater am Gärtnerplatz in München das Musical »Oliver!«, nach Charles Dickens »Oliver Twist« aufgeführt wurde, konnte der Theaterbesucher im Programmheft u. a. folgendes über das Münchner Waisenhaus von 1986 lesen:

»80 Kinder und Jugendliche jeden Alters leben hier unter den Bedingungen, welche den Außenstehenden überraschen und, wenn vielleicht auch nicht exemplarisch, so doch richtungsweisend erscheinen. Es gibt drei verschiedene Arten der Unterbringung in diesem Haus; in den meisten Fällen wird aber die der »Heilpädagogischen Gruppe«, intern einfach »Familie« genannt, zum neuen Zuhause.

Solch eine Familie besteht aus 8–10 Mädchen und Jungen sowie 3–4 Erziehern, sie trägt einen Phantasienamen wie »Stern« oder »Hummel« und besitzt Telefon, Klavier, Fernseher, Spülmaschine usw. In den großen Kinderzimmern einer ca. 250 qm großen Wohnung kann sich jedes Kind eine private Ecke einrichten. Auch die Erzieher wohnen und schlafen natürlich innerhalb der Familie, deshalb gibt es neben gemeinsamem Wohnzimmer, Eßzimmer und Bad auch ein Zimmer für Betreuer. Mittags und abends beliefert eine Großküche jede Familie mit warmen Mahlzeiten, die in der eigenen Küche noch verbessert oder verändert werden können. Wenn es um Hausaufgaben geht, sorgen die Erzieher zwar dafür, daß nichts »vergessen« wird, geben aber keinen Nachhilfeunterricht.

Die Freizeitgestaltung des Einzelnen hängt von dessen Alter und Entwicklungsstand ab, und nicht von einer allmächtigen Hausordnung; so kann ein 16jähriges Mädchen durchaus bis 10 Uhr ausbleiben oder einen Schlüssel bekommen, wenn ein Vertrauensverhältnis zwischen Erzieher und Jugendlichen besteht. Innerhalb des Heimgeländes bietet ein Spiel- und Sportplatz und der riesige Garten viel Platz zum Austoben. Auch in den Ferien braucht niemand zu Hause sitzenzubleiben, jede Familie stellt sich ihr eigenes Ferienprogramm zusammen, wobei sie auch auf eine Alm in Österreich und das eigene Landhaus in den Alpen zurückgreifen kann. Finanziell ist natürlich ein gewisser Rahmen gesteckt; monatlich stehen z. B. einem 14jährigen 60,– DM Taschengeld zur Verfügung sowie 840,– DM für Kleidung pro Jahr.

Lehrlinge und Studenten bekommen entsprechend ihrem Alter und eigenem Einkommen Taschengeld ausbezahlt.

Für die Jugendlichen ab 14 Jahren wurde die betreute und unbetreute Jugendgruppe geschaffen. Solch eine Jugendgruppe entspricht im wesentlichen einer mietfreien Wohngemeinschaft mit größtmöglicher Eigenverantwortung.

Selbstredend sind nur ausgebildete Erzieher, Soziologen und Pädagogen mit der Bestreuung der Kinder betraut, jedoch ersetzen auch die besten personellen und materiellen Voraussetzungen die intakte Familie nicht (Andreas Müller-Schiekhofer)«.

Im Herbst 1993 ging die Ära Bahr zu Ende. Ein ehemaliger Jugendlicher, Sepp Sommer, aus dem Waisenhaus erinnerte sich bei dessen Verabschiedung an die Zeit mit Horst Bahr.

Er sagte unter anderem:

»Was mir wichtig aus dieser Zeit erscheint zu erwähnen, ist die Fähigkeit, eine besonderen Wert der pädagogischen Arbeit in der Wahrnmmung von existentiellen Wünschen und Anligen von Kindern zu sehen. So war es nicht nur in meinem Fall, sondern bei vielen so, daß Herr Bahr sich ganz stark dafür eingesetzt hat, daß »seine Heimkinder« die Möglichkeit erlangen konnten, auf welche Weise auch immer, leibliche Eltern/-teile nach Jahren zeitlichen Abstandes aufzusuchen, kennenzulernen, zu erfahren – woher sie denn überhaupt gekommen sind. Das ist was ganz Fundamentales und Wichiges für jedes Kind, und genau dafür hatte Herr Bahr seine Antennen.

Wichtig ist schließlich noch das Gefühl zu beschreiben, daß man nie Angst haben mußte – schon gar nicht davor, daß man sein »Zuhause« verlieren könnte (also nicht mehr tragbar wäre und rausgeschmissen wird). Keine Spur davon und gleichzeitig ja wieder erklärlich, weil in einem angstfreien Klima sich ja alle Beteiligten wohlfühlen, also auch die Gruppenerzieher und die anderen Hausangestellten. Da entsteht eine Atmosphäre, die dem Grundbedürfnis bis dato nicht geliebter Kinder gerecht wird, das Spüren von Geborgenheit. Und es sind nicht wenige Erwachsene, die lange Jahre im Waisenhaus gearbeitet haben und dieses Gefühl benennen können.«

Neben den unterschiedlichsten therapeutischen Möglichkeiten und Angeboten wurden besonders in den 70er und 80er Jahren auf eine vielfältige Freizeit- und Erlebnispädagogik

 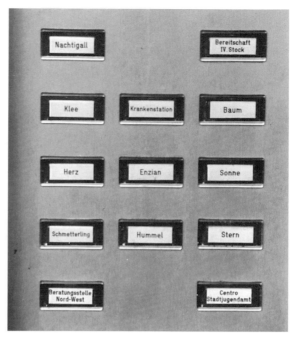

Horst Bahr (rechts) und sein Stellvertreter, Manfred Fröhlich, beim Aufstellen von einem Maibaum im Garten des Waisenhauses; Aufnahme ca. 1975

Klingelschilder am Eingang des Waisenhauses in den 80er Jahren

großen Wert gelegt. Während Horst Bahr alljährlich mit den Jugendlichen zum Paddeln auf der Altmühl oder mit den Gruppen in den Bayerischen Wald und auf Skilager ins Allgäu fuhr, organisierte der Sozialpädagoge Günther Wolf vor allem für die älteren Kinder Wander-, Fahrrad-, Berg- und Klettertouren über mehrere Tage oder sogar Wochen in Deutschland und anderen Ländern Europas. Auch für die Jüngeren gab es solche Unternehmungen. Legendär für die 10- bis 12jährigen Mädchen und Buben war besonders die alljährliche 10-tägige Pfingstradltour mit Frau Keiß und Herrn Wolf. Viele Jugendliche schwärmen noch Jahre nach diesen abenteuerlichen Ausflügen von ihren Erlebnissen – für viele eine bleibende und positive Erinnerung an ihre ehemaliges Zuhause - das Waisenhaus.

Ein Heim mit heilpädagogischen Ansätzen

Ausflug und Klettertour in die Dolomiten; zweiter v.r. der Sozialpädagoge und jetzige stellvertretende Heimleiter Günther Wolf. Aufnahme Sommer 1990

Das internationale Hauswirtschaftspersonal bei einem Sommerfest im Waisenhaus. Aufnahme ca. 1995

Langjährige Mitarbeiter des Städtischen Waisenhauses: die Heilpädagogin Frau Frick, die Hauswirtschaftsleiterin Frau Lenhart und die Erzieherin von Gruppe Schmetterling, Frau Quenzer (v.l.), Aufnahme ca. 1995

Die 73jährige Anna Wimschneider, die Autorin von »Herbstmilch«, besuchte das Münchner Waisenhaus noch kurz vor ihrem Tode (gest. am 1.1.1993). Anna verlor ihre Mutter im Alter von acht Jahren, da diese die Geburt des neunten Kindes nicht überlebte. Sie wuchs daraufhin allerdings nicht im Waisenhaus auf, sondern mußte schon als Kind auf dem elterlichen Hof die Rolle der Haus- und Stallmagd übernehmen.

Ein Heim mit heilpädagogischen Ansätzen

Besuch der Königin von Malaysia im Waisenhaus; in Begleitung: die Gattin des Bayerischen Ministerpräsidenten, Frau Goppel. Aufnahme April 1969, zwei Wochen nach Amtsantritt von Horst Bahr.

Der Waisenhausleiter Horst Bahr kurz vor seiner Pensionierung im Herbst 1993, mit drei Kindern vor dem Heim, das er fast 25 Jahre geleitet hat.

VI. Das Waisenhaus als Kinder- und Jugendhilfeverbund – neue Konzepte für das nächste Jahrhundert

»Ich habe mir das Waisenhaus ganz anders vorgestellt. Aber als wir in das Treppenhaus gekommen sind, haben wir ganz arg gestaunt«, schreibt ein junger Schüler aus der Grundschule an der Südlichen Auffahrtsallee, nachdem er das Waisenhaus zusammen mit seiner Klasse im Januar 1998 besucht hatte. Und tatsächlich – Bewohner und Gäste des Waisenhauses tauchen gleich am Eingang in eine bunte Welt von Graffitikunst ein. Im Juli 1997 wurden die eher tristen Wände des Treppenhauses von drei Graffitikünstlern zusammen mit den Kindern und Jugendlichen aus dem Heim mit farbigen Kunstwerken besprüht. Oberbürgermeister Christian Ude, der eigens zur festlichen Einweihung eingeladen und ins Waisenhaus gekommen war, lobte die Graffitikunst als »farbige kraftvolle Jugendkultur« und betrachtete sie als »Protest gegen Farb- und Phantasielosigkeit, Monotonie und Gewalt der heutigen Zeit«.

Diese, von einem privaten Sponsor initiierte, ungewöhnliche Aktion war nicht ganz ohne Symbolkraft bezüglich der Umstrukturierung und Neukonzeption des Münchner Waisenhauses in den letzten fünf Jahren des 20. Jahrhunderts. Das Haus entwickelte sich von einem Heim (mit neun familienersetzenden Wohngruppen und einer Gruppe zur Verselbständigung von Jugendlichen) zu einem vielfältigen, stadtteilorientierten Kinder- und Jugendhilfeverbund mit differenzierten und bedarfsgerechten pädagogischen Hilfen. Mit dem Wechsel in der Heimleitung, von Horst Bahr zu Ursula Köpnick-Luber, wurde im Jahre 1994 eine »Heimreform« in die Wege geleitet, die einige Turbulenzen in der »ehrwürdigen Institution Waisenhaus« verursachte. Das Stadtjugendamt, unter der Leitung von Dr. Hubertus Schröer, nahm die Pensionierung von Horst Bahr zum Anlaß, das pädagogische Konzept, die Organisation sowie die Wirtschaftlichkeit des Hauses durch einen externen Gutachter untersuchen zu lassen. Das beauftragte »Institut für soziale Arbeit e.V.« (ISA) kam in seinem Schlußgutachten vom Juli 1994 zu der Empfehlung, das Waisenhaus unter einer neuen progressiven Leitung grundlegend zu modernisieren:

Das Waisenhaus sollte sich von einem heilpädagogischen Heim zu einem stadtteilbezogenen Verbund verschiedener, flexibel auf den aktuellen Bedarf ausgerichteter Beratungs-, Unterstützungs- und Hilfsangebot für Kinder, Jugendliche und Familien weiterentwickeln.

Warum diese Veränderung? Für wen sollte diese Entwicklung gut bzw. nützlich sein? Zuallererst sollen natürlich die Adressaten der Hilfe, die Kinder und deren Eltern, davon profitieren. Das im Jahre 1990 verabschiedete Kinder- und Jugendhilfegesetz schuf die rechtliche Grundlage für die notwendige und zeitgemäße Veränderung in der Heimerziehung. Das neue Gesetz zielt auf die aktive Mitwirkung und Beteiligung der Leistungsempfänger bei der Entscheidung über Art und Ausgestaltung der Hilfe. Es setzt auf Diskussions- und »Aushandlungsprozesse« anstatt auf Untertanengeist, auf Verantwortung und auf die Kraft zur Veränderung an Stelle von Schuldgefühlen und sich »selbst erfüllende Prophezeihungen«. Dieser Paradigmenwechsel in der Jugendhilfe führt konsequenterweise zu viel stärker ausdifferenzierten Formen der Hilfeangebote. Jetzt wird nach der passenden Lösung für das bestehende Problem gesucht und nicht mehr nach dem passenden Menschen für bereits vorgefertigte Lösungen. Hilfe zur Erziehung wird zu einem Angebot, das für jedes einzelne Kind und dessen Eltern (neu) zu entwickeln und individuell zu vereinbaren ist. Das Streben nach dem Ziel – Heilung, Veränderung und Wachstum zu ermöglichen – und die

Suche nach einem gangbaren Weg dahin, besonders der dazugehörige Aushandlungsprozeß, können bereits die ersten Schritte einer neuen, hilfreichen Erfahrung sein. Die Kinder und Jugendlichen erleben die neue Qualität des Waisenhauses in einer Weise, daß dieses für sie sowohl für kurzfristige wie auch längerfristige Aufenthalte ein »lohnender Lebensort« mit lebensnahen, alltagsorientierten Strukturen ist. Sie fühlen sich im Waisenhaus sichtlich wohl, identifizieren sich mit ihrer Gruppe und entwickeln nicht selten ein starkes Selbstbewußtsein und Zugehörigkeitsgefühl im Sinne eines »Hier bin ich Zuhause!«

Hilfe zur Erziehung als professionelle Beziehungsgestaltung und stetigen Diskussionsprozess zu begreifen, nützt aber auch den im Waisenhaus arbeitenden PädagogInnen. Diese stehen für ein anderes, zeitgemäßes Bild einer Erzieherin oder eines Erziehers: nicht als jemand, der (schon) alles (besser) weiß, über allem steht und Lösungen bereits besitzt, sondern jemand, der mit Stetigkeit aktivierend hilft, Zukunftsperspektiven aufzuzeigen und fähig ist, Kompromisse auszuhandeln. Die Entwicklung eines Verbundsystems ist also nicht die Umsetzung eines trockenen Planes von Technokraten zur Steigerung von Effizienz und Wirtschaftlichkeit, sondern ein »abenteuerliches« Gemeinschaftsprojekt aller im Waisenhaus Beschäftigten: weg von der tendenziell immer noch defizitorientierten Pädagogik (»die armen Waisenkinder«), hin zur ressourcenorientierten und systemisch ausgerichteten Arbeitsweise.

Diese Entwicklung konnte nach Meinung der Gutachter nur durch einen beteiligungsorientierten Veränderungsprozess gelingen, an dem die gesamte Mitarbeiterschaft aktiven Anteil hat. Die Umstrukturierung des Waisenhauses ist beispielhaft für die künftige Herangehensweise an ungelöste Probleme und somit auch für die Suche nach Lösungen und Entwicklungspotentialen in der alltäglichen Pädagogik. Zudem wurden verbindliche Kooperations- und Kommunikationsstrukturen für die Beschäftigten eingeführt, die »Aushandlungsprozesse« nicht völlig beliebig und zufällig erscheinen lassen.

Am 1. Juni 1994 wurde die Leitung des Waisenhauses, erstmals seit dem Ersten Weltkrieg, mit einer Frau neu besetzt. Frau Ursula Köpnick-Luber wurde vom Stadtjugendamt zugetraut, die aus Sicht des »Instituts für soziale Arbeit e.V.« notwendigen Veränderungen zur Neuorganisation und Neukonzeption auf den Weg zu bringen. Die ausgebildete Diplom-Psychologin; Psychotherapeutin und Erziehungswissenschaftlerin war bereits zehn Jahre (1983–93) in der Beratungsstelle für Eltern, Kinder und Jugendliche im Waisenhaus tätig. Bevor sie nach München kam, arbeitete Frau Köpnick-Luber (geb. 1950) in einer Erziehungsberatungsstelle in Amberg sowie als Leiterin eines Psychotherapeutischen Kinderheimes der Stadt Nürnberg.

Unterstützt wird Frau Köpnick-Luber seit Sommer 1997 in der Leitungsebene von dem Sozialpädagogen Günther Wolf (geb. 1951), der bereits seit 1982 im Münchner Waisenhaus in den unterschiedlichsten Arbeitsfeldern wie z.B. Freizeit- und Erlebnispädagogik, Berufsorientierung und Lehrlingsbetreuung, Unterstützung von Jugendlichen beim Übergang in die Selbständigkeit usw. tätig war; zuletzt arbeitete er als Bereichsleiter.

Zur Realisierung des Umstrukturierungsprozesses wurden ab Oktober 1994 von allen Beteiligten unter der Leitung von Frau Köpnick-Luber enorme Anstrengungen unternommen. Mit Hilfe der Beratung vom »Institut für soziale Arbeit e.V.« wurden neue Einrichtungen wie z.B. die Kinderschutzstelle oder die Tagesgruppe entwickelt – Angebote, die sich sehr deutlich am aktuellen Bedarf orientieren. Innerhalb des Waisenhauses, des Stadtviertels und des Helfernetzes begann man neue Kooperationsformen zu initiieren, die mit Unterstützung einer sogenannten Projektlenkungsgruppe und weiterer Arbeitsgruppen im Waisenhaus allmählich mit Leben gefüllt wurden. Dies war eine Zeit der ständigen Veränderung und des permanenten Infragestellens. In der Projektlenkungsgruppe saßen nicht nur Mitglieder aus dem Waisenhaus, sondern auch Vertreter des Stadtjugendamtes und des Allgemeinen Sozialdienstes. Es war ein langes miteinander Ringen und Werben, ein anstrengender Diskussionsprozeß, bis Mißtrauen in Vertrauen und Verweigerung in Mitarbeit umschlug. Dies gilt vor allem auch für die sogenannte »Große Dienstbesprechung« – dem vielleicht wichtigstem Gremium für Auseinandersetzungen, Innovationen und Zusammenhalt in diesem jahrelangen Umgestaltungsprozeß im Waisenhaus. Seit 1994 treffen sich einmal im Monat alle im Haus anwesenden MitarbeiterInnen (ca. 50 Teilnehmer) – von der Hauswirtschaftshelferin über Hausmeister, Zivildienstleistende, ErzieherInnen, Fachdienstangestellte bis zur Heimleitung, um sich über alle anstehenden Anliegen und Probleme auszutauschen und auseinanderzusetzen.

Die Fluktuation unter den Angestellten im Waisenhaus war während des Umstrukturierungsprozesses relativ hoch – ein großer Teil blieb aber ganz bewußt und wollte die Veränderungen miterleben und mitgestalten. Inzwischen ist fast allen klar: »das Leben ist eine Baustelle« – das Waisenhaus nicht ausgeschlossen.

Dieser anstrengende, mehrjährige Prozeß hatte schließlich nur deshalb Erfolg, weil sich genügend mutige Menschen fanden, die sich auf dieses »Abenteuer« einließen und weil er von Außen (»Institut für soziale Arbeit e.V.«) wohlwollend begleitet wurde. So gelang es, Transparenz und Vertrauen herzustellen.

Die differenzierten Angebote eines Verbundsystems leisten am Ende des 20. Jahrhunderts unterschiedliche Hilfen unter einem Dach und umfassen derzeit 102 Plätze in der fachlichen Verantwortung der Verbundleitung. Dazu kommen 92 weitere Plätze anderer Fachdienststellen des Sozialreferates (z.B. ambulante erzieherische Hilfen, Erziehungsbeistandschaften, soziale Gruppenarbeit, Elterninitiativen usw.). Nimmt man die Kapazität für soziales Wohnen hinzu, ergibt sich eine Platzzahl von 215 – d.h. es können heute mehr als doppelt so viele Kinder und Jugendliche in diesem stadtteilorientierten Hilfeverband betreut werden als noch im Jahre 1994.

Insgesamt stehen jetzt fünf unterschiedliche Fachbereiche im Verbundsystem zur Verfügung.

Dabei steht der Begriff »Verbundsystem« für Kooperation und fließende Übergänge zwischen den Angeboten. So bleibt z.B. ein Kind natürlich nur so lange in einer vollbetreuten Heimgruppe, wie es diese Form der Hilfe auch benötigt. Gleichzeitig und parallel dazu wird mit intensiver Elternarbeit begonnen. Nach einem Jahr genügt vielleicht die Betreuung in einer Tagesgruppe oder – bei einem älteren Jugendlichen – in einer teilbetreuten Verselbständigungsgruppe. Umgekehrt könnte ein Kind aus einer Tagesgruppe auch rasch in eine vollbetreute Gruppe wechseln, wenn seine familiäre Situation es erforderlich machen sollte. So wird die Hilfe angeboten, die gerade benötigt wird, ohne daß Kind, Jugendlicher und Eltern sich ständig auf eine neue Umgebung oder auf neue Kooperationspartner einstellen müßten. Das vertraute Umfeld, das Waisenhaus, bleibt erhalten, gibt Sicherheit und wird zur Konstante im ständigen Veränderungsprozeß der flexiblen Jugendhilfe.

Als Ergebnis des mehrjährigen Umgestaltungsprozesses zeigt sich das Waisenhaus nun mit bewährten und neuen Angeboten in folgenden fünf Bereichen:

Neu ist der Intensivpädagogische Bereich 1, mit drei Gruppen und 27 Plätzen. Zum einen gibt es hier die Kinderschutzstelle »Kompaß« sowie zwei kooperierende Gruppen zur Kurzzeitunterbringung. Schwerpunkte in diesem Bereich sind Inobhutnahme, Krisenintervention und Abklärung bezüglich der weiteren Betreuung und Weichenstellung. Allein in diesem Bereich gibt es im Jahr über 100 Aufnahmen.

Als zweiter Fachbereich wurden die Heilpädagogischen Heimgruppen mit den familienorientierten Lebensformen auf drei Gruppen mit insgesamt 27 Plätzen reduziert. Hier werden milieugeschädigte Kinder und Heranwachsende aufgenommen, die etwa für zwei bis drei Jahre einen Platz außerhalb der Familie benötigen, um in ihrer sozialen, emotionalen und kognitiven Entwicklung ausreichend betreut und gefördert werden zu können. Gleichzeitig wird mit kontinuierlicher Elternarbeit versucht, die Probleme im familiären Bezugssystem zu klären und eventuell zu verändern, damit eine Rückführung leichter ermöglicht wird.

Einen dritten Bereich stellen die »Flexibel betreuten Wohnformen für Jugendliche und junge Erwachsene« mit zusammen 28 Plätzen dar. Hier geht es darum Selbstverantwortung und Selbständigkeit der Jugendliche zu fördern, in Schule und Ausbildung zu unterstützen und eine Ablösung von Heim und Elternhaus begleitend zu betreuen. In diesem Bereich gibt es eine vollbetreute sowie zwei teilbetreute Gruppen – davon eine nur für Mädchen. In den teilbetreuten Gruppen wirtschaften die Jugendlichen mit Hilfe ihrer ErzieherInnen bereits völlig selbständig. Die Mädchenwohngruppe hat sogar eine Wohnung außerhalb des Waisenhauses. Dazu kommen noch sechs Plätze im »sozialpädagogisch betreuten Wohnen«, wo Jugendliche mit ausreichender Selbständigkeit den nächsten Schritt wagen und in eine erste eigene Wohnung – meist ein 1-Zimmer-Appartement – ziehen. Die zuständigen Betreuerinnen halten noch regelmäßigen Kontakt, beraten und unterstützen sie und helfen – diese besonders gefährliche Klippe ohne »Absturz« zu meistern. Oft endet diese Betreuung mit dem Abschluß der Berufsausbildung. Im begründeten Einzelfall gibt es eine etwas »sparsamere Nachbetreuung« bis zur endgültigen »Abnabelung«.

Ein großer Bedarf an Plätzen besteht bei den sogenannten »Heilpädagogisch-Integrativen Tagesgruppen«. Zur Zeit verfügen die wohnortnah konzipierten Gruppen über jeweils zehn Plätze für Mädchen und Jungen im Grundschulalter. Als Stütze und Entlastung der Eltern sollen dabei besonders schulisches, soziales aber auch interkulturelles Lernen bei den Kindern gefördert werden – in einer Weltstadt wie München ein sicherlich hervorzuhebendes und unterstützenswertes Anliegen.

Im Waisenhaus leben hauptsächlich Münchner Kinder – entweder sind sie hier geboren oder mit ihren Eltern zugezogen. Daneben findet aber auch eine andere Gruppe von Kindern und Jugendlichen einen Platz im Waisenhaus: es sind Flüchtlingskinder, die aus Krisen- und Kriegsgebieten ohne oder nur einem Teil ihrer Familie nach München flohen, um hier zu überleben und eine Zukunft aufzubauen. Zur Zeit stammen die meisten aus Afghanistan, Eritrea und Äthiopien sowie aus dem ehemaligen Jugoslawien. Immer wieder herauszufinden, wie das Zusammenleben von so vielen unterschiedlichen Menschen gelingen kann, ist eine der großen Herausforderungen und Stärken des Münchner Waisenhauses, und hat auch schon eine lange Tradition, die mit der Neukonzeption für das nächste Jahrtausend eine wichtige Weiterentwicklung erhält.

Mit dem unter der Rubrik »Weitere erzieherische und soziale Hilfen« laufenden fünften Fachbereich stellt das Waisenhaus u.a. mit dem auch für Jugendliche aus dem Stadtteil geöffneten Freizeittreff einen jugendgerechten Raum zur Verfügung, der dem Kontakt, der Erholung und verschiedenen Aktivitäten dient. Des weiteren bietet das Waisenhaus Räumlichkeiten für die kooperativ geführten Kindergarten- und Kleinkindergruppen zweier Elterninitiativen, für das Team »Ambulante Erzieherische Hilfen« mit der »Sozialen Gruppenarbeit Neuhausen«, für zwei Pflegefamilien und eine kinderreiche vietnamesische Flüchtlingsfamilie, die vormals in einer Pension untergebracht war. Das weitläufige, naturbelassene Gelände mit seinen vielfältigen Spiel- und Sportmöglichkeiten sowie die verschiedenen Funktionsräume (Turnhalle, Theatersaal, Werk- und Musikzimmer) werden nicht nur von den Bewohnern des Waisenhauses genutzt, sondern auch von den benachbarten Schulen und Kindergarteneinrichtungen.

Mit der Öffnung zum Stadtteil kommt das Münchner Waisenhaus einem erklärten Ziel der städtischen Sozialpolitik nach, nämlich der Regionalisierung und Dezentralisierung des Sozialreferates und der sozialen Arbeit in München. Diese beinhaltet u.a. die Stärkung der Stadtteile und die Unterstützung lebendiger Quartiere durch Bildung von sozialen Netzen.

Die Organisationsstruktur des Waisenhauses ist nach dem neuen Gesamtkonzept von einer Dezentralisierung der Verantwortung geprägt. Gewandelt hat sich auch die Rolle der Frau im Waisenhaus und das Verhältnis von Frauen und

Männern. Für die erzieherische Arbeit in den Gruppen sind jetzt mehr männliche Fachkräfte angestellt. Der Anteil der Frauen, die mit Führungsaufgaben betraut sind, hat sich deutlich erhöht. Insgesamt kümmern sich nun 80 Angestellte um das Wohl der Kinder und Jugendlichen, die aus den unterschiedlichsten Anlässen im Heim aufgenommen wurden.

Gründe für kurz- oder längerfristige Unterbringung im Heim können z.B. sein:

– fortschreitende, schwere Verwahrlosung von Kindern und Jugendlichen,
– Mißhandlung und/oder sexueller Mißbrauch von Kindern und Jugendlichen,
– schwere körperliche oder seelische Erkrankungen eines Elternteils mit längerfristigem stationären Klinikaufenthalt,
– Scheidung der Eltern, Auseinanderbrechen der Familie, verbunden mit massiven Erziehungsschwierigkeiten,
– schwere soziale Notlagen der Familie, die innerhalb des bestehenden sozialen Netzes nicht aufgefangen werden können.

Kinder und Jugendliche, die heute in einem Heim untergebracht sind, haben in der Regel leibliche Eltern – die Beibehaltung des Namens »Waisenhaus« ist insofern etwas paradox. Die Institution stammt aus einer Zeit, als Mütter noch häufig im Wochenbett starben und Väter im Krieg ihr Leben ließen. Die Befürchtung, daß bei einer Namensänderung die Spendenfreudigkeit in der Bevölkerung für das Waisenhaus abnehmen könnte, ist wohl der Hauptgrund für die Beibehaltung des traditionsreichen Namens. Womöglich steht eine Namensänderung auch nicht im Einklang mit dem Stiftungszweck der »Waisenhausstiftung München«. Doch genauso, wie bei der Neukonzeption des Waisenhauses der Stadtrat zustimmen mußte, könnte sicherlich die Regierung von Oberbayern als Stiftungsaufsicht oder das Bayer. Staatsministerium des Inneren als Genehmigungsbehörde für Stiftungen auch eine Namensänderung befürworten – vorausgesetzt alle Verantwortlichen halten solch einen Schritt für sinnvoll.

Am 29.4.1999 wurde in einer öffentlichen Sitzung dem nach etwa fünfjähriger Arbeit entwickelten neuen Gesamtkonzept für das Münchner Waisenhaus vom Kinder- und Jugendhilfeausschuß des Stadtrates zugestimmt. Sozialreferent Friedrich Graffe formulierte in seinem Vortrag vor dem Ausschuß noch einmal die zukunftsweisenden Leitgedanken der Waisenhausarbeit:

»Das Verbundsystem Münchner Waisenhaus verfolgt das Ziel, sich zu einem modernen, bedarfsgerechten, leistungsfähigen, stadtteilorientierten Dienstleistungsbetrieb der Kinder- und Jugendhilfe zu entwickeln, in dem die Kundenorientierung, die Qualität des Angebotes, die Mitarbeiterkompetenz und -motivation sowie Wirtschaftlichkeit und Effizienz die zentralen Maßstäbe sind. Dem liegt auch die Überzeugung zugrunde, daß nur bessere und effektivere Leistungen auf Dauer billiger werden, nicht schlechtere und verminderte Angebote. Das Verbundsystem Waisenhaus ist offen für die spezifischen Anliegen der Kinder, Jugendlichen und Familien: Es orientiert sich an deren Lebens- und Problemlagen und reagiert flexibel auf die unterschiedlichen Bedürfnisse. Das Waisenhaus ist bestrebt, mittels wohnortnaher und sozial-räumlich ausgerichteter Betreuungsangebote die Ressourcen von Familien, Stadtteil und Waisenhaus zu verbinden. Im Mittelpunkt steht dabei die Überlegung, über welche Erfahrungen Kinder, Jugendliche und Familien verfügen, was sie also können, und was sie benötigen.

Das Waisenhaus stellt sich neuen Entwicklungen und Projekten. Es versteht sich als lernende Organisation. Das Waisenhaus pflegt und entwickelt eine offenen Kultur der Verständigung nach innen und nach außen. Klarheit der Strukturen und Abläufe sowie größtmögliche Verantwortung für jeden Mitarbeiter und jede Mitarbeiterin sind hierbei wichtige Eckpunkte. Das Waisenhaus engagiert sich auch für eine lebenswerte Zukunft der Kinder: ihr Recht, in einer intakten Umwelt aufzuwachsen, ein gesundes Leben mit positiven Perspektiven zu führen und in alle sie betreffenden Entscheidungen einbezogen zu werden (ökologische Kinderrechte)«.

Um diese Leitgedanken auch in die Praxis umzusetzen initiierte der Leiter des Stadtjugendamtes, Dr. Hubertus Schröer im April 1999 eine erste sogenannte »Ideenschmiede (fürs) Waisenhaus«. Mit folgenden Worten lud er zu dieser Zukunftswerkstatt ein:

»… das Münchner Waisenhaus ist eine ehrwürdige Institution im Stadtteil Neuhausen. Nach Jahren einiger Turbulenzen hat es sich mit einem fortschrittlichen Konzept für die Zukunft gewappnet. Unsicher ist allein die wirtschaftliche Situation. Das herrliche Grundstück und die weitläufigen Gebäude werden nicht mehr in vollem Umfang für den (derzeitigen) Betrieb des Waisenhauses benötigt. Gesucht wird eine neue Nutzung.«

In der Geschichte des Waisenhauses gab es kein Jahrzehnt, in dem die »Wirtschaftlichkeit des Heimes« nicht Thema bei den Verantwortlichen war. Es wird wohl auch in Zukunft mit knappen Kassen gewirtschaftet werden müssen. Zu hoffen bleibt, daß bei allen Maßnahmen zur Sicherung und Verbesserung der Wirtschaftlichkeit das Wohl der Kinder im Vordergrund steht. Nicht nur ein »Münchner Kindl« im Stadtwappen verpflichtet Politiker, Pädagogen und den Rest der Bevölkerung diese Maxime auch wirklich einzuhalten. Noch so ausgetüftelte Kalkulationen und Bilanzen geben weder Auskunft noch Garantie über Erfolg oder Mißerfolg bei der Erziehung und Betreuung von jungen Menschen. »Kinder sind keine Puppen«, steht mahnend auf einem, auch im Waisenhaus aufgehängten, Plakat des Kinderschutzbundes. Trotzalledem: »Nur was sich ändert, bleibt bestehen«, sagte schon der 1986 verstorbene Gründer der SOS-Kinderdörfer, Hermann Gmeiner.

Am Schluß der über 100jährigen Geschichte des »Münchner Waisenhauses« soll ein Zitat des Schriftstellers, Bürgerschrecks und Kinderfreunds Erich Kästner stehen – er wäre in diesem Jahr (23. Februar 1999) ebenfalls 100 Jahre alt geworden.

»Nur wer Erwachsen wird und Kind bleibt ist ein Mensch« – in diesem Sinne bleibt nur den Kindern, Erziehern und allen Verantwortlichen für das nächste Jahrhundert im »Münchner Waisenhaus« alles Gute zu wünschen.

Waisenhausleiterin Ursula Köpnick-Luber und Oberbürgermeister Christian Ude eröffnen zusammen mit jungen Graffitikünstlern das neugestaltete Treppenhaus des Waisenhauses. Aufnahme vom 10. Juli 1997

»Die Sterne« und alle anderen grüßen den Rest der Welt

Dankesbrief eines Schülers aus einer Klasse der Grundschule an der Südlichen Auffahrtsallee (4. Klasse), die im Januar 1998 die Gruppe Stern im Waisenhaus besuchte.

Das Waisenhaus als Kinder- und Jugendhilfeverbund

Das Waisenhaus als Kinder- und Jugendhilfeverbund, Aufnahme Juli 1999

Chronik

1625	Gründung des »bürgerlichen Stadtwaisenhauses«.
1627	Das »Hofwaisenhaus« wird errichtet.
1742	»Das Waisenhaus ob der Au« wird gegründet.
1763	Michael Pöppel, der Gründer des »Waisenhauses ob der Au« stirbt.
1809	»Depotwaisenhaus« in der Au als Übergangslösung, Auflösung aller anderen Anstalten; Gründung der »Waisenhausstiftung München«
1819	Waisenhaus in der Findlingstraße; die drei Waisenhausstiftungen werden zusammengefaßt; Gründungsjahr des städtischen Waisenhauses.
1830	Gründung der sogenannten »Brasilianischen Stiftung« durch Kaiser Dom Pedro I. und Amalie von Leuchtenberg.
1837/38	»Oliver Twist«, von Charles Dickens, erscheint als Fortsetzungsroman.
1859	Die Waisenhausstiftung kauft das Gebäude in der Findlingstraße.
1861	Der Orden der Englischen Fräulein übernimmt die Leitung des Waisenhauses.
1890	Neuhausen wird nach München eingemeindet.
1899	Nymphenburg wird eingemeindet.
1896–99	Bau des Waisenhaus-Neubaus am östlichen Ende des Nymphenburger Kanals nach den Plänen des Architekten Hans Grässel.
7.10.1899	Umzug der Kinder von der Findlingstraße in die Waisenhausstraße.
22.12.1899	Seine k. Hoheit der Prinzregent besucht das Waisenhaus.
28.12.1899	Seine Exzellenz Erzbischof Dr. v. Stein weiht die Waisenhauskapelle ein.
1.8.1914	Der Erste Weltkrieg beginnt.
1.7.1915	Lehrlingsvater Karl Thiel wird Erzieher der Knabenabteilung.
1.1.1917	Hauptlehrer Anton Kellermann löst Karl Thiel ab.
2.2.1917	Oberin M. Willibalda Pfeiffer stirbt; sie war seit dem 10.12.1896 Leiterin des Waisenhauses.
15.6.1917	Oberin M. Bernarda Wolfring wird neue Waisenhausleiterin.
1.3.1918	Hochwürden Dr. Josef Oberhauser wird provisorischer Waisenhausinspektor.
1.4.1919	Inspektor Heinz Hübner wird erster weltlicher Direktor des Waisenhauses.
12.12.1919	Oberin M. Bernarda Wolfring stirbt.
29.1.1920	M. Josephine Mayrrock wird neue Oberin.
29.3.1924	Das Waisenhaus feiert 25jähriges Jubiläum.
19.8.1925	Oberin M. Josephine Mayrrock stirbt.
12.9.1925	M. Waltraud Gumbiller wird neue Oberin und Leiterin des Waisenhauses.
1.11.1926	Oskar Käsbauer wird neuer »Waisenvater«.
30.1.1933	Hitler wird Reichskanzler.
31.3.1933	Nach der Machtübernahme der Nazis: Politische Gleichschaltung.
5.3.1935	Die Ordensschwestern müssen die pädagogische Leitung an die Nationalsozialisten (Oskar Käsbauer) abgeben.
1.4.1939	Schlußfeier unter dem Leitgedanken »Großdeutschland in Wort, Ton und Bild«.
1.9.1939	Beginn des Zweiten Weltkrieges.
9./10.3.1943	Erste Bombenschäden am Waisenhaus.
18.8.1943	Kinderlandverschickung (KLV) der Waisenhauskinder rund um den Tegernsee.
11./13.7.1944	Das Waisenhaus wird durch Bombenangriffe fast völlig zerstört; hierbei finden mindestens 43 Personen den Tod, darunter die Oberin mit elf Ordensschwestern.
15.12.1944	Mater Oswalda Schmid wird Oberin des Notversorgungsbetriebes am Tegernsee.
7.1.1945	Totalzerstörung der Gebäude des Waisenhauses durch erneuten Bombenangriff; lediglich der Nordflügel bleibt als Ruine erhalten.
8.5.1945	Offizielles Ende des Zweiten Weltkrieges.
13.6.1945	Der Waisenhausleiter, Oskar Käsbauer, wird wegen seiner Parteimitgliedschaft entlassen.
1.9.1945	Dr. Andreas Mehringer wird neuer Waisenhausleiter.
25.3.1946	Die Waisenhauskinder ziehen vom Tegernsee vorübergehend in das »Bäckerwaldheim« nach Lochham.
11.3.1948	Die ersten Kinder ziehen in die von der Schweizer Stadt St. Gallen gestifteten Baracken auf dem Waisenhausgelände.
6.12.1949	Der Verein »Freunde der Waisenkinder e.V.« wird gegründet.
1.10.1951	Der neue Südflügel des Waisenhauses wird wieder eröffnet.
31.3.1952	Der Orden der Englischen Fräulein kündigt den Vertrag mit der Stadt.
29.5.1957	Der Mitteltrakt des Gebäudes wird feierlich eingeweiht.
23.5.1960	Die Frau des Bundespräsidenten, Wilhelmine Lübke, besucht das Waisenhaus.
1.4.1969	Horst Bahr löst Andreas Mehringer in der Heimleitung ab.
15.7.1978	Andreas Mehringer erhält den Janusz-Korczak-Preis.
1.11.1993	Pensionierung von Horst Bahr.
1.6.1994	Die Leitung des Waisenhauses wird mit der Dipl. Psychologin Ursula Köpnick-Luber besetzt.
29.4.1999	Der Kinder- und Jugendhilfeausschuß des Stadtrates stimmt dem neuen Waisenhauskonzept (Kinder- und Jugendhilfeverbund) zu.
6.–9.10.1999	Das Waisenhaus feiert sein 100jähriges Bestehen.

Literaturverzeichnis

Adorno, Theodor W.: Erziehung zur Mündigkeit, Frankfurt 1969

Berger, Manfred: »Die Chance der Ruine nutzen«. Das Münchner Waisenhaus; Beitrag zum Geschichtswettbewerb der Stadt München 1995/96, Münchner Nachkriegsjahre, München 1997.

Dickens, Charles: Oliver Twist, London 1837/38.

Fichte, Hubert: Das Waisenhaus, Hamburg 1964.

Groissmeier, Michael: Der Zögling, München 1991.

Hausner, Anna: Eine Kindheit im Waisenhaus; Beitrag zum Geschichtswettbewerb der Stadt München 1992, Frauenleben in München, München 1993.

Hofmann, Albert: Das neue städtische Waisenhaus in München, Beitrag in der »Deutschen Bauzeitung«, Berlin 1903.

Geschichtswerkstatt Neuhausen: Zum Beispiel Neuhausen 1918–1933, Die nationalsozialistische »Kampfzeit« in einem Stadtteil der ehemaligen »Hauptstadt der Bewegung«. München 1993.

Institute der Englischen Fräulein: Festschrift zum Gedächtnis des 300jährigen Bestehen des Institutes B.M.V. der Englischen Fräulein in Bayern. 1626–1926.

Kienzl, Florian: Kaiser von Brasilien. Herrschaft und Sturz Pedros I. und Pedros Pedros II., Berlin 1942.

Kock, Gerhard: »Der Führer sorgt für unsere Kinder ...« Kinderlandverschickung im Zweiten Weltkrieg, Paderborn 1997.

Klönne, Arno: Jugend im Dritten Reich. Die Hitler-Jugend und ihre Gegner, Köln 1982.

Korczak, Janusz: Begegnungen und Erfahrungen, Göttingen 1973.

Korczak, Janusz: Verteidigt die Kinder! Gütersloh 1978.

Korczak, Janusz: Wie man ein Kind lieben soll. Göttingen 1967.

Kuhlmann, Carola: Erbkrank oder erziehbar? Jugendhilfe als Vorsorge und Aussonderung in der Fürsorgeerziehung in Westfalen von 1933–1945, München 1989.

Mehringer, Andreas: Abartige Kindheit und Jugend. Aufsatz in »Deutsche Jugendhilfe«, Berlin November 1938.

Mehringer Andreas: Gewinnung und Anleitung von Mitarbeitern in der NSV-Jugendhilfe, Aufsatz in »Deutsche Jugendhilfe«, Berlin Juli/August 1939.

Mehringer, Andreas: Heimkinder. Gesammelte Aufsätze zur Geschichte und zur Gegenwart der Heimerziehung. München 1976.

Mehringer, Andreas: Pestalozzi als Fürsorgepädagoge. Ein Beitrag zur Geschichte der Fürsorgeerziehung. Diss. München 1937

Mehringer, Andreas: Verlassene Kinder. Ungeborgenheit im frühen Kindesalter ist nur schwer aufzuholen. Erfahrungen eines Heimleiters mit seelisch verkümmerten Kleinkindern. München 1985.

Meilinger, Lothar: Das Münchener Waisenhaus. Eine Studie. München 1906.

Meinhof, Ulrike: Bambule. Fürsorge – Sorge für wen? Berlin 1971.

Martkowicz-Olczakowa, Hanna: Janucz Korczak. Biographie. Weimar 1961.

Münchener Bürgerliche Baukunst der Gegenwart 1898–1909, Heft VI, München 1902.

Röper, Friedrich Franz: Das verwaiste Kind in Anstalt und Heim. Ein Beitrag zur historischen Entwicklung der Fremderziehung, Göttingen 1976.

Roth, Jörg Kasper: Heimkinder – Kinder mit mehreren Eltern?, Aufsatz in der Zeitschrift »Familiendynamik«, Stuttgart April 1990.

Schrapper, Christian: Voraussetzungen, Verlauf und Wirkungen der »Heimkampagnen«, Beitrag in der Zeitschrift »Neue Praxis«, Kritische Zeitschrift für Sozialarbeit und Sozialpädagogik, Mai 1990.

Schwarz, Johann: Denkschrift über das städtische Waisenhaus in München, München 1899.

Voglmaier, Edelgard: Hans Grässel, Architekt und Städtischer Baubeamter in München, 1860–1939, Schriftenreihe des Stadtarchivs München, München 1994.

Werner, Wolfgang: Vom Waisenhaus ins Zuchthaus, Frankfurt 1969.

Winkler, Theodolinde: Hundert Jahre im Dienste der Höheren Mädchenbildung. München 1935.